JN326785

はじめての
国際経営

INTRODUCTION TO
INTERNATIONAL MANAGEMENT

著・中川功一
　　林　　正
　　多田和美
　　大木清弘

有斐閣ストゥディア

はしがき

あまり難しく考えず，次の質問に答えてもらいたい。

> あなたは，とある日本の製造業企業において，中核事業の事業部長を任されることになった。これから先の戦略として，確実に利益が見込める国内事業を強化するか，廉価品があふれる海外事業に打って出るかを判断しなければならない。あなたはどちらを選ぶだろうか。
> - 日本国内には，自社製品の性能を高く評価し，高付加価値の製品を購入してくれている顧客が多数いる。市場は成熟しており，大きく成長はしないが，急速に衰退もしない。少なくとも 10 年は，自社に確実な売上げと利益をもたらしてくれる。
> - 海外では，グローバル企業が販売する，自社よりも性能面では若干劣るが，値段も自社の半額以下の製品が普及している。市場規模はすでに国内を上回っている上に，この先 10 年は，二桁成長が続くと見られる。自社は海外事業を経験したことがない。成功するかどうかは五分五分であり，さしあたって参入から数年は厳しい戦いが続くだろう。

本書のねらいは，後者「海外事業に挑戦する」を，成功の確信をもって選択できる人を，1 人でも多く輩出することにある。国内市場を選択したならば，会社は少なくとも 10 年は安泰，自分の成功も約束されたようなものであるし，部下たちの雇用も保証できる。これに対し，海外進出は非常にリスクが高い。上手くいけば世界的なトップ企業に躍進することもできるかもしれないけれども，失敗すれば会社を潰すことにもなりかねない。自分の成功も約束されていないし，失敗すれば自分だけでなく部下たちやその家族が路頭に迷うことになる。自分自身の能力への自信と，練り込まれた戦略と，そして果敢な挑戦心とが揃わなければ，「海外事業に挑戦する」とはいえないだろう。

だが，この質問に対し「海外事業に挑戦する」を選択できる人が少なかったことが，現在の日本企業を取り巻く重大問題の 1 つをもたらしている。携帯電話，パソコン，薄型テレビ，ポピュラー音楽で起こったこと——日本市場が独自の発展を遂げている間に，世界市場の動きから取り残され，国際展開の機会

を逸するという「ガラパゴス化」——の1つの原因は，リスクの高い海外よりも，安全・確実な国内を選択するという判断が繰り返されてきたことにある。安穏と国内に引きこもっていたことが，高い技術力を誇り，さまざまな未来を描くことができたはずの日本企業の現状を，閉塞的なものにしているのである。私たちはもちろん，地元に貢献したい，日本で活躍したいという志を持つ人を否定するわけではない。しかし，そうした人であっても，必要とあらば果敢に海外へと出ていけるだけの準備と心構えをしておくことは，これからますます進んでいくグローバル化の中で，大切なことだと思われる。

当たり前のように，世界を舞台にできる。そんな人が，1人でも多く生まれることを願って。本書は，国際経営を修得する第一歩を，優しく，しかし力強く後押しするようなものとなるべく執筆された。本書の特徴を端的に表せば，理論と実態とをバランスよく取り扱い，その2つを結びつけて思考できるように構成したことだといえるだろう。グローバルな視点からものごとを考え，世界と日本の歴史と今を知り，国境を越える企業経営の実際を理解し，さらにその背後にある基本理論を修める。グローバルに活躍するマネジメント人材の基本的教養として，理論と実社会の知識を関連づけながら幅広く身につけられるように，全体を設計してみたつもりである。

ここから，世界に挑戦することへの勇気と力を持った人が巣立つことを，切に願っている。

2015年2月

著者を代表して　中川 功一

著者紹介

中川 功一（なかがわ・こういち）　　第1章，第8章，第11章，第12章第1, 4節
東京大学経済学部卒業，同大学院経済学研究科博士課程修了。博士（経済学）。駒澤大学経営学部専任講師，大阪大学大学院経済学研究科准教授を経て，
現在，やさしいビジネススクール学長。
主要著作　『戦略硬直化のスパイラル』（有斐閣，2019年），"What social issues do people invest in? An examination based on the empathy-altruism hypothesis of prosocial crowdfunding platforms"（共同執筆，*Technovation*, vol. 114, 2022年）。

林　正（はやし・ただし）　　第2章，第9章，第12章第2節
早稲田大学商学部卒業，同大学院商学研究科博士課程単位取得退学。博士（商学）。福島大学経済経営学類准教授，京都産業大学経営学部教授を経て，
現在，中央大学総合政策学部准教授。
主要著作　「国際合弁事業における出資企業間の株式の取得と譲渡」（『国際ビジネス研究』第14巻第2号，2022年），「グローバルシティと海外子会社の立地選択」（『国際ビジネス研究』第13巻第2号，2021年），「多国籍企業における知識移転の促進要因に関するメタ分析」（『組織科学』第50巻第4号，2017年）。

多田 和美（ただ・かずみ）　　第5章，第6章，第7章，第12章第3節
北海学園大学経済学部卒業，北海道大学大学院経済学研究科博士後期課程修了。博士（経営学）。近畿大学経営学部准教授，北星学園大学経済学部准教授，法政大学社会学部准教授を経て，
現在，法政大学社会学部教授。
主要著作　『グローバル製品開発戦略』（有斐閣，2014年），「新興国市場における流通チャネルの二重構造」（共同執筆，『日本経営学会誌』第41号，2018年），「海外子会社の製品開発活動の進展プロセス」（『国際ビジネス研究学会年報』第14号，2008年）。

大木 清弘（おおき・きよひろ）　　第3章，第4章，第10章，第12章Column⑲
東京大学経済学部卒業，同大学院経済学研究科博士課程単位取得退学。博士（経済学）。関西大学商学部助教，東京大学大学院経済学研究科講師を経て，
現在，東京大学大学院経済学研究科准教授。
主要著作　『多国籍企業の量産知識』（有斐閣，2014年），「海外工場の能力構築における本国人トップの強み」（『組織科学』第44巻第3号，2011年），「知識集約型マザー」（『赤門マネジメント・レビュー』第11巻第9号，2012年）。

目　次

第１部　国際経営の基礎

CHAPTER 1　国際経営とは何か　3

1. 国際経営の時代 …………………………………… 4
2. 国際経営の難しさ ▶「隔たり」のマネジメント ………… 8
3. 海外進出の理由 …………………………………… 10
4. 国際経営を学ぶにあたって ……………………… 12

CHAPTER 2　海外直接投資の理論　17

1. 海外直接投資の理論の問い ……………………… 18
2. 日本企業の海外直接投資の動向と目的 ………… 19
3. 海外直接投資の理論 ……………………………… 23
   企業の優位性（23）　内部化理論（25）　OLIパラダイム（29）
4. 海外直接投資に関する新たな議論 ……………… 33

CHAPTER 3　多国籍企業による国際競争の歴史　　37

1　多国籍企業の栄枯盛衰 …………………………… 38
2　第二次世界大戦前 ………………………………… 40
3　第二次世界大戦後 ………………………………… 43

パックス・アメリカーナ——米国企業の隆盛（43）　米国企業の凋落と日本企業の地位向上（45）　欧州のブロック化（47）

4　現代のトレンド ▶多極化の時代 ………………… 52

三極の成長の停滞と新興国の台頭（52）　新興国企業の台頭（53）　新たなグローバル化の時代へ（55）

CHAPTER 4　多国籍企業の組織デザイン　　59

1　組織デザインから見えること …………………… 60
2　組織デザインの原則 ……………………………… 61

分業と調整（61）　「組織は戦略に従う」（63）

3　多国籍企業の戦略と組織 ………………………… 64

フェーズ1　海外進出の初期段階（64）　フェーズ2　国際事業部の設立（64）　フェーズ3　全社的な戦略計画に対応した組織デザイン（65）　フェーズ4　グリッド組織（69）

4　その後の組織の議論 ……………………………… 71

▶「ヘテラーキー」と「地域統括組織」

ヘテラーキー（72）　地域統合に対応した組織デザイン（74）

CHAPTER 5 トランスナショナル経営　77

1 グローバル統合とローカル適応 …………………… 78
I-Rフレームワーク（78）　　グローバル統合の背景（79）
ローカル適応の背景（80）　　キリンとサントリーの事例（80）

2 国際経営のタイプとトランスナショナル経営 ………… 83
国際経営の4つのタイプ（83）　　国際経営と産業特性（85）
これからの国際経営（86）

3 4つの国際経営と組織 ……………………………… 88
グローバル型組織（88）　　マルチナショナル型組織（90）
インターナショナル型組織（90）　　トランスナショナル型組織（90）

CHAPTER 6 海外子会社の経営　93

1 海外子会社特有の経営課題 ………………………… 94
海外子会社とは（94）　　多国籍企業における集権化と分権化（96）

2 海外子会社の設立 ………………………………… 97
海外子会社の設立形態（97）　　海外子会社の所有政策（98）

3 海外子会社が担う多様な役割 ……………………… 99
海外子会社の重要性（99）　　能力から見た海外子会社の役割（100）

4 海外子会社の成長 ………………………………… 102
海外子会社成長の3つの要因（102）　　住友スリーエムと富士ゼロックスの事例（104）　　さらなる成長に向けて（106）

第2部　国際経営の実践

CHAPTER 7　国際マーケティング　113

1. マーケティングとは何か……………………………… 114
2. 国際マーケティングと国内マーケティングの違い…… 116

   複雑さと多様性（116）　標準化と適応化の問題（117）
   標準化のメリット（119）　標準化の限界（119）　適応化のメリットと限界（120）

3. 国際マーケティングのプロセス………………………… 122

   市場機会の発見（122）　マーケティング戦略（122）
   マーケティング・ミックスの実行（124）　国際マーケティングにおける「制御」の大切さ（127）

CHAPTER 8　ものづくりの国際拠点展開　131

1. 「ものづくり」……………………………………………… 132
2. 単独海外生産拠点の設立・運営………………………… 134

   なぜ海外生産をするのか（134）　設立先選定──フィージビリティ・スタディ（FS）（135）　海外生産拠点の立上げ（136）　操業開始後の育成計画の重要性（138）　拠点の閉鎖（140）

3. 国際生産ネットワーク…………………………………… 140

   拠点の地理的配置──集中型か分散型か（140）　拠点間の協業関係──日本企業の歴史と現状考察から（143）　知識の維持・発展を考慮した国際ネットワークづくりの大切さ（146）

CHAPTER 9 研究開発の国際化　149

1 研究開発の国際化の動向 …………………………… 150
2 国際研究開発の動機と役割 ………………………… 153
　需要要因とHBE型（153）　供給要因とHBA型（154）
　その他の動機（156）
3 海外研究開発拠点の立地選択 ……………………… 157
　立地選択の例（157）　立地選択の要因（158）　本国への
　集中化（159）
4 海外研究開発拠点のマネジメント ………………… 160
　対外的・対内的交流と吸収能力（160）　自律性と統制
　（162）　海外研究開発拠点による知識移転（163）
5 ま と め ……………………………………………… 165

CHAPTER 10 国際的な人的資源管理　169

1 グローバル人材の時代 ……………………………… 170
2 企業の国際化と国際人的資源管理 ………………… 171
3 国際人的資源管理の前提 …………………………… 173
　▶︎パールミュッターのEPRGプロファイル
　ethnocentric（本国志向型）（173）　polycentric（現地志向
　型）（174）　regiocentric（地域志向型）（174）　geo-
　centric（世界志向型）（175）
4 海外駐在員のマネジメント ………………………… 175
　海外駐在員の役割（176）　海外駐在員の派遣マネジメント
　（177）　海外駐在員の失敗（178）
5 現地従業員のマネジメント ………………………… 180
　海外駐在員への依存の問題点（180）　現地人材の活用のメ

リット（181）　現地人材を活用する組織体制（182）

6 グローバル化に向けた近年の議論 …………………… 183

ダイバーシティ経営（184）　海外子会社の自律的な教育体制（184）

CHAPTER 11　国際パートナーシップ　187

1 鴻海とアップル ……………………………………… 188
2 直接投資モデルと国際パートナーシップ・モデル …… 189
3 国際パートナーシップの具体的形態 ………………… 191

オフショア開発——開業業務下流の海外委託（192）　研究開発上流の外部委託化（192）　海外マーケティングおよび販売の委託（194）

4 国際パートナーシップの戦略的運用 ………………… 195

何を委託し，何を自社でやるか（195）　どの程度，委託するか（198）

5 議論の必要性 ………………………………………… 199

▶委託を考えることは，企業のありようを考えること

CHAPTER 12　日本企業のさらなる国際化のために　203

1 未熟な国際化 ………………………………………… 204
2 グローバルなオープン・イノベーション …………… 205
3 多国籍企業に求められるCSR ……………………… 206
4 おわりに　▶世界に目を向けて ……………………… 208

索　引　213
　　事項索引　213
　　企業・商品名等索引　219
　　人名索引　221

Column 一覧

❶ 日本のグローバル・リーダー教育　7
❷ 異文化経営　9
❸ 学習のための国際化　11
❹ 海外直接投資とは　19
❺ 日本企業の海外直接投資と外国為替相場　22
❻ OLIパラダイムから考える海外進出の例　32
❼ 戦前からある多国籍企業　42
❽ 日本的経営と日本型生産システム　48
❾ 自動車産業に見る日米逆転のストーリー　50
❿ グローバル・マトリックス組織の難しさ――ABBの失敗　70
⓫ 官僚的コントロール vs. 規範的コントロール　73
⓬ 日本コカ・コーラの製品開発と競争優位獲得　126
⓭ マザー工場システム　138
⓮ 研究開発の分類　152
⓯ 発明活動の場所から見る現代の知識クラスター　155
⓰ 海外駐在員の実態　179
⓱ 現地従業員はすぐ辞める？　183
⓲ ビジネス・アーキテクチャと国際企業間分業関係　196
⓳ ボーン・グローバル企業　210

本書のコピー，スキャン，デジタル化等の無断複製は著作権法上での例外を除き禁じられています。本書を代行業者等の第三者に依頼してスキャンやデジタル化することは，たとえ個人や家庭内での利用でも著作権法違反です。

第1部
国際経営の基礎

PART 1

CHAPTER
1 国際経営とは何か
2 海外直接投資の理論
3 多国籍企業による国際競争の歴史
4 多国籍企業の組織デザイン
5 トランスナショナル経営
6 海外子会社の経営
7
8
9
10
11
12

CHAPTER 第1章

国際経営とは何か

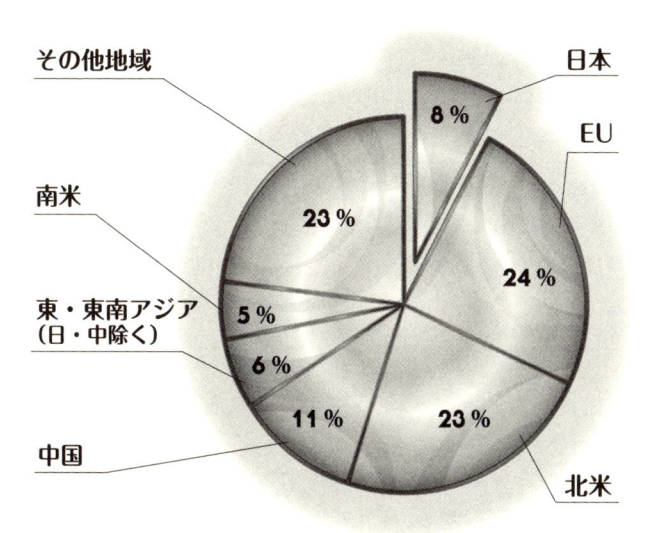

世界の名目 GDP シェア（2012 年）
- 日本 8%
- EU 24%
- 北米 23%
- 中国 11%
- 東・東南アジア（日・中除く） 6%
- 南米 5%
- その他地域 23%

出所）IMF［2014］*World Economic Outlook*.

KEYWORD

国際経営　多国籍企業　国際経営論　隔たり　文化　政治　地理　経済　CAGE フレームワーク　異文化経営論　海外市場の獲得　経営資源（ヒト，モノ，カネ，情報）の獲得　学習のための国際化　消極的な理由

1 国際経営の時代

　大阪に本社を置くダイキン工業株式会社は，エアコンで売上高世界1位を誇る企業である。その売上高は約1兆7800億円，営業利益は1550億円に達する（2014年3月期）。国内製造業企業としては，近年屈指の成功例だといってよいだろう。

　ダイキンの成功の理由は，積極的な事業の海外展開にある。ダイキンは1970年代にも欧州・ベルギーや東南アジア・タイに進出していたが，90年代から生産・販売両面でいっそう積極的に海外展開を行うこととし，2014年現在では世界32カ国に181の海外子会社を有している。その過程では，自社出資による工場や営業拠点設立のみならず，2006年には2460億円（マレーシアOYL社），12年には2960億円（米国グッドマン社）という巨額を投じて企業買収も行われた。これらの巨額買収を通じ，ダイキンのグローバル事業規模は年々拡大を続けた。2014年現在では，ダイキンの売上高の70％以上を海外での売

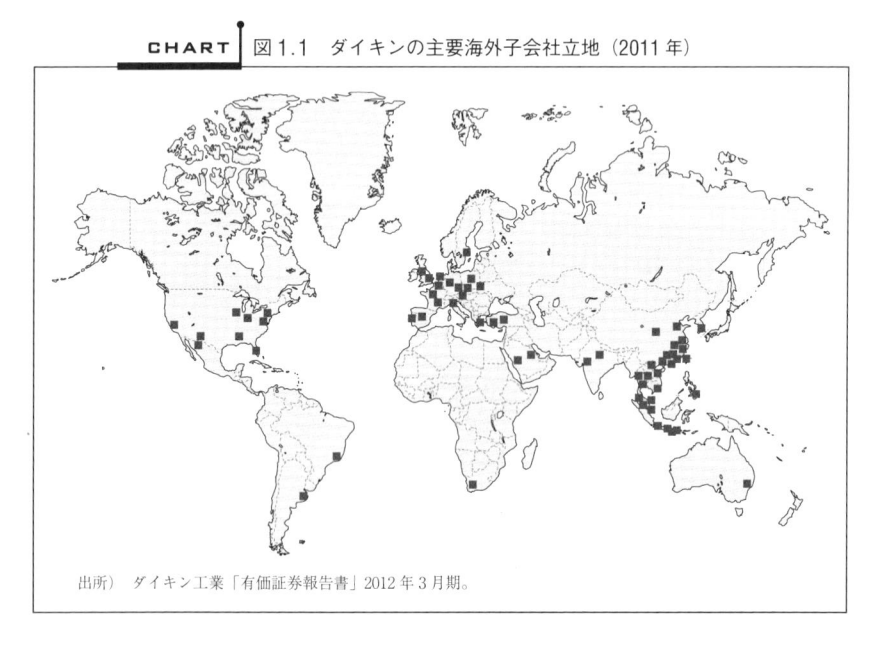

CHART 図1.1　ダイキンの主要海外子会社立地（2011年）

出所）ダイキン工業「有価証券報告書」2012年3月期。

CHART 表1.1　ダイキンの海外事業指標

	連結売上高（百万円）	海外売上高（百万円）	海外売上比率（％）	連結従業員数（人）	海外従業員数（人）	海外子会社数（社）
1991年	419,841	44,445	10.6	n.a.	n.a.	5
2001年	531,908	170,199	32.0	15,047	9,385	29
2011年	1,160,330	713,941	61.5	41,569	35,016	147

注）「n.a.」とは"not available"の略で，該当の項目についてデータが存在していないことを意味する。
出所）ダイキン工業「有価証券報告書」各年3月期。

上げが占めている（図1.1，表1.1）。

　かつて1990年代初頭のダイキンは，日本国内でもシェア下位に甘んじる企業であった。だが，1994年に中興の祖となる井上礼之氏が社長に就任すると，同氏は「これからはグローバル競争の時代である」と判断し，他社に先がけて積極的な海外展開を始めた。エアコンは，各国の気候・環境等の違いがあるため，国によってニーズが大きく異なる製品である。ダイキンはそうした事情に照らし，各国ごとに市場ニーズに合わせた製品を投入する戦略をとった。たとえば，日本では性能・静音・省エネを重視した製品，中国ではより外観の迫力を強調した製品，欧州ではスタイリッシュなデザインの製品，といった具合である（図1.2）。このような徹底した現地適応策が功を奏し，ダイキンは1994

CHART 図1.2　ダイキンの各国向け製品戦略の違い

左上：**日本向け最高級製品**。白色。コンパクトさを売りにする。保湿性能と省エネ・静音性に秀でる。日本では性能の高さが購入の決め手となる。

右：**中国向け最高級製品**。金色で2メートル以上の巨大な据置型。中国では，高級家電の保有がステータスになるため，目立つ外観，派手な色，大型の製品が好まれる。

左下：**欧州向け製品**。銀色。コンパクトで洗練されたデザインが特徴。欧州ではデザイン性も顧客の重要な評価項目となる。

出所）写真はいずれもダイキン工業提供。

年時点の国内下位・海外事業ほとんどなしという状況から，わずか20年弱で，世界トップシェアを得るまでに成長したのである。なお，同社の日本本社は，グローバル事業の戦略本部と位置づけられ，ダイキン全体の戦略立案・コア技術開発・ものづくり能力の向上を担っている（中川［2012］）。

　一方で，海外展開に積極的でなかったがゆえに，競争力を失ってしまった業界もある。たとえば，携帯端末業界には，パナソニック，ソニー，NEC，富士通，シャープなど名だたる日本の電機メーカーが参入しているが，2012年時点では，日系企業の世界シェアを合計してもせいぜい7％程度にしかならない。これに対し，業界トップを争うアップルやサムスンは，単独で約20％ものシェアを保有している（富士キメラ総研［2012］）。日系企業はこれら諸外国の企業よりも技術的に同等かそれ以上の製品を作っているというのに，である。日本企業が国内1億人の市場で激しい競争を繰り広げている間に，諸外国の企業は残る数十億人のグローバル市場で争い，そこで莫大な売上げを稼いでいたのである。これが俗にいわれる日本の製造業の「ガラパゴス化」であり，その本質的な原因の1つこそが，海外展開の遅れなのである。

　ダイキンの事例，そして「ガラパゴス化」の事例に見るように，現代では国境を越えて海外で事業を行うことが，きわめて重要になっている。2010年度の「海外事業活動基本調査」（経済産業省）によれば，日系製造業企業の海外売上高は約90兆円で，この額は日系製造業企業の総売上額の約20％に相当する。従業員数で見れば，製造業の国内雇用者数約1000万人に対し，日系製造業の海外子会社従業員数は約400万人となる。海外は日系製造業の事業活動の重要な一部であり，もはや海外事業なしに経営は成り立たない。

　製造業は日本でもとくに国際化が進んだ業界ではあるが，こうした国際化は決して製造業だけにとどまるものではない。小売業では，三越伊勢丹のような百貨店から，イトーヨーカドーなどのスーパー，セブン-イレブンなどのコンビニも，ほとんどが海外店舗を持つようになっている。銀行や証券会社も，世界各地に海外支店を持っている。近年は農業でも，減少する国内市場・国内労働力を補い，日本の農業企業を強化する一策として，国際化が注目されるようになっている。また，私たちの身の回りでも，コカ・コーラやスターバックス，iPhoneにWindowsと，至るところで外資系企業の製品を見かける。企業活動

> **Column ❶　日本のグローバル・リーダー教育**
>
> 　世界で活躍できる人材が少ないことは，今日の日本の重要課題の1つとされている。グローバル人材育成の大切さはよく理解されているものの，ややもすると語学偏重となり，総合的な人材育成になっていないことが多いといわれる。海外でのビジネスには，語学力もさることながら，現地理解や異文化適応力，忍耐力，マネジャーとしてのリーダーシップや管理能力など，多様な能力が必要になる。それらを総合的に習得していくためには，語学を軸にしつつも，国際経営論はもちろんのこと，経済・経営の各種領域，さらには国際人として社会・文化に関する基礎的教養を高めることも大切になるのである。
>
> 　近年のグローバル人材教育の例として，キヤノンの例を紹介しよう。キヤノンは英語圏へ日本人を出向させる場合，TOEIC 600点を条件とし，それに達しない場合は英語研修の受講を義務とした。さらに，現地の文化や習慣に関する講座や，マネジメント一般に対する講座を多数用意し，日本人駐在従業員の能力アップに努めている。また，キヤノンはグローバル共通で人材の評価要素を設定しているが，そこには「向上心」「役割認識」「論理性」「チームワーク」「リーダーシップ」「傾聴力」といった能力・マインド的要素に加えて，「誠実性」「社会人としてのマナー」「社会的責任」といった倫理的要素も並んでいる（古沢［2008］）。キヤノンの事例からも，グローバル・リーダーには，語学・経営能力・マインド・教養と，じつに多様なものが求められることがわかるであろう（▶第10章第4節）。

の国際化は，現代の日本に生きる私たちにとって，きわめて身近な現象なのである。読者のみなさんが1年後には海外で仕事をしていても，まったく驚かない時代が現れている。

　このような，企業が国境を越えて複数の国・地域で事業活動を行うことを**国際経営**といい，国際経営を行う企業のことを**多国籍企業**（multinational corporation, MNC）という。そうした多国籍企業の具体的な実像やその背景論理，あるべき姿などを探究する学問領域が**国際経営論**である。企業の海外展開がこれほどに一般的になっているのであるから，国際経営論は非常に大切な学問だといえるだろう。語学や異文化理解などに並んで，「国際経営」の理論と実態を学ぶこともまた，グローバル時代に求められる人材に必要なものとなるのであ

る (Column ❶)。

2 国際経営の難しさ　　▶「隔たり」のマネジメント

　経営学には，経営管理論や経営戦略論，会計，マーケティング，人的資源管理など，各種の領域が存在している。それらと並んで近年，「国際経営論」が1つの領域として重要な地位を占めるようになってきている理由は，企業活動が国境を越えるときに生じる特有の難しさゆえである。今や企業の海外展開は当たり前の時代になりつつあるが，その中でも成功する企業はごく限られており，海外事業から撤退する企業は枚挙に暇がない。じつは，先述した日本の携帯端末企業も，かつてはみな海外進出を試みていた。だが，日本とまったく異なる海外の事業環境や文化の中で，うまく事業を軌道に乗せられず，多くの企業が撤退の憂き目に遭っている。その結果として，国内事業への引きこもりに

CHART 表1.2 CAGEフレームワーク

	文化的隔たり (cultural distance)	政治的隔たり (administrative and political distance)	地理的隔たり (geographic distance)	経済的隔たり (economic distance)
隔たりの要因	・言　語 ・道徳観 ・宗　教 ・社会的規範 など	・自国人の移民数 ・政治的友好度，連携度 など	・地理的な遠さ ・2国間交通のパイプの太さ ・気候の違い など	・経済水準 ・インフラ整備の度合い ・人材の量，質 ・技術水準 など

出所）Ghemawat [2001]。

CHART 図1.3 国際経営の最重要課題は2国間の「隔たり」を乗り越えること

A国 ⇔ 文化的隔たり ⇔ B国
A国 ⇔ 政治的隔たり ⇔ B国
A国 ⇔ 物理的隔たり ⇔ B国
A国 ⇔ 経済的隔たり ⇔ B国

> **Column ❷　異文化経営**
>
> 　国際経営の1つの本質は，異文化経営である。海外子会社のマネジメントが困難なのは，地理的な隔たりだけでなく，文化的隔たりが本国親会社と海外子会社の間にあるからである。そうした問題意識から，国・地域ごとの文化の違いを研究し，それをどう乗り越えるかが研究されている。それらの研究を総称して**異文化経営論**という。
>
> 　異文化経営論では，まず国の文化差を理解することが大切となる。第一人者であるホフステードは，国の文化差を測る尺度として，上司・部下の権力格差，不確実な事柄の回避性向，個人主義か集団主義か，男性的か女性的か，長期志向か短期志向か，という5尺度を導入し，世界70カ国のIBM拠点の調査を対象にその文化差を測定した。その結果として，たとえば日本拠点は，権力格差高い，不確実回避性向強い，集団主義的，男性的価値観，長期志向，また米国拠点は，権力格差低い，不確実回避性向弱い，個人主義，男性的価値観，短期志向，といった違いを明らかにしている（ホフステード［1995］）。
>
> 　異文化経営論ではまた，そうした国の文化差をいかに乗り越えるかという研究が行われている。馬越は，文化的な不寛容さが海外拠点との衝突の原因となっているとする分析結果を踏まえて，異文化経営のポイントは多様な価値観に対する理解と尊重にあるとし，社会・企業・個人として多様性を許容できるようになることが現在の日本に必要であると述べている（馬越［2011］）。

拍車がかかってしまったのである。

　国際経営特有の難しさの原因は，国・地域間に存在する**隔たり**（distance）にある。地理的に離れた拠点間でコミュニケーションすることは，交通・通信の発達した現代でさえ依然として難しいが，それ以上に，国・地域間にはさまざまな隔たりが存在し，多国籍企業の経営を複雑にしている。とくに**文化**（culture），**政治**（administration and policy），**地理**（geography），**経済**（economy）の4要素は隔たりを生む主要因と考えられており，これらの要素から国・地域の隔たりを分析する枠組みを，この4要素の頭文字をとって**CAGEフレームワーク**という（表1.2，図1.3，Ghemawat［2001］）。こういった国家間・地域間の「隔たり」ゆえに，現地状況が理解できずに経営判断を誤ったり，コミュニケーションや交渉に失敗したりすることになるのである（**Column ❷**）。

3 海外進出の理由

　多くのリスクと困難があるにもかかわらず、企業が海外進出を志すのは、国際化がそれだけ魅力的であるからにほかならない。困難を乗り越えて海外の市場や資源を獲得できれば、企業はさらなる成長を遂げることができるのである。

　企業が海外進出を行う積極的な理由としては、第1に**海外市場の獲得**があげられる。いかなる企業にとっても、世界には国内よりもはるかに大きな市場が広がっている。日本は世界第3位、約8％のGDPシェアを誇るが、それでも世界にはまだ残り約92％の潜在的市場が広がっているわけである（本章扉頁の図）。しかも、その世界市場は、リーマン・ショックなど多くの経済的ショックが起きているにもかかわらず、2000年以後には年率4％程度で成長を続けている（同期間、日本は年率約2％の成長率であった）。企業が成長の源泉を海外に求めることは、至極当たり前の時代なのである。

　海外進出を行う積極的理由の第2は、海外に存在する各種の**経営資源**（ヒト、モノ、カネ、情報）**の獲得**である。たとえば、中国や東南アジアに目を向ければ、安価かつ優秀、豊富な労働力が存在している（ヒト）。それらを活用して生産や製品開発を行えば、企業競争力をいっそう高めることができるかもしれない。また、海外にはより低価で質のよい原材料や部品があるかもしれない（モノ）。海外の株式市場に上場したり、現地の金融機関と取引したりすることで、より多くの資金が獲得できる可能性もある（カネ）。さらには、そうした有形の資産のみならず、国外にある特許などの技術やマーケティングのノウハウといった無形資産（情報）もまた、海外進出によって手に入れることができる可能性がある。これら海外に眠るさまざまな経営資源は、一国のみで経営していたのでは入手できない。さらに近年では、直接に経営資源を獲得するのではなく、技術や経営ノウハウを海外企業との競争の中から学習する「**学習のための国際化**」というアプローチも登場している（Column ❸）。これらの要素が混ざり合って、国際化は企業にさらなる成長可能性をもたらしてくれるのである。

　ただし、企業が国際化するときには、望まざる理由で仕方なく海外進出する

> **Column ❸　学習のための国際化**
>
> 　従来，国際経営論では，まず企業が国際化を進めるためには国内事業で競争力を培う必要があるとされていた。海外市場を獲得するにも，海外の経営資源を活用するにも，ベースになるのは企業固有の競争力で，それがあるからこそ国際競争で戦えるのだと考えられていたのである。
>
> 　しかし，十分な競争力を持ちえていないにもかかわらず，海外進出を行っている企業も少なくないことが，次第に明らかになってきた。そうした企業は，競争力があるから海外進出するのではなく，海外進出によって競争力を磨くことを志していたのである。こうしたアプローチを本書では「学習のための国際化」と呼ぶ。
>
> 　たとえば，日系の製薬企業やバイオ関連企業は積極的に米国へ直接投資を行っているが，これは，米国にある優れた医薬関連技術・知識の学習のために現地拠点をつくり，日本拠点の技術劣位を補うためである（林［2007］）。
>
> 　また，かつてトヨタ自動車は，まだ十分な品質力・コスト競争力を備えていなかった 1957 年に米国への輸出を開始している。世界最大の市場であり，GM やフォードなど強力なライバルがいる米国市場で通用する車でなければ，将来本格化する国際競争では生き残れないとして，無謀を承知で進出したという。恐れていた通り，米国市場でトヨタは多くの品質トラブルを起こし，1960 年には乗用車輸出停止を決定せざるをえなくなった。だが，トヨタはここで海外メーカーとの品質・性能差を痛感し，その差を埋めるべく技術開発を続けて，1966 年に再輸出に踏み切る。今度は向上した品質が高く評価され，トヨタ車は米国で好評をもって受け入れられた。その後も，トヨタは米国市場基準での品質・コストの改善を続け，それが今日の製品競争力の高さにつながったという（伊丹・西野［2004］）。

場合もある。ことに 1970 年代，80 年代に行われた日本企業の海外進出の多くは，国際政治や国際経済の動向ゆえの「いやいやながらの国際化」であったといわれる。歴史的に見ると，1980 年代から開始されたトヨタなど日本の自動車産業企業による北米生産は，日米間の貿易摩擦回避という国際政治的要請のためであった。その後の電機企業などによる東南アジアや中国への工場進出も，円高や国内人件費高騰のために国内工場のコスト競争力が下がってしまったゆえの，**消極的な理由**によるものだったといわれる（安保ほか［1991］）。現在では

CHART 表1.3　海外進出の理由

積極的理由	・海外市場獲得のため ・海外経営資源（ヒト，モノ，カネ，情報）獲得のため ・海外事業での学習のため
消極的理由	・政治や国際経済事情など外部からの要請のため

　日系企業による海外進出のほとんどが，自社のさらなる発展を期しての積極的な理由によるものであるが，政治的・経済的理由などやむにやまれぬ理由で海外進出することもありえるのである（表1.3）。

4 国際経営を学ぶにあたって

　本章をまとめるならば，企業成長のために海外展開が活きる時代が到来しており，国家間の「隔たり」をマネジメントするという特有の困難を乗り越えて，企業は国際経営を推進していくべきである，ということになるだろう。本書を手にとられた読者のみなさんは，少なからず企業の海外展開に興味を持たれているのであろうと思う。本章はまだ議論の端緒を開いたにすぎない。ぜひとも次章以降へと進み，国際経営というものへの理解を深め，その可能性を確かめていただきたい。

　最後に，1章目の締めくくりとして，本書を読むにあたって心がけてもらいたい点を強調しておく。それは，できるだけ理論・概念と現実の企業活動の両方について知識を広め，その2つを結びつけて理解するようにしてもらいたいということである。

　経営学は，つねに経営現場と理論とのせめぎ合いの中で発展してきた。その中でもとりわけ「国際経営」は，海外展開に苦労する経営現場からの要請で発展してきた側面が強い。別の言い方をすれば，国際経営は理論だけが単独で存立しうるものではなく，必ずその背景に現実のビジネス世界の動向が作用しているのである。

　そのため，国際経営を学ぶにあたっては，理論・概念だけを取り出し，詰め込んで覚えたとしても，活用することはできない。現実に行われている企業の

国際的な事業活動のありようや，そこで人々が何をどう考え，どのように行動しているのかといった実態理解がなければ，理論・概念は宙に浮いてしまうのである。ことに読者のみなさんが学生である場合，実際に国際経営の現場に出たことのある人はごく少数であろうから，「現実の企業活動や，世界経済がどうなっているのか」ということに考えを巡らせながら，それと結びつけて理論・概念を修得していくことを心がけられたい。

　他方で，現場・現実ばかりをよく知っているだけでも，その背景にある理論を知らなければ，思考を深めていくことはできないことも強調しておきたい。国際経営の現場にいる，あるいはかつていたことがある人は，学生の場合とは逆に，あえて理論・概念的な見地から「もう一度現場・現実を見つめ直す」という意識をもって本書を読み進めてもらいたい。現実のビジネスのすべてが理論・概念で説明できるとはもちろんいわないが，国際経営論が実務家の先達の悩み・要請から生み出されてきたことからすれば，国際経営の理論は必ず実務の現場に貢献するはずである。自分の見てきた実務の世界を，もう一度理論の目線で整理し直す，という意識で読んでもらいたい。

　本書は，全編を通じてこの点に配慮しながら作ったつもりである。現実を知るという意味では，実例やデータを可能な限り取り上げている。一方で理論については，現実世界への応用性が高いと考えられるものをとくに選択して紹介している。

　だが，結局のところ，国際経営の理論と現実を結びつけて思考できるようになるかどうかは，恐縮な言い方ながら，読者のみなさんのやり方，努力次第ということになる。ぜひ，本書に取り組むにあたっては，単語や事柄を単に暗記しようとするのではなく，理論が現実にどのように活用できるか，また現実の出来事がどのように理論的に考察できるのか，思考を巡らせながら読んでもらいたい。それを通じて，自分なりの「国際経営論」を構築してもらうことが，本書を通じて読者のみなさんに願うことである。

EXERCISE

　近年の新聞記事・雑誌記事を調べ，日本企業の海外進出事例を見つけて具体的に紹介しなさい。そして，その海外進出がどのような理由で行われたものなのかを説明しなさい。また，その事例では進出先国と日本との間にはどのような「隔たり」が存在しているかを調べ，その隔たりがどのような困難をもたらすと想定されるか，分析してみよう。

読書案内　　　　　　　　　　　　　　　　　　　　　Bookguide

Ghemawat, P. [2001] "Distance still matters: The hard reality of global expansion," *Harvard Business Review*, vol. 79, no. 8, pp. 137–147.（ゲマワット, P. [2002]「四つの『距離』を反映させた 海外市場のポートフォリオ分析」『DIAMOND ハーバード・ビジネス・レビュー』第 27 巻第 1 号，143–154 頁。）

　国・地域間の「隔たり」を整理して CAGE フレームワークを提示した，実務・理論双方に影響多大な論文である。日本語版もあるが，英語版はウェブ上で公開されており，平易な英語で書かれた短い論文なので，意欲的に学び国際感覚を養いたい者はぜひ取り組んでみてもらいたい。

引用・参照文献　　　　　　　　　　　　　　　　　　Reference

Ghemawat, P. [2001] "Distance still matters: The hard reality of global expansion," *Harvard Business Review*, vol. 79, no. 8, pp. 137–147.
安保哲夫・板垣博・上山邦雄・河村哲二・公文溥 [1991]『アメリカに生きる日本的生産システム——現地工場の「適用」と「適応」』東洋経済新報社。
伊丹敬之・西野和美編著 [2004]『ケースブック経営戦略の論理』日本経済新聞社。
中川功一 [2012]「マザー工場，兵站線の伸び，自立した青年たち」MMRC Discussion Paper Series, no. 400。
林正 [2007]「研究開発機能の対外直接投資と投資受入国に内在する技術の獲得——日本製薬産業に関する実証分析」『国際ビジネス研究学会年報』第 13 号，21–37 頁。
富士キメラ総研 [2012]「2012 次世代携帯電話とキーデバイス市場の将来展望」。

古沢昌之［2008］『グローバル人的資源管理論——「規範的統合」と「制度的統合」による人材マネジメント』白桃書房。

ホフステード，G.（岩井紀子・岩井八郎訳）［1995］『多文化世界——違いを学び共存への道を探る』有斐閣。（Hofstede, G. [1991] *Cultures and Organizations: Software of the Mind*, McGraw-Hill.）

馬越恵美子［2011］『ダイバーシティ・マネジメントと異文化経営——グローバル人材を育てるマインドウェアの世紀』新評論。

CHAPTER

第 **2** 章

海外直接投資の理論

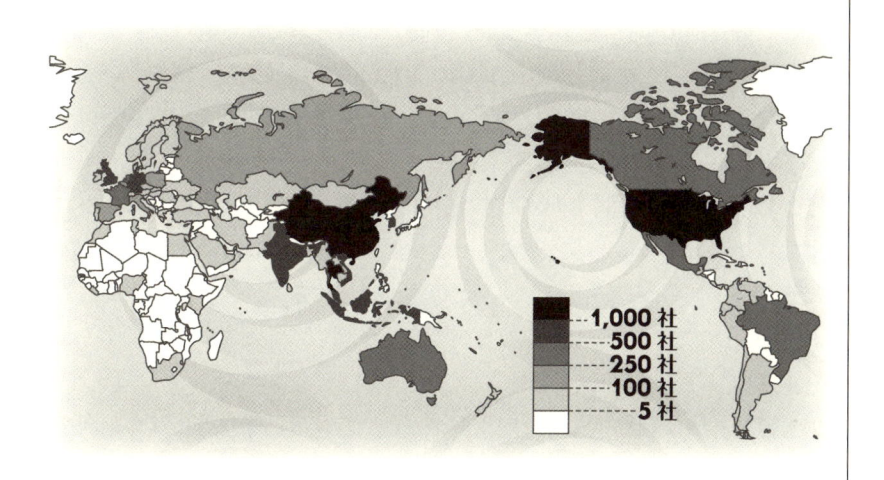

世界各国における日本企業の海外子会社数
出所）東洋経済新報社『海外進出企業総覧 2013年版 会社別編』より作成。

凡例：
- 1,000社
- 500社
- 250社
- 100社
- 5社

KEYWORD

海外直接投資　市場探求型　効率探求型　戦略的資産探求型　天然資源探求型　優位性　取引コスト　内部化理論　機会主義的行動　内部化　立地優位性　OLIパラダイム　所有優位性　内部化インセンティブの優位性

1 海外直接投資の理論の問い

　企業が国境を越えて複数の国・地域で事業活動を行うことを国際経営という。そして，国際経営の重要性が高い企業とは，海外に子会社を持ち，経営を行っている企業である。すなわち，**海外直接投資**（foreign direct investment, FDI）を行っている多国籍企業である（Column ❹）。

　多国籍企業が営利を追求する組織である以上，海外市場で大きな利益を見込めると判断すれば，海外進出を行うのは当然のことと思われるかもしれない。しかし，海外進出を行い，大きな利益を得るには，越えなければならない高いハードルがある。企業は，本国とは異なる政治，経済，文化，法律といった不慣れな環境でのビジネスにおいて，本国ビジネスよりも大きな困難を強いられるのである。

　そうした困難があるにもかかわらず，なぜ企業は国際化するのだろうか。この問題について考えるとき，少なくとも検討するべき点は3つある。①どのような企業が，②いかなる形態で，③どの国に進出するのか，という点である。これらの3点について，海外直接投資の理論が論じてきたことを解説することが，本章の目的である（図2.1）。

　海外直接投資の理論は，それが生み出された時代の国際ビジネスの動向を反

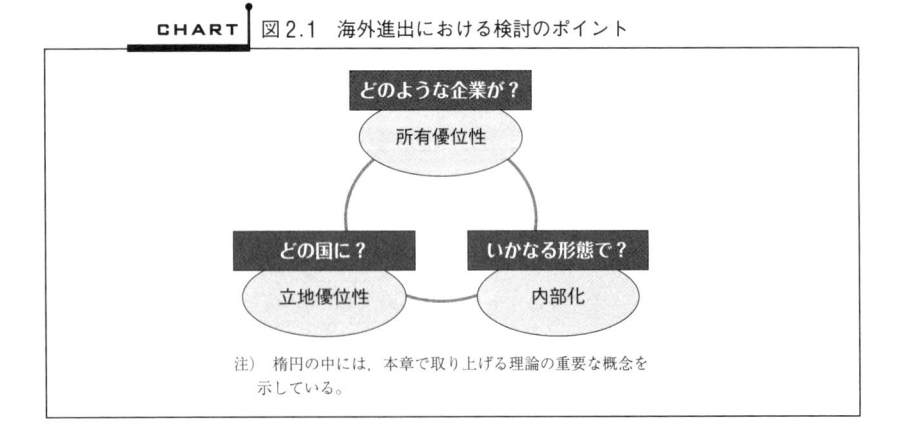

CHART　図2.1　海外進出における検討のポイント

```
              どのような企業が？
                 所有優位性

   どの国に？              いかなる形態で？
   立地優位性                  内部化
```

（注）楕円の中には，本章で取り上げる理論の重要な概念を示している。

> **Column ❹　海外直接投資とは**
>
> 　海外直接投資とは，外国の企業を長期にわたって経営することを目的として行われる投資を意味する。読者のみなさんの中には，海外投資と聞くと，外国の企業の経営には直接かかわらず，配当や利子を得るために外国の企業の株式や社債を取得することをイメージする方もいるかもしれない。これは海外間接投資，または海外証券投資と呼ばれる。では，海外直接投資と海外間接投資は，何が異なるのだろうか。
>
> 　その重要な違いは，外国において永続的に企業の経営を行うことを目的として，当該企業の株式を持つかどうかである。たとえば，日本の自動車企業が，タイに子会社を設立して，現地生産を行うことを考えてみよう。日本の親会社は，タイにおける子会社の資本を所有し，当該子会社の経営を行う。この投資は，日本の親会社が，タイの子会社の経営を自ら行うという意味で，海外直接投資に分類される。一方，日本の金融機関がキャピタル・ゲインを得ることを目的として，米国の企業の証券を購入するとしよう。キャピタル・ゲインとは，その証券の価格が高くなったときに売却することで得られる売買差益のことである。この投資は，日本の金融機関が米国の企業の経営に直接かかわることではなく，株式の売買によるキャピタル・ゲインの獲得を目的とするため，海外間接投資に分類される。
>
> 　つまり，海外直接投資は海外間接投資と異なり，外国の企業に対する永続的な経営への関与という意味を含むのである。一般的には外国の企業の株式を10％以上保有した場合に海外直接投資と見なされるが，海外直接投資が行われれば，カネだけでなく，ヒト，モノ，情報という経営資源の国際的な移動が生じることになる。

映しながら発展してきた。そこで，まずは日本企業の全般的な傾向として，どのような国や地域に，どれほど進出してきたのかを見てみよう。

2　日本企業の海外直接投資の動向と目的

　図2.2は，日本企業による海外子会社数の推移を示している。まず，海外子会社数の全体的な推移を見ると，1980年代中期から傾向的に増加しているこ

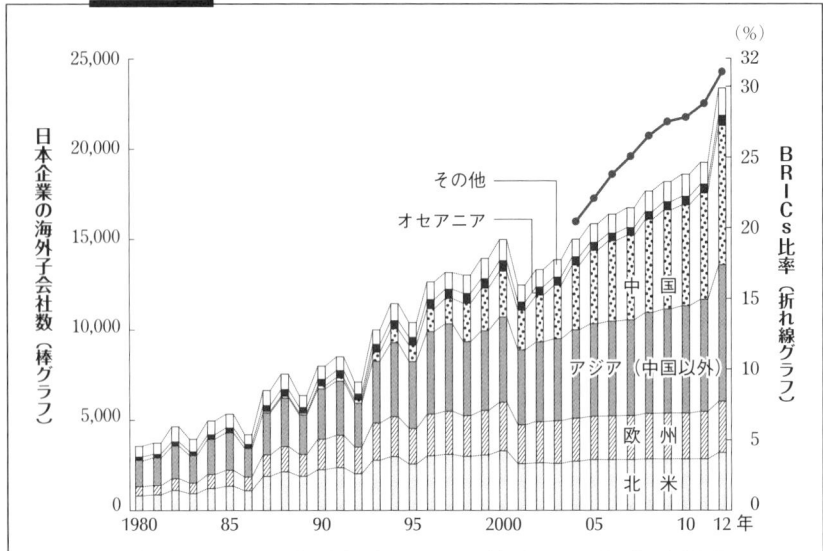

CHART 図2.2 各年・各地域における日本企業の海外子会社数

注) 1. 海外子会社とは，日本企業の出資比率が10％以上の外国法人と，日本企業の出資比率が50％超の外国法人が50％超の出資を行っている外国法人を指す。前者を海外子会社，後者を海外孫会社として分類し，両者をまとめて現地法人と呼ぶこともある。
2. 海外子会社数は，経済産業省が毎年行う「海外事業活動基本調査」の結果に基づいており，すべての日本企業の海外子会社を含むものではない。また，1986年以前の海外子会社数に海外孫会社は含まれていない。
3. 左目盛りは，各地域に立地する海外子会社数を示す。右目盛りは，海外子会社数のうちBRICsに立地する海外子会社数が占める比率（2004年以降）を示す。
出所) 経済産業省「海外事業活動基本調査」各年版より作成。

とがわかるだろう。次に，地域別にも見てみよう。日本企業は1980年代には，主に先進国によって構成される欧米諸国と，新興国を中心とするアジアにおいて，ほとんど同じ数の海外子会社を有していた。しかし，1990年代中期から，北米や欧州と比べて，中国やアジアにおける海外子会社数が大きく増加している。さらに，2000年代中期からは，BRICs（ブラジル，ロシア，インド，中国）に代表される新興国市場における海外子会社数の比率が高まっている。こうした動向は，今後国内市場の大幅な拡大を望みにくい日本企業が，海外市場を開拓していこうと積極的に海外直接投資を行っている姿を示している。

もちろん，各海外子会社の役割は，同じではない。海外直接投資はその目的によって，次の4つに分類される（Dunning and Lundan [2008]）。

1つ目は**市場探求型**である。これは，文字通り，巨大な市場規模を持つ国で

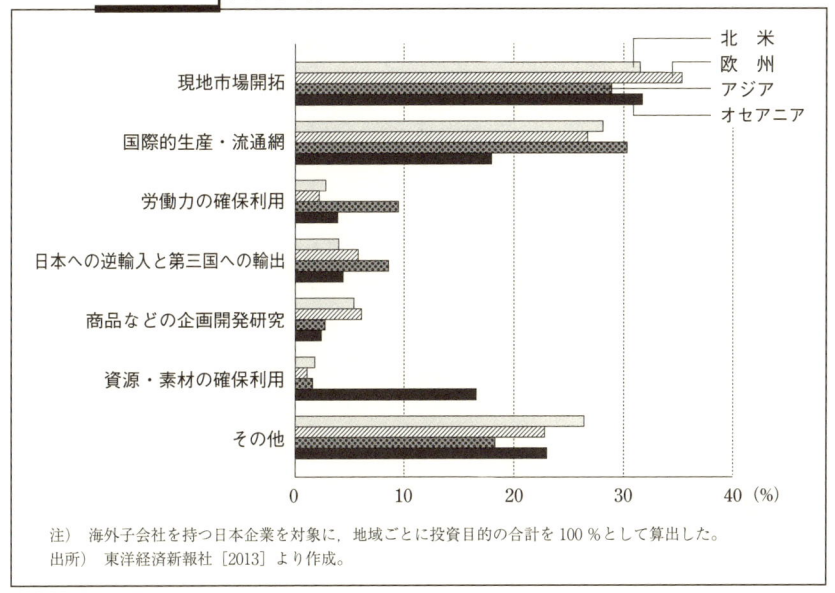

図2.3 各地域における日本企業の投資目的

注) 海外子会社を持つ日本企業を対象に，地域ごとに投資目的の合計を100％として算出した。
出所) 東洋経済新報社［2013］より作成。

現地生産を行い，当該市場を開拓するというものである。2つ目は**効率探求型**である。これは，低賃金の労働力を提供する国において効率的な生産を行い，本国や第三国に輸出するなど，各国の生産要素の違いを利用して経営の効率性を高めるものである。3つ目は**戦略的資産探求型**である。現在の自社に欠けており，また本国では入手が困難な技術やノウハウといった無形の経営資源の獲得を目指して，その経営資源を持つ国へ参入するというものである。4つ目は**天然資源探求型**である。天然資源に恵まれた国において現地生産および販売を行い，天然資源の安定的な確保と供給を目的とするものである。

この海外直接投資の分類を踏まえて，図2.3に示した日本企業の各地域に対する投資の目的の概要を見てみよう。

中国を含むアジアや欧米諸国において，日本企業は現地市場の開拓に取り組んでおり，同時に生産・流通網のネットワークの構築を試みている。これらの目的については，オセアニアでの生産・流通網のネットワーク構築が他の地域よりも目的の優先順位としてやや低いことを除き，地域間で大きな違いが見られない。つまり，アジアや欧米諸国への海外直接投資の多くは，市場探求型の投資と呼ぶことができるだろう。また，アジアでは，現地の労働力の確保利用

> **Column ❺　日本企業の海外直接投資と外国為替相場**
>
> 　日本企業の海外直接投資を検討するとき，外国為替相場（為替レート）の影響を無視することはできない。外国為替相場とは，「邦貨と外貨の異種通貨間の交換比率」を意味し，自国通貨の対外価値を示す（金森・荒・森口［2013］）。たとえば，米国の通貨であるドルに対して円高（円安）になるという状況は，1ドルで交換できる日本円が少なくなる（多くなる）ことを意味する。このことは国際貿易を行う日本企業にとって重要な問題である。
>
> 　ドルに対して円安から円高に変化すると，日本から米国へ輸出を行っていた企業の価格競争力は失われる。極端な例として，1ドル＝150円から1ドル＝100円に変化するという，円高の状況を想定しよう。また，この状況で販売価格を900円に設定した製品を米国に輸出販売していたとする。1ドル＝150円であったとき，この製品の米国販売価格は6ドルになるが，1ドル＝100円に変化すると，当該製品の米国販売価格は9ドルに上がってしまう。現実には企業がこのような値上げをするわけではないが，円高によって輸出事業が不利になることに違いはない。このような為替相場の変化に対応する手段として，海外直接投資を行い，現地生産と現地販売に乗り出すことがあげられる。
>
> 　次ページの図には，日本企業の輸出額と海外子会社の売上高，そして対米ドル為替相場の推移を示している。1970年の1ドル＝360円という円安の時代か

や，日本への逆輸入を目的とする子会社の割合が欧米諸国よりも高い。多くの日本企業は，アジアにおいて安価な労働力を活用して生産活動を行い，日本への逆輸入や第三国への輸出に取り組んでいるのである。すなわち，アジアに向けた海外直接投資には効率探求型の投資が多く含まれる。

　その一方で，商品などの企画開発研究の目的は，アジアよりも欧州や北米に多く見られる。これは特定の技術分野において，世界の先端研究をリードする一部の欧米諸国に対して，戦略的資産探求型の海外直接投資が行われていることを示している。また，オセアニアでは，その他の地域よりも，資源・素材の確保利用を目的とする子会社の割合が圧倒的に高い。鉄鉱石や石炭などの天然資源に恵まれたオーストラリアに対して，多くの日本企業は，天然資源探求型の海外直接投資をさかんに行っているのである。

　このように，各地域に向けられた海外直接投資の推移やその目的を眺めるだ

ら輸出を行ってきた日本企業は，円高が進むにつれて現地生産に力を入れ始めた。また，1985年のプラザ合意後の急激な円高によって価格競争力を問われ，1ドル＝100円を切る時代に移る過程で，本格的に海外直接投資を行うようになったのである。なお，急激な円高という現象は，日本企業の海外直接投資額に影響する重要な要因の1つであるものの，外国為替相場のみが海外直接投資に影響するわけではない。

図　日本企業の輸出額と海外子会社の売上高，および対米ドル為替相場の推移

注）対米ドル為替相場は，東京市場のスポット・レート（17時時点）の月中平均である。
出所）経済産業省「海外事業活動基本調査」各年版，財務省「貿易統計」，および日本銀行「外国為替相場」より作成。

けでも，日本企業による海外直接投資の複雑な構造が浮かび上がってくる。時代によって海外直接投資の量は異なるし，投資受入国（ホスト国）の特徴も影響するようである。しかし，海外直接投資を行い，高い利益を得るには，越えなければならないハードルがあることを忘れてはならない。それにつまずき，目的を達成できず，撤退に至る海外子会社も少なくない。

3　海外直接投資の理論

企業の優位性

海外進出を検討する企業にとって，まず考えるべき点は，海外市場という不

3　海外直接投資の理論　●　23

慣れな環境で現地企業と競争する際に，自社が優位に立てるだけの強みを持っているかどうかである。国境を隔てた先に，魅力的な巨大市場が広がっているとしても，そこには同時に現地企業との厳しい競争が待ち構えている。

日本の製造業企業が海外直接投資を行い，海外市場に子会社を設立することを想定してみよう。日本企業も，海外市場に子会社を設立して事業を開始した場合，ホスト国では，外資系企業と見なされる。

一般的に，外資系企業はホスト国における現地企業と比べて，その国の言語や経済情勢，そして政治体制について詳しい情報を持っていない。それに対して，ホスト国の現地企業は外資系企業よりも，自国の経済，文化，法律，および政治に関する優れた情報を持っている。この点だけを取り上げても，外資系企業はホスト国市場における現地企業との競争において，大きなハンディキャップを負わされている。さらに，外資系企業は現地企業と比べてホスト国政府から差別的な規制を受けやすく，為替リスクにもさらされる。生産拠点の立地や資本出資比率が制限される場合もある。

海外市場におけるこれらの特徴は，総じて外資系企業を不利な立場に追いやる。外資系企業は海外市場という不利な状況下で競争を勝ち抜くために，ホスト国の現地従業員をうまくマネジメントし，現地の商慣習や消費者の好みの特徴などについても学習する必要がある。また，時間や労力をかけて，現地での原材料の調達網や流通網を開拓しなければならない。しかし，現地企業との競争に打ち勝つことを念頭に置くと，こうした努力だけでは十分ではない。では，ほかに何が必要なのだろうか。

それは，企業の本国でのビジネスを支えてきた強み，すなわち**優位性**を海外子会社に移転することである（Hymer [1976]）。海外市場において現地企業が持っていない独自の優位性を本国の親会社から持ち込むことができれば，多国籍企業は海外市場という不利な環境での競争にも打ち勝つことができる。

では，企業の優位性とは何だろうか。一般的には現地企業を圧倒する高品質の製品や低コストの製品を作り出す技術力，また膨大な資本力，そして顧客を引きつけるマーケティングのノウハウなどがあげられる。たとえば，米国の多国籍企業であるマクドナルドは，日本を含む多くの国において，現地の外食店に負けずに高い市場シェアを持つ。それはマクドナルドの本社が，同じ品質の

製品をどこでも作ることができる生産管理の能力や，消費者を引きつけるブランドやマーケティング・ノウハウ，また世界各地から原材料を安く仕入れるための購買力などの優位性を持っており，それを各国で活用できるためである。

こうした優位性の具体的な内容は業界によって異なるものの，競合他社が持っておらず，優れた経営成果を生み出す源泉となった経営資源という意味では共通している。たとえば，研究開発集約的な医薬品産業や情報通信産業であれば，画期的な新製品・サービスを生み出すための先端的な研究開発の能力があげられるだろう。また消費者の好みに左右されやすい化粧品やブランドの衣類などの分野では，独自の商標を持つ製品やそのマーケティングのノウハウが優位性としてあげられる。多数の部品供給業者の製品を精密に組み立てる自動車産業や電子機器産業では，熟練の技術者を有効に活用する能力や，優れた供給業者を管理するノウハウも優位性に含まれる。

本国において構築したこれらの優位性が，海外市場の現地企業は持たず，さらに一朝一夕には真似できないものであれば，海外市場での競争上の不利な立場を克服する重要な要因となる。つまり，海外市場での現地企業との競争に打ち勝つ鍵は，多国籍企業が所有する優位性にある。

内部化理論

海外市場での競争の鍵となる優位性を見定めたら，次に検討するべき点は，いかなる形態で海外進出を行うかという選択の問題である。企業にとっては，所有する優位性を活用して，最も大きな利益を得られる形態を選択することが望ましい。

海外市場に参入するための形態は，いくつかに分類される（図2.4）。最も簡単な海外進出の形態としては，自社の優位性を本国で活用して製品を生産し，海外市場に向けて販売する「輸出」があげられるだろう。海外市場の現地企業に優位性となる技術や商標を貸与して，その対価を受け取る「ライセンシング」も考えられる。また，現地企業と技術や商標を互いに供与し合う「クロスライセンシング」も検討されるかもしれない。

もちろん，海外直接投資を行い，ゼロから自前で海外子会社を設立し，親会社から優位性を移転して現地生産と販売に乗り出すことも考えられる。この参

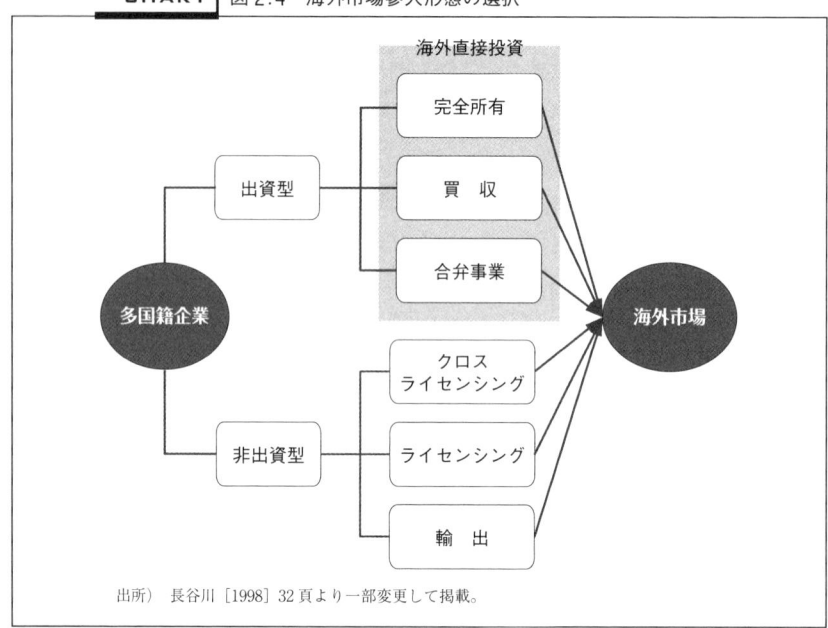

| CHART | 図 2.4　海外市場参入形態の選択

```
                            海外直接投資
                        ┌─────────────┐
                        │   完全所有   │
                  ┌─────┤             │
                  │     │    買収     │
         ┌─出資型─┤     │             │
         │        │     │   合弁事業  │
         │        └─────┴─────────────┘
多国籍企業                                      海外市場
         │              ┌─ クロスライセンシング
         │              │
         └─非出資型─────┼─ ライセンシング
                        │
                        └─ 輸　出
```

出所）長谷川［1998］32 頁より一部変更して掲載。

入形態は，日本の親会社が海外子会社の資本の 100％を出資して所有することから，「完全所有」と呼ばれる。海外直接投資には，すでに存在する現地企業の資本を買い取って自社の子会社にする「買収」という形態も含まれる。さらに，日本企業が自社単独ではなく，現地企業や本国または第三国の他社など複数の企業と互いに資本や技術，人材などの経営資源を出し合う「合弁事業」という形態もある（▶第 6 章第 2 節）。

　ある業界において他社が容易に真似できない製造技術を持ち，技術面で突出していると評判の企業の海外進出を考えてみよう。その企業は海外進出を行う際に，優位性となる独自の技術をどのように活用するだろうか。

　海外市場との貿易に関税や輸送費がほとんどかからないのならば，まずは輸出が候補にあがるだろう。また，本国での生産コストがホスト国よりも著しく高い場合は，海外直接投資が検討されるし，ライセンシングも候補にあがる。

　これらの選択肢の中から，どの形態を利用することが自社にとって望ましいのかを，それぞれの形態の**取引コスト**を比較して決めるのが**内部化理論**である（Buckley and Casson［1976］）。

取引コストとは市場において取引を成立させ，契約を履行する際にかかるコストを意味する。一般的には，取引相手の探索や情報収集，また契約内容の交渉や締結，そして契約開始後の監視や強制にかかるコストが含まれる。

　自社の製造技術を海外市場の現地企業にライセンシングする場合を想定してみよう。これは，製造技術そのものを市場で取引することを意味する。まず，自社の技術を求めており，ライセンシングすることで現地市場での生産が可能な取引相手を見つけ出す探索コストがかかる。また，取引相手（ライセンシー）を見つけても，ライセンシングの契約内容を自社にとって不利が生じないように詰めていく交渉コストがかかる。さらに，ライセンシング契約が開始した後も，ライセンシーが契約内容に沿って行動しているかを監視する履行監視コストがかかってしまう。こうした取引コストは，取引相手の現地企業が相手よりも自己の利益を追求しようとする**機会主義的行動**をとる可能性がある限り発生する。

　機会主義的行動とは，企業や個人が自らの利益を追求するために，自分に有利な情報や相手に不利な情報を相手から隠したり，裏切るといった取引当事者の利己的な行動を意味する。信頼関係がなく，ずる賢いという評判を持つ相手との取引を考えてみよう。騙される，というリスクを感じる人は多いだろう。

　製造技術のライセンシングを行う場合，ライセンシーの機会主義的な行動は技術の流出につながりかねない。そうした事態を避けるには，あらかじめ将来の環境変化への対応を含めて，自社に不利益が生じないように契約内容を詳細に詰めていく必要がある。また，ライセンシーが契約内容に背いた行動をとらないように，契約開始後も監視の目を光らせなければならない。

　しかし，ライセンシング契約において，将来にわたって自社と海外市場の現地企業の双方に不利益が発生しない完全な契約を交わし，その後もフルタイムの監視を続けるのは，現実として不可能である。そのため，日本企業による海外市場に対するライセンシングにおいて，ライセンシーの機会主義的行動から被害を受ける例は後を絶たない（表2.1）。

　一方，海外直接投資を選択し，自社自ら完全所有による現地生産と販売を行う場合にはどのようなコストがかかるのだろうか。まず，海外子会社を設立して，親会社の命令権限のもとで子会社の業務を運営するコストがかかる。企業

CHART 表 2.1 日本企業の海外市場でのライセンス契約における技術流出の被害例

ライセンス先（ライセンシー）の説明する法制度や慣行を鵜呑みにしたため，ライセンス契約において本来講じることのできた対応策を契約内容に盛り込むことができず，自社が意図した範囲を超えて技術が活用されてしまった。
ライセンス契約では，第三国に輸出する場合は事前に協議すると定めたにもかかわらず，ライセンシーが事前協議もなく第三国市場に輸出し低価格販売を行ったため，当該市場での販売について自社の総代理店契約をしている会社から損害賠償を請求された。
自社のコア技術の1つを複数企業にライセンスし，ライセンス先（ライセンシー）単独での製作が不可能な製造装置を供与し製造ノウハウも開示したところ，ライセンス契約時の想定を大幅に超える技術レベルに達したライセンス先（ライセンシー）の管理職が自らの会社をつくり，製造装置を自作して低価格で模倣品の販売を開始したが，有効な法的対抗措置はとれなかった。
サブライセンスを契約で禁止していたが，合弁相手の監督を怠ったところ，合弁相手の企業から別の当該国企業にサブライセンスされて被害を受けた。

（出所）経済産業省［2003］6-8頁より一部抜粋。（　）内は筆者加筆。

が国境を越えて組織を拡大させると，企業内部では膨大かつ多様な情報が流れるため，それらの情報を処理するための運営コストは増加する。しかし，ライセンシングと比べると，多国籍企業の親会社と海外子会社との間では指揮命令系統のもとで，機会主義的行動は抑制される。海外子会社側が親会社を騙すという機会主義的行動に出るとしても，自らの利益は増えにくい。親会社から海外子会社へ重要な製造技術を移転する場合においても，再交渉や監視の必要性は少ない。

　つまり，海外直接投資を行い，海外市場に向けて自ら組織を拡大すれば，取引相手の機会主義的行動を避けて，取引コストを削減することができる。

　内部化理論は，各参入形態の取引コストを比較し，取引コストが低く，より効率的な参入形態を選択することを推奨する。自社の強みとなる製造技術を用いて海外進出を行う場合，現地企業へのライセンシングでは海外直接投資よりも取引コストが高くつくと判断されれば，海外直接投資が望ましい参入形態となる。このように，ライセンシングなど市場での取引ではなく，それを海外直接投資によって多国籍企業が自社内部において自ら行うことを**内部化**と呼ぶ。企業は取引コストを最小化する参入形態を選択することで，効率的に海外進出を進めることができるのである。

CHART 表2.2 立地優位性の主な要素

立地優位性の分類	立地優位性の主な要素	
ホスト国の経済的要素	・天然資源の豊富さ ・市場規模の大きさ ・地価と建設費 ・文化的・地理的な隔たり	・人件費と労働者の質 ・原材料や部品の費用と質 ・優れた研究者の豊富さ ・グローバル市場へのアクセスの利便性
ホスト国の政策的要素	・政治・経済情勢の安定性 ・法制度の整備度 ・地域経済統合への加盟 ・買収合併などの競争政策	・政府の政策の透明性 ・外資系企業への優遇税制 ・運輸や通信インフラの整備度 ・産業集積の発展度

出所）Dunning and Lundan［2008］pp. 101-105, 324-325 より作成。

OLIパラダイム

　海外進出の際にもう1つ考慮するべき点は，どの国に進出するべきかという立地の問題である。ある企業が，海外市場の開拓を目的として，市場探求型の現地生産と販売を計画しているとしよう。どのような立地の特性に注目して，進出する国を選ぶべきだろうか。

　まずは，各国の市場規模の大きさや市場の成長率に注目する必要がある。さらに，現地での人件費や入手可能な部品と原材料の質にも目を向けるべきであろう。外資系企業に対するホスト国政府の優遇税制や規制にも注意する必要がある。

　このようなホスト国の立地に関する特徴からも，多国籍企業の海外事業の成否は大きな影響を受ける。この各国の立地に関する特徴を**立地優位性**と呼ぶ（Dunning and Lundan［2008］）。

　立地優位性とは，資本，労働，土地，天然資源といった各国の生産要素の違いから生み出される優位性のことであり，多国籍企業が進出する国を選択するための要因となる。企業は，ある国や地域に海外子会社を立地することによって，その場所にもともと備わっている豊富な労働力や天然資源などの生産要素，そして外資系企業に対する優遇税制などの各国の政府が政策的につくり出す機会を活用できる（表2.2）。各国の立地優位性に基づいて進出国を決定し，海外子会社を設立した場合は，ホスト国の立地優位性を最大限に活用することが重

要になる。

　もちろん，各国の立地に関する魅力は，前節で示した海外直接投資の目的に基づく分類によって変わってくる。低コスト生産を目的とした効率探求型の海外直接投資であれば，安価な労働力や原材料が活用でき，大量生産による規模の経済を発揮できる国が望ましい。戦略的資産探求型の海外直接投資を行う場合には，企業が重点を置く技術分野において本国よりも優れた研究者が豊富に存在するという点や，現地企業に対する買収の行いやすさも重要な要素になる。天然資源探求型の海外直接投資では，利用可能な天然資源の豊富さだけでなく，輸送の行いやすさや優遇税制にも注目する必要がある。

　ここで，本章のこれまでの内容を整理してみよう。海外進出を行う際に検討するべき事項として，①どのような企業が海外市場での競争上不利な立場を克服できるのか，②いかなる形態で海外市場への進出を行うのか，③どのような国へ進出するのか，という3点を解説してきた。

　これらの3点は，それぞれ海外進出に関する別々の問題に注目するものであるが，それらを折衷することで，海外進出のパターンを包括的に説明しようとする考え方がある。**OLI パラダイム**と呼ばれるものである（Dunning［1988］）。OLI の頭文字は，それぞれ本節の各項が取り上げてきた内容を示している。

　第1の"O"とは，多国籍企業が所有する優位性，すなわち**所有優位性**（ownership specific advantage，O 優位性）を意味する。多国籍企業に O 優位性があれば，不慣れな海外市場において，現地企業に対する競争上不利な立場を克服することができる。O 優位性には，優れた製造技術や革新的な製品開発能力，生産管理やマーケティングのノウハウだけでなく，巨大な企業規模や多国籍企業としての海外展開の経験，そして部品材料のグローバルな調達網などが含まれる。

　第2の"I"は，市場の内部化を促進する**内部化インセンティブの優位性**（internalization incentive advantage，I 優位性）である。I 優位性は，自社の優位性を利用する際に，ライセンシングに代表される市場取引ではなく，内部化することを有利にする要因である。I 優位性には，取引相手の探索や交渉にかかるコスト，そして契約不履行の訴訟にかかるコストを回避できることなどが含まれる。

CHART 図2.5 OLIパラダイムと企業の海外進出パターン

		3つの優位性		
		O優位性	I優位性	L優位性
海外市場への供給方式	海外直接投資	YES	YES	YES
	輸　出	YES	YES	NO
	契約による資源の移転	YES	NO	NO

出所）Dunning [1988] p.28 より掲載。

　第3の"L"は，**立地優位性**（location specific advantage，L優位性）である。企業にとって立地の候補となる国のL優位性が高いほど，その国に対する海外直接投資が行われやすい。L優位性には，巨大な市場規模や豊富な天然資源，安価で質の高い労働力や部品および原材料，また外資系企業への優遇税制などが含まれる。

　これらの3つの優位性は，どのように企業の海外進出に影響するのだろうか（図2.5）。

　まず，図2.5のO優位性の列を見てみよう。企業にとってO優位性を持つことは，海外市場において現地企業に打ち勝つための条件であり，海外進出の前提条件である。O優位性がなければ，ライセンシングや輸出，そして海外直接投資は行われない。しかし，O優位性さえあれば，必ず海外直接投資が選択されるわけではない。海外直接投資を行い，O優位性を自ら現地市場で活用するかどうかは，I優位性とL優位性が見出されるかにかかっている。I優位性やL優位性が見出されないということは，所有する優位性と外国の立地の優位性を自ら活用するメリットがないことを意味する。その場合，企業はO優位性をライセンシングによって売却してもよい。

　次に，I優位性の列を見てから，L優位性の列にも目を向けてみよう。O優位性に加えて，内部化することが有利となるI優位性があれば，企業はO優位性の流出を懸念してライセンシングを避け，本国でO優位性を活用して自ら輸出を行うか，海外直接投資を選択することになる。さらに，O優位性とI

3　海外直接投資の理論　●　31

> **Column ❻　OLI パラダイムから考える海外進出の例**
>
> 　OLI パラダイムは考慮する優位性が 3 つあり，少々複雑であるため，事例からも考えてみよう。
> 　日本の消防車やはしご車市場でトップシェアを持つモリタホールディングスは，泡で消化するタイプの消防車など高性能車の製造技術という強みを持つ。同社では，はしごの反り具合にも職人のノウハウが詰まっており，優れた製造技術が蓄積されている。これは O 優位性にあたるが，その O 優位性を海外展開でどのように活用しているのだろうか。
> 　モリタは海外展開において，経済成長に伴って消防車需要が急拡大する中国市場の開拓に力を入れている。同社は中国市場に向けて，当初はライセンシングではなく，日本から輸出を行ってきた。しかし，2011 年以降は現地企業への資本参加を通じて現地生産に力を入れ，日本からの製造技術の移転を進めている。
> 　製造技術を現地企業にライセンシングすれば，O 優位性である自社の製造技術が現地企業に流出するリスクが高まる。そこで内部化を促進する I 優位性が働く。また，日本からの輸出では，中国市場の現地の顧客である自治体の入札において輸入車と見なされ，国産車と区別されるため，受注の可能性は減ってしまう。つまり，輸出では L 優位性を存分に活用することができない。急成長する現地の巨大市場と安価な労働コストといった中国の立地の優位性と，自社が所有する製造技術の優位性のそれぞれを最大限に発揮するために，海外直接投資を通じた現地生産を選択したと考えられるわけである。

優位性に加えて，立地を検討する国が本国よりも望ましい L 優位性を持つ場合，企業はその国の L 優位性を活用するために，海外直接投資を行うだろう。つまり，所有する優位性を自ら利用し，ホスト国の立地の優位性とつなげることで，それぞれの優位性を最大限に活用するわけである。

　OLI パラダイムにおける 3 つの優位性は，相互作用して互いに強まることもある。たとえば，研究開発活動から生み出される先端的な知識や独自の製造技術という O 優位性を持つ企業にとって，ライセンシングは O 優位性の他社への流出というリスクを持つため，I 優位性は高まる傾向がある。また，戦略的資産探求型の海外直接投資であれば，望ましい L 優位性を持つ国に立地する

ことが，新たな O 優位性の創造につながる場合も考えられる。突出した研究成果を生み出す優秀な研究組織や，差別化された製品を好む消費者が集中する場所に子会社を立地することで，自社に欠ける研究開発能力やマーケティングのノウハウを吸収する機会に恵まれる可能性があるからである。

4 海外直接投資に関する新たな議論

　本章で取り上げてきた海外直接投資の理論は，なぜ企業は国際化するのかということの論理の解明を目的として生み出されてきた。これらの理論が提唱されたのは 20 世紀後半であるが，そこでは米国に代表される先進国の一部の大企業が本国市場において構築した優位性に立脚して，海外直接投資を行うという見方が共通の認識となっていた。

　しかし，時代が変われば，理論には修正が求められることもある。近年では，中国やインドなどの新興国の企業による先進国への海外直接投資も頻繁に見られる。また，多国籍企業が所有する優位性に必ずしも立脚せず，新たな優位性の創出を目指して海外進出を行うという，戦略的資産探求型の海外直接投資に対する関心が高まっている（▶第 1 章 Column ❸）。このことを背景に，これまでの海外直接投資の理論が想定していた，多国籍企業が所有する優位性の位置づけについて再検討が求められている。

　また，先進国の多国籍企業による新興国市場への進出が活発化しているが，そこでは先進国市場でのルールが通用するとは限らない。それに伴い，国の立地の優位性は市場規模や人件費といった経済的要因だけでなく，政治や文化的な隔たり，そして法律の整備度や金融制度の機能，汚職の程度など，制度的要因を積極的に組み込むようになりつつある（Dunning and Lundan［2008］）。

　本章が取り上げてきた理論は，20 世紀に行われた多くの海外直接投資の論理を説明する力を持っていた。とくに，第 3 章で論じるように，第二次世界大戦後に圧倒的な優位性を持った米国企業による海外進出のパターンを強く反映していた。しかし，それは必ずしも，すでに国際化を進め，グローバルな事業展開を行っている多国籍企業の経営行動の論理を説明するものではないかもし

れない。国際化を進めてきた多国籍企業による国境を越えたヒト，モノ，カネ，そして情報のマネジメントには，どのような困難があり，どのような解決策が考案されてきたのか。産業の特殊性を考慮し，世界各国の市場に応じて組み立てた戦略を，どのように全社的に統合していけばよいのか。こうした問題を理解するには，多国籍企業特有の組織構造や戦略，そして各活動内容の国際化に焦点を当てた諸々の論点について検討する必要がある。

EXERCISE

① 日本において成功していると思う外資系企業を1社選び，①その企業は同じ産業の日本企業に対してどのような優位性を持っているのか，②どのような形態で日本市場に参入してきたのか，③なぜ日本を参入国として選んだのかを，OLIパラダイムの視点から考えなさい。

② 日本は米国や英国といった他の先進国と比べて，市場規模の割りに外国の多国籍企業による参入がきわめて少ないといわれる。その原因についてL優位性の視点から考え，今後，外国の企業による対日直接投資を増加させる方法について検討しなさい。なお，経済産業省の「外資系企業動向調査」（各年版）には，日本における外資系企業に関する動向がまとめられている。

読書案内　　　　　　　　　　　　　　　　　　　　　　　　Bookguide ●

Ietto-Gillies, G. [2012] *Transnational Corporations and International Production: Concepts, Theories and Effects, 2nd ed.*, Edward Elger.（イエットギリエス，G.〔井上博監訳〕[2012]『多国籍企業と国際生産——概念・理論・影響』同文舘出版。）

　海外直接投資の理論に関する近年までの重要文献がまとめられている。本章が取り上げた海外直接投資の理論は，広く知られているものに限られるが，ほかにも多くの理論がある。それらを含め，多国籍企業に関する研究の全体像を知る上で優れた良書である。

安室憲一[2012]『多国籍企業と地域経済——「埋め込み」の力』御茶の水書房。

　本章で取り上げた内部化理論やOLIパラダイムに対して，地域への埋め

込みという視点から新たな知見を加える研究書である。

引用・参照文献

Buckley, P. J., and Casson, M. [1976] *The Future of the Multinational Enterprise*, Palgrave Macmillan.

Dunning, J. H. [1988] *Explaining International Production*, Unwin Hyman.

Dunning, J. H., and Lundan, S. M. [2008] *Multinational Enterprises and the Global Economy, 2nd ed.*, Edward Elgar.

Hymer, S. H. [1976] *The International Operations of National Firms: A Study of Direct Foreign Investment*, MIT Press.（Originally presented in 1960. ハイマー, S.〔宮崎義一編訳〕[1979]『多国籍企業論』岩波書店，第1部に所収。）

金森久雄・荒憲治郎・森口親司編 [2013]『有斐閣経済辞典 第5版』有斐閣。

経済産業省「海外事業活動基本調査」各年版。

経済産業省 [2003]「技術流出防止指針――意図せざる技術流出の防止のために」。

財務省「貿易統計」。

東洋経済新報社 [2013]『海外進出企業総覧 2013年版 会社別編』。

『日経産業新聞』2011年1月4日；2011年1月18日。

日本銀行「外国為替相場」。

長谷川信次 [1998]『多国籍企業の内部化理論と戦略提携』同文舘出版。

CHAPTER

第 **3** 章

多国籍企業による国際競争の歴史

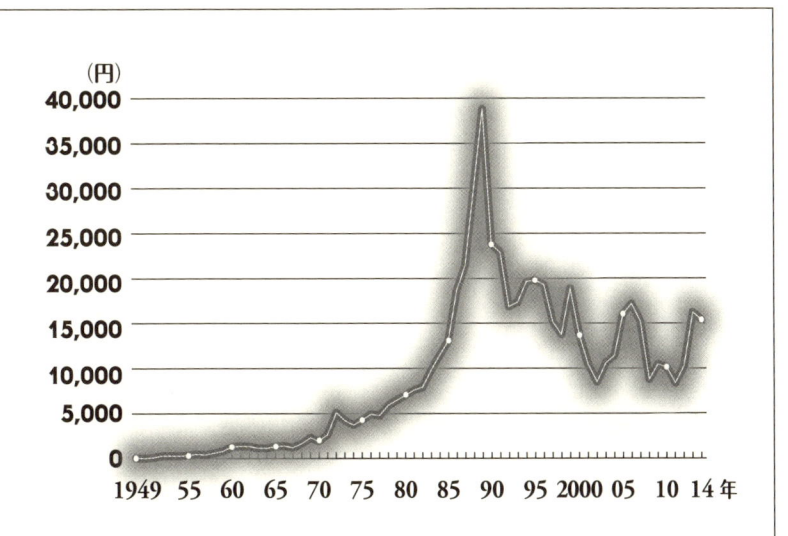

日経平均株価の推移

注) 終値ベース。
出所) 「日経平均プロファイル」より筆者作成。

KEYWORD

フリースタンディング企業　パックス・アメリカーナ　プロダクト・サイクル・モデル（PC モデル）　日本的経営　日本型生産システム　ブロック化　リーン生産システム　欧州連合（EU）　ユーロ　バブル崩壊　失われた10年　ニュー・エコノミー　リーマン・ショック　BRICs　FTA　TPP

1 多国籍企業の栄枯盛衰

　サムスン，LG，タタ，ヒュンダイ（現代），ハイアール，レノボ……。これらは現在，世界に台頭している新興国の多国籍企業である。こうした新興国企業に押される形で日本企業が低迷傾向にあるのは，周知の通りである。「技術の日本企業の時代は終わった」というような報道は，聞き飽きるほどマスコミから報じられている。

　しかし考えてみてもらいたい。「日本企業の時代は終わった」ということは，かつて日本企業の時代があったということである。今から30年前，日本企業はまさに世界市場を席巻していた。"Japan as No.1" と呼ばれ，自動車・電化製品といった製品だけでなく，日本企業のマネジメント方式さえも海外で崇められた時代だったのである。そのころ，上記のような新興国企業は見る影もなかった。

　では，その前の時代はどうだったのか。表3.1・図3.1は世界の企業の売上高の上位500社を公開している米国 *Fortune* 誌の「フォーチュン・グローバル500」のデータである。ここから，1980年までは米国が圧倒的なポジションを占めていたことが見て取れる。そしてその後，日本が成長した1980年代，韓国・中国企業が成長している2000年代と，変化してきたことがわかる。

　こうした傾向は，産業別に見ても同様である。表3.2と表3.3は，主要な自動車メーカーと電機メーカーの「フォーチュン・グローバル500」におけるランキングの推移である。自動車産業では，圧倒的な強さを誇っていた米国のGMやフォードが2000年以降停滞し，トヨタやフォルクスワーゲンがその地位を脅かしていることがわかる。また，現代自動車が堅実に成長していることも見て取れる。一方，電機産業では，当初は小さかったパナソニックやソニーといった日本企業が，2000年には欧米企業に匹敵する規模にまで拡大したものの，現在はサムスンやLGとの厳しい競争にさらされていることが見て取れるだろう。

　このように，時代によってどの国の多国籍企業が主導権を握るのかが変わっ

CHART 表3.1 「フォーチュン・グローバル500」における本社の国籍別企業数

	1957年	70年	80年	90年	2000年	12年
米 国	230	260	217	164	185	132
英 国	35	45	51	43	33	26
フランス	12	21	29	30	37	31
ドイツ	18	20	38	30	34	29
日 本	4	45	66	111	104	62
中 国	0	0	0	0	12	89
韓 国	0	0	6	11	11	14

注) 1. 1957年,70年,80年,90年は製造業の上位500社。
   2. 1961年発売の Fortune を入手できなかったため,米国以外の企業のデータがはじめて掲載された1958年発売の同誌のデータを使用した。
   3. 1957年,70年,80年は米国企業と米国以外の企業のランキングが分かれていたため,筆者が両者を合わせることで上位500社を抽出した。ただし,米国以外の企業のランキングは会社数が少なかったことから,1957年は上位330社,70年は上位460社のランキングとなっている。

出所) Fortune より筆者作成。

CHART 図3.1 「フォーチュン・グローバル500」における本社の国籍別企業数の割合

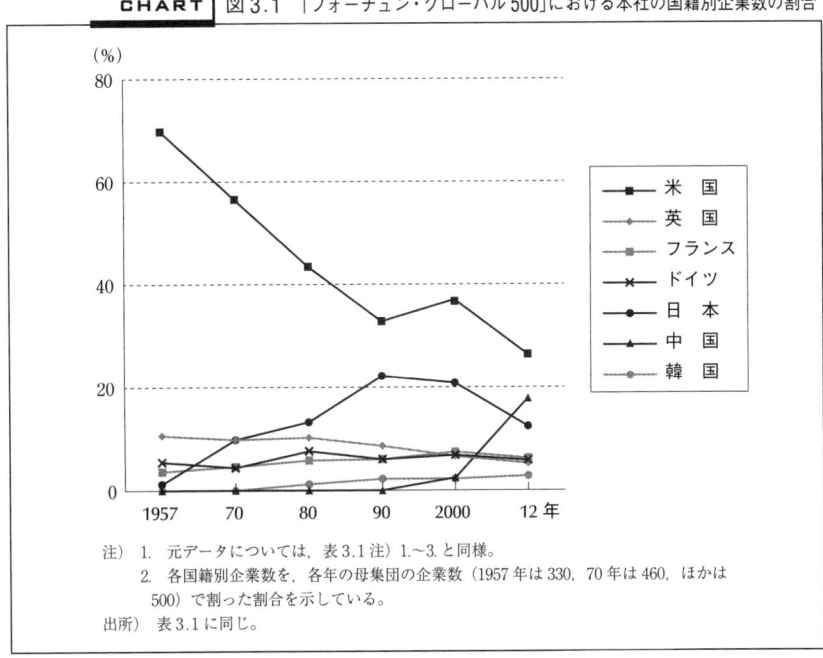

注) 1. 元データについては,表3.1注)1.～3.と同様。
   2. 各国籍別企業数を,各年の母集団の企業数(1957年は330,70年は460,ほかは500)で割った割合を示している。

出所) 表3.1に同じ。

てきているのである。こうした多国籍企業による国際競争の歴史を学ぶのが,本章の目的である。

1 多国籍企業の栄枯盛衰 ● 39

CHART 表 3.2　主要な自動車メーカーの「フォーチュン・グローバル 500」ランキング

	本社の国籍	1970 年	80 年	90 年	2000 年	12 年
GM	米　国	1 位	3 位	1 位	3 位	22 位
フォード	米　国	3 位	6 位	4 位	4 位	28 位
トヨタ	日　本	49 位	36 位	6 位	10 位	8 位
ホンダ	日　本	227 位	125 位	37 位	40 位	45 位
フォルクスワーゲン	ドイツ	15 位	24 位	16 位	21 位	9 位
現代自動車	韓　国	圏外	圏外	192 位	149 位	104 位

(出所)　表 3.1 に同じ。

CHART 表 3.3　主要な電機メーカーの「フォーチュン・グローバル 500」ランキング

	本社の国籍	1970 年	80 年	90 年	2000 年	12 年
RCA	米　国	21 位	41 位	倒産	倒産	倒産
ソニー	日　本	450 位	222 位	51 位	30 位	94 位
松下（パナソニック）	日　本	50 位	45 位	17 位	26 位	83 位
フィリップス	オランダ	18 位	23 位	28 位	107 位	347 位
サムスン	韓　国	圏外	221 位	14 位	92 位	14 位
LG	韓　国	圏外	185 位	329 位	244 位	225 位

(注)　サムスンと LG に関しては，1980 年と 90 年は企業グループ全体のランキング，2000 年以降はエレクトロニクス部門のランキングである。
(出所)　表 3.1 に同じ。

2　第二次世界大戦前

　多国籍企業の歴史をどこから振り返るべきかは難しい。紀元前 2000 年のアッシリア帝国の家族所有の企業，紀元前 1000〜500 年のレバノンの貿易企業を多国籍企業と考える者もいれば，17 世紀の東インド会社を多国籍企業の先駆的形態として捉える者もいる。しかし，実際にグローバル化が進展し始めたのは 19 世紀のことであり，英国の産業革命がその端緒となった。産業革命による大量生産の発達，その後の輸送・通信技術の進化，金本位制による国際資本移動の活発化によって，国際的な貿易は年々拡大し続けた。事実，1820 年代から 19 世紀の終わりまで，国際貿易は年率 3.5 ％で成長し続けたのである。とくに多国籍企業の数と規模が急速に拡大したのは，1880 年代以降といわれている。この 1880 年代から 1929 年の世界恐慌までの間を，第 1 次グローバル

経済と呼ぶ研究者もいる（Jones［2005］）。

　この時期に海外展開を行った企業としては，まず英国企業をあげることができる。第一次世界大戦が起きる1914年の時点で，英国からの海外直接投資（▶第2章）の金額は全世界の45％を占め，世界一であった。その英国企業が海外進出の形態としてよくとったのが，**フリースタンディング企業**である。フリースタンディング企業とは，国内ではビジネスを行わず，海外だけで事業活動を行う企業のことをいう。英国で株式会社を発起し，同国内で資金を調達して，海外で事業を行うのである。主に植民地があったアジア，アフリカ，中南米，南欧における鉱山などの資源開発の際にこの形態がとられ，数千ものフリースタンディング企業が誕生した。

　英国企業に次いで海外直接投資を行ったのが，米国企業である。1914年の時点では，米国の海外直接投資額の世界に占める割合は14％と，世界第2位であった。米国は英国よりも工業化が遅れたが，米国企業は，製品だけでなく，大量生産方式，流通システム，管理者の階層制度といったマネジメント面での革新を起こした。そうした技術を背景に，まずは国内需要を満たすことから始まり，徐々に海外へも輸出をし，海外生産を行うに至った。先駆的な米国の多国籍企業としてはミシンのシンガー社があげられるが，このほかにもGE，ウェスチングハウスなどが19世紀末に，フォード，GMが第一次世界大戦後に，海外工場を持つようになった。

　そして，米国と同じく，1914年時点の世界の海外直接投資額のうち14％を占めていたのが，ドイツであった。ドイツは，19世紀末から鉄鋼，化学，電機といった分野で成長を続けた。1913年の時点で，世界の電機製品の3分の1はドイツ企業が作り，世界の電機製品の輸出のほぼ半分はドイツ企業の製品が占めていた。具体的な企業としては，バイエル，シーメンスなどをあげることができる。ただし一部のドイツ企業は，第一次世界大戦後に接収されることになる。

　なお，この時期の日本企業の海外直接投資額は，計測が難しいほど微々たるものである。日本では紡績業が発達し，カネボウが1919年に上海に工場を設立するなど，ある程度の海外進出が行われていたが，世界の海外直接投資に占める割合は小さかった。

> **Column ❼　戦前からある多国籍企業**
>
> 　この時期にできた企業で，今日まで残っている多国籍企業は，多数存在する。
> 　欧州企業では，英国とオランダに本社を持ち，石鹸の「ダヴ」などで有名なユニリーバ（前身の英国のリーバ・ブラザーズおよびオランダのマーガリン・ユニが 19 世紀末に設立）や，「キットカット」などの食品で有名なスイスのネスレ（1866 年設立）などがある。とりわけユニリーバは，石鹸やマーガリンといった消費財を世界中で売るために，活発な海外展開を行ったことで知られる。前身であるリーバ・ブラザーズは，1914 年の時点で 33 もの海外工場を持っていたとされる。
> 　米国企業では，エジソンが設立し，現在はジェット・エンジンが有名な GE（1892 年設立）や，洗剤などのトイレタリー商品部門で世界最大の規模を誇る P&G（プロクター・アンド・ギャンブル，1837 年設立）があげられる。しかし，これらの米国企業はそこまで活発な海外展開をしていたわけではなかった。それには，国内市場が大きかったことと米国に植民地が少なかったことが関係している。戦後になって，米国企業も，欧州を中心に海外への投資を行うようになった。
> 　一方で日本企業は，工業化が遅れたこともあって，戦前の海外進出はさらに活発ではなかった。当時の海外進出の中心は，三菱商事（1918 年設立）などの商社（▶第 11 章第 3 節）や，カネボウ（1887 年設立）などの繊維会社であった。しかし，当時の日本で最大級の規模を誇ったカネボウでも，その海外進出先は主に中国を中心としたアジア（ごく一部ブラジル）であり，世界中に販売拠点・製造拠点を設立していた欧米企業に比べて，その展開規模は小さかった。
> 　現在も日本企業のグローバル化は遅れているといわれるが，そもそも海外進出をスタートした時期が大幅に遅れていたのである。この後も第二次世界大戦での敗戦によって，海外進出はさらに遅れることになる。このような歴史的背景からも生じている遅れをどう取り戻すかが，日本企業の課題といえよう。

　ところが，以上のような第 1 次グローバル経済は，1929 年の世界恐慌によって崩れることになる。世界恐慌によって各国は，自国の産業を守ろうと保護貿易の立場をとるようになっていく。そして大企業も，国際カルテルをつくり，国際貿易を制約した。後に戦争にまで至る各国の政治上の対立を受けて，各国拠点は分断され，海外子会社は自立性を高めていったのである。

3 第二次世界大戦後

パックス・アメリカーナ──米国企業の隆盛

　第二次世界大戦の結果，米国の国際的な地位が圧倒的に向上した。欧州は戦争により荒廃し，その後の植民地の独立によっても，その経済的な地位を低下させた。対して米国は本土に戦禍が及ばず，さらに固定相場制の導入によって米ドルが主要通貨になったことで，米国企業が国際的な投資の主役となったのである。こうした米国の隆盛はパックス・アメリカーナと呼ばれ，政治も経済も米国が主導した時代であった。実際，1945年から60年代の中ごろまで，米国は世界の海外直接投資の80％を占め，80年の時点でも，世界の対外直接投資残高（海外直接投資によって保有された資産の合計）の40％は同国が保有していた（Jones［2005］）。

　この時期の米国企業の海外展開を説明したのが，バーノンのプロダクト・サイクル・モデル（product cycle model，PCモデル）である（図3.2）。PCモデルとは，企業の海外直接投資が行われる理由を説明した仮説だが，これは1960年代までの米国企業をもとに考えられたモデルなのである（Vernon［1966］）。

　PCモデルによると，まず新しい製品は，新しい製品が求められるような市場から生まれる。1960年代において，そのような市場は高所得者を多数抱える米国に存在した。こうした需要に応える形で，まずは米国の起業家が新製品を開発する。新製品は，発売当初はまだ「この製品はこういうものだ」という標準化が進んでおらず，開発や顧客とのコミュニケーションを通じて頻繁に改良していかなければならない。そのため，市場の声にすぐに対応できるよう，開発拠点の近く，すなわち米国で製造する必要がある。たとえば電子レンジは，1947年に米国で最初に発売された製品である。

　その新製品が国内の需要を満たすと，他の先進国でもその製品に対する需要が生まれ，米国から輸出が行われる。このころになると，ある程度製品の標準化も進んでいるため，製品自体の新規性よりも，製造コストの重要性が増す。

CHART 図3.2 PCモデル

米国

縦軸：製品の生産・消費・輸出入量

生産／消費／輸出／輸入

その他先進国

縦軸：製品の生産・消費・輸出入量

消費／輸出／輸入／生産

発展途上国

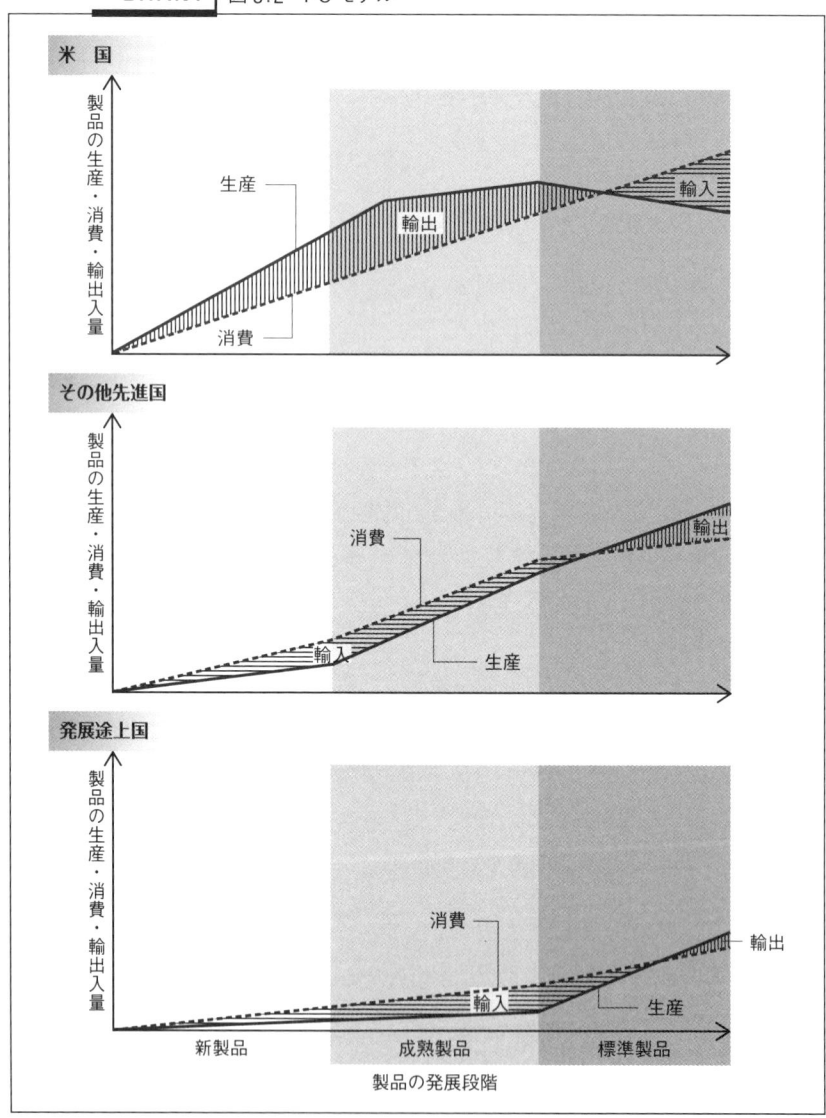

縦軸：製品の生産・消費・輸出入量

消費／輸入／生産／輸出

横軸：新製品／成熟製品／標準製品 — 製品の発展段階

すると，コスト競争の激化に伴って，その製品は先進国現地で製造されるようになる。さらに，先進国現地の製造コストが十分に安ければ，現地先進国から米国への輸出が行われるようになる。たとえば，日本で電子レンジが国産化されたのは1959年，東芝によってである。当時の日本が先進国であったかにつ

いては評価が分かれるであろうが，米国での発売から 10 年以上経って，ようやく国産化できたということから，当時の米国の技術水準がいかに高かったかが窺える。

　こうして，コストが下がっていくにつれ，発展途上国でもその製品の需要が出てくる。そのため，先進国から発展途上国への輸出も行われるようになっていく。やがてその需要がさらに拡大すると，発展途上国でも現地生産が行われるようになる。発展途上国は労働コストが安いため，その製品がある程度労働集約的で，かつ輸送コスト等も大きくないのであれば，途上国から米国や先進国への輸出も行われるようになる。たとえば，韓国のサムスンが電子レンジの国内生産を開始したのは 1979 年であり，日本と比べてもさらにタイムラグがあることがわかる。

　こうしたモデルで説明されるように，当時の米国企業は，国内市場で生まれた製品や技術を他国に次々と移転するという海外展開を行っていた。これは，当時の新製品・新技術の多くが米国で生まれていたことに起因している。たとえば IBM は，今日のパソコンにつながる技術を各国の拠点に伝播させ，それが各国の IT 産業の発展にも貢献したのである。

　しかし，そうした米国の隆盛も徐々に衰退してくる。敗戦国であったドイツや日本が急速に経済成長を遂げ，米国へ製品を輸出してきたり，他の先進国とともに米国へ直接投資を行うようになってきたりした。そうした他国企業の台頭によって，1960 年代には米国の貿易黒字が減少してしまう。さらにベトナム戦争や国内福祉への支出のため，米国は財政赤字に陥ってしまった。こうしたことから，ドルは基軸通貨としての役割を担うことが難しくなり，1971 年に金のドルへの交換停止が行われた。これは，金と交換できる価値を持っていたドルがその価値を保てなくなったことを意味し，米国の国際的な地位の低下を表していた。

| 米国企業の凋落と日本企業の地位向上 |

　このような米国の凋落と入れ替わるようにして，地位を向上させたのが，日本企業だった。

　敗戦国となった日本では，まず商社（▶第 11 章第 3 節）による海外拠点の回

3　第二次世界大戦後　● 45

復が行われ，1950年代後半からは電機産業（松下電器産業，ソニー等）や自動車産業（トヨタ等）による欧米への輸出が始まった。はじめは「安かろう。悪かろう」という製品の輸出からのスタートだったが，外国企業との技術提携，品質管理の導入，日本独自の生産システムの開発（▶第8章第1節）により，次第に高品質なものを作れるようになっていく。そうした能力向上に合わせて輸出を拡大し，自社の営業網も海外で整備するようになった。当時の為替レート（1ドル＝360円）の影響もあり，安価で品質もよい日本製品は，だんだんと欧米市場に入り込んでいくことになる。ただ1960年代は，繊維・電機産業が海外に製造拠点を設立する動きもあったものの，まだ輸出が中心の時代であった。

　しかし，1971年のニクソン・ショックによって円高（1ドル＝308円，▶第2章Column❺）になると，日本企業も海外進出する必要性に迫られた。電機産業では，ソニーや松下が1970年代に米国でカラーテレビの生産を始めた。しかし，円高誘導のために諸策が講じられたにもかかわらず，日本製品の流入は止まらなかった。1970年代には鉄鋼とカラーテレビ，80年代には自動車と半導体において，日本企業の製品が米国の市場を席巻したため，日米の間には貿易摩擦が生じた。日本からの輸入のために膨大な貿易赤字を被った米国は，日本を非難し，自動車産業には対米輸出の自主規制などを求めた。こうした動きは「ジャパン・バッシング」といわれ，日本製のテレビや自動車を破壊する，米国の議員のパフォーマンスが話題を呼んだ。

　こうした円高誘導と米国政府の思惑も受け，日本企業の海外進出はますます進むことになった。たとえば自動車産業では，トヨタがGMと合弁会社NUMMIをつくり，現地生産を開始することになった。さらに1985年にプラザ合意が行われて円高が急激に拡大すると（1986年には1ドル＝160円台に突入），先進国だけでなく，安価な労働力を持つ発展途上国にも製造拠点を設置する企業が増えた。

　このように日本企業が海外に進出した結果，日本企業の「強み」が海外にも伝わっていった。それまで欧米諸国は，日本企業が安価な輸出品を提供できる理由を「為替に頼ったものである」とか「労働者の賃金を不当に安くしている」と決めつけ，日本企業が優れた取組みを行っているとは考えていなかった。

　ところが，こうした認識は間違ったものであることが判明した。たとえば前

出の NUMMI 設立の際，工場のオペレーションはトヨタが担当したが，結果その生産性は GM の平均的な工場の 2 倍を記録した。つまり，日本という国に立地していること以外の強みを，日本企業が持っていることが判明したのである。そして，そうした強みとして取り上げられてきたのが，**日本的経営と日本型生産システム**である（Column ❽）。

このように，1970 年代から 80 年代は，日本企業が世界を席巻した時代といえる。実際，世界における対外直接投資残高の各国の比率を見ると，1980 年には米国が全体の 40 % で第 1 位，日本が 7 % で第 6 位だったのに対して，93 年には米国が 26 % で第 1 位，日本が 13 % で第 2 位と，その差は大きく詰まった（Jones［1996］）。また，世界の工業生産に占める日本の割合は，1960 年代初期に 5 % だったものが，90 年代には 20 % まで増加した。さらに前出の「フォーチュン・グローバル 500」のデータを見ると，1990 年代にかけトップ 500 入りした日本企業が急激に増えたことがわかる（表 3.1）。こうした日本企業の隆盛が，"Japan as No.1" と評されることもあったのである（Column ❾）。

欧州のブロック化

戦後，米国企業の隆盛，日本企業の急成長という変化の中，相対的に欧州企業は影が薄かったといえる。しかし，戦後から欧州全体が**ブロック化**を目指してきたことは，多国籍企業の競争を理解するにあたって重要である。

戦後の欧州では，将来の武力戦争を避けるという目的もあり，欧州全体で共同体をつくる動きが活発化した。1952 年に欧州石炭鉄鋼共同体（ECSC）が設立されたことを皮切りに，58 年には欧州経済共同体（EEC）が設立された。

EEC においては，域内の貿易障壁を減らすこと，および域外に対する貿易障壁の維持が目指された。こうすることで，海外の企業が EEC 域内に投資することが有利になる条件をつくったのである。実際，米国を中心とした海外企業は，欧州内に投資をして，現地で生産を行い欧州域内で製品を販売したほうが望ましいため，欧州へ活発な投資を行うようになった。結果，1980 年時点で西ヨーロッパへの対外直接投資残高が世界全体に占める割合は 35 % 程度と，38 年の 5 % 程度から大きく拡大した。1980 年には，西ヨーロッパと北米への対外直接投資残高だけで世界の 3 分の 2 弱を占めるほどにまで拡大したのであ

3 第二次世界大戦後

> **Column ❽　日本的経営と日本型生産システム**
>
> 　「日本的経営」とは，「終身雇用」「年功賃金」「企業別組合」「根回し型の集団的意思決定」といった，日本企業で顕著に見られた経営慣行である。「終身雇用」「年功賃金」「企業別労働組合」は，Abegglen[1958]や「OECD 対日労働報告書」(1972 年) で取り上げられる中で，日本的経営の「三種の神器」として一般に認識された。その後，稟議制のような「集団的な意思決定」もここに加えられて「日本的経営」とされ，日本企業の強みとして世界的にも評価されることになった。
>
> 　日本的経営が「強み」と考えられたのは，日本的経営が組織としての効率や生産性を上げる要因となりえたためである。「終身雇用」「年功賃金」が導入されている場合，従業員は同じ企業で働き続けることにメリットがあるため，採用された企業で能力を高めた後も，転職せずに企業に貢献してくれる。「企業別労働組合」が導入されている場合，労使関係が安定的になり，労使が協調して会社の発展を考えるようになる。「集団的意思決定」が導入されている場合，組織の 1 人 1 人が組織の意思決定に加わるため，組織への帰属感が強くなる。こうしたメリットを享受できたために，日本企業は戦後急激に発展できたと説明されたのである。
>
> 　一方，「日本型生産システム」とは，日本企業に特徴的な生産体制のことである。具体的には，ジョブ・ローテーションや現場による教育（OJT）といった組織管理方法，あるいは，工場内における小集団活動（現場でグループを組んで問題点や改善点を話し合う活動）や 5S 活動（整理・整頓・清掃・清潔・躾の頭文字で，

る。

　もっとも，欧州各国は戦後一貫して協調していたわけではない。1970 年代にはオイル・ショックや通貨危機などに直面し，欧州各国も国内産業保護策などを打ち出した。この時期，各国は協調路線から一歩引くこととなったが，その結果 1980 年代初めには不況へと陥ってしまった。

　経済統合は 1980 年代に入って再び促進されていく。今度はより強力な統合を目指し，「欧州域内のすべての非関税障壁の撤廃」や「為替レートの安定」が求められた。さらに，政治的な意味での欧州統合も考えられるようになっていった。最終的には，EEC，欧州石炭鉄鋼共同体，欧州原子力共同体といった共同体をすべて束ねる**欧州連合（EU）**が 1993 年に設立された。そして 1999

工場をより綺麗に，より規律のあるものにするための現場レベルの活動）などの現場の一体感を重視する生産体制のことを指す。

日本型生産システムは，現場の労働者の参画を促すシステムである。このシステムのもとでは，多くの労働者が企業に強くコミットメントし，多くの人間が生産性や品質の改善に取り組むようになる。こうした状態は，マネジャー層と労働者層がはっきりと分かれ，工場の改善などはマネジャー層が担当する傾向にあった欧米企業の工場には見られないものであった。日本企業のほうが組織が一体となって工場の改善を行っているため，より低コストで高品質な製品を作れるようになったのである（▶第 8 章第 1 節）。

このように，「日本的経営」と「日本型生産システム」はどちらも日本企業の強みと見られてきたわけだが，海外への移転可能性という点で両者は大きく異なる。日本的経営が日本企業の海外子会社へそのまま導入されているケースは珍しく，海外への移転が難しい強みであると考えられている。それは，日本的経営が，日本のように「人々が互いに深くかかわり合っている文化」の国には向いているが，それ以外の国では向いていないからであると説明されている。

一方，日本型生産システムは，日本的経営よりも普遍的な技術体系として受け止められ，多くの日本企業の海外拠点に導入されている。中でも，日本の自動車産業がつくり上げた生産システムは，後に**リーン生産システム**（Womack, Jones and Roos［1990］）として概念化され，現在では日本を含むさまざまな国におけるさまざまな業種の企業で導入が検討されている。

年には，11 カ国の参加により新通貨である**ユーロ**が導入され，域内の貿易障壁はより低くなった。

こうした経済統合の結果，EU 市場を狙った投資が，欧州企業はもちろん，米国企業，日本企業といった海外企業からも活発に行われることになった。また，より労働賃金の安いポーランドなどの東ヨーロッパに工場等を建設する動きも見られた。欧州内ではさらに，欧州内外の企業との M&A（▶第 6 章第 2 節）が急増した。そうした M&A を経て，欧州企業も米国流のコーポレート・ガバナンスの影響を受けることとなった。

この時期の欧州企業として注目すべきはドイツ企業である。ドイツの海外直接投資は 2 度の大戦によって減少していたが，1960 年代後半にようやく第一

Column ❾　自動車産業に見る日米逆転のストーリー

　1886年にドイツで発明されたガソリン・エンジン四輪車だが，その商業的成功は米国企業によってもたらされた。大量生産方式を確立して自動車の価格低下に成功したフォード社（1903年設立），さまざまな自動車を用意するフルライン政策でフォードの地位を奪ったGM（ゼネラルモーターズ）社（1908年設立）等の貢献によって，自動車は消費者の日常の足として用いられるようになったのである。

　海外展開も，この2社を中心とした米国企業が最も積極的だった。戦前の時点で，GMとフォードはアルゼンチン，オーストラリア，ブラジル，メキシコで自動車を組み立て，世界中に販路を持っていた。一方，日本企業はといえば，自動車の国産化が1900年代になってようやく始まったばかりであり，海外展開の面では比較にならない状況であった。

　戦後になってもそうした状況は基本的には変わらなかった。ただし，トヨタなどの日本企業は，欧米からの技術提供を受けつつ独自の進化を遂げた。そうして生産性と品質を同時追求できる生産システムを構築したことで，日本企業の製品は安価で品質のよいものと認識されるようになっていったのである。さらに1970年代のオイル・ショックにより，燃費のよい日本車は欧米で人気を集めるようになっていく。

　本文でも述べた通り，1980年代になると米国政府は，国内産業の保護のために，日本からの日本車の輸出を制限しようと動き出した。日本の自動車メーカーに輸出の自主制限を求め，さらに日本の円を切り上げようと動いたのである。こうした動きの結果，日本企業は米国での現地生産を余儀なくされた。当時もトヨタなどはブラジルや東南アジアで自動車の生産を行っていたが，本場の米国における生産は，1980年代がはじめてであった。

　この海外進出で最も象徴的だったのは，1984年にGMとトヨタの合弁で設立

次世界大戦以前の水準を取り戻し，対外直接投資残高も，80年に世界全体の8％，90年には全体の9％と，着実に拡大した（Jones［1996］）。

　このときドイツの成長を支えたのは，化学産業，電機産業，自動車産業のドイツ企業であった。化学産業は戦後いち早く競争力を回復し，1950年代には，化学企業のヘキスト，製薬会社のバイエルといった企業が海外に進出した。また自動車産業においても，ベンツが1950年代から海外直接投資を行ったのを

> されたNUMMIである．これも本文でも述べたが，NUMMIが米国で生産活動を始めると，そこでの生産性がGMの工場をはるかに上回っていることが判明し，日本企業の生産システムの優位性が明らかになった．日本企業の生産システムや開発組織などに注目が集まり，日本企業のよいところを真似しようという動きが欧米企業の間で広がった．
>
> その後，1990年代には欧米企業の努力もあり，日本企業と欧米企業の間の生産性の差は縮まっていった．すると，一部の米国企業が上述のような組織内部の改善を軽視し出した．2000年代に入るとSUVといわれるスポーツタイプの車や小型トラック（ピックアップ・トラック）が売れたため，それらの製造に注力して組織内での地道な努力を怠ってしまったのである．一方，日本企業は，自らの生産システムに基づいて地道な努力を続けながら，海外での販売を拡大していった．結果，トヨタは2011年に生産台数世界一を達成し，その一方で，長年世界No.1の自動車メーカーとして君臨したGMが09年に連邦倒産法の適用を申請して再建の道へと入っていくこととなった．
>
> このように，自動車産業においては日本企業にまつわる象徴的なサクセス・ストーリーを見て取ることができる．しかし，日本企業も油断はできない．複雑化する自動車の設計とそれに伴うリコール問題，電気自動車などの新たな技術の台頭が，既存の日本企業の強みを失わせる可能性もある．また，競合を見ても，フォルクスワーゲンやGMといった欧米企業はいまだに強力なライバルであり，ブラジルや中国などの新興国市場では日本企業が遅れをとっている．さらに新たなライバルとして，韓国の現代自動車やインドのタタ・モーターズの足音も聞こえている．日本の自動車企業は，過去の栄光にしがみつくことなく，再逆転のストーリーを描かれないように考えていかなければならないのである．

皮切りに，現在ではフォルクスワーゲンが自動車販売台数世界1位を争う企業へと成長している．

また，2000年以降は北欧企業も注目されている．家具などを販売しているスウェーデンのイケア，スマートフォンが導入される前は携帯電話でトップシェアをとっていたフィンランドのノキア等である．これらは，経済規模の小さな国から世界的な企業が出てきたという点で，注目を集めている．

4 現代のトレンド ▶▶ 多極化の時代

三極の成長の停滞と新興国の台頭

以上のように，1980年代までは，北米，西ヨーロッパ，日本の三極が多国籍企業の中心だった。実際，この三極が世界の工業生産の4分の3を担っており，有力な多国籍企業のほとんどがこの三極から誕生していた。しかし1990年代以降，こうした三極の成長に陰りが見えている。

最初に起きたのは，日本の**バブル崩壊**とその後に続いた**失われた10年**（近年は20年とも呼ばれる）である。この長期的な不況は，世界における日本の経済的な地位を低下させた。多くの日本企業が苦しみ，日産自動車，カネボウ，山一證券，ダイエーといった大企業は，この時期に経営危機や倒産に見舞われた。

一方，1990年代の米国は，インターネットやハイテク会社の設立ブームが牽引した**ニュー・エコノミー**により，大きな経済成長を経験した。ところが1990年代末にはITへの投資がバブル気味になり，2000年代に入るとこのバブルが崩壊した。さらに2000年代には，エンロン事件，同時多発テロ，そして08年のリーマン・ショックといった大きな困難を伴うできごとが次々に起こり，米国経済も楽観視できない状況になっている。

EUでは，近年，加盟国の経済危機の問題が浮上している。2009年には，ギリシャの財政赤字が問題となってギリシャ国債の格付けが急落し，ユーロ売りが進行した。それに合わせて，スペインやポルトガル，イタリアといった国々でも金融問題・財政問題が発生し，国債の格付けが急落するという事態が起こっている。域内の統一を図ったユーロの存在が問題を生むという皮肉な状況になっており，こちらも楽観視できない。

こうした三極の地位低下に伴い，近年台頭してきたのがBRICs（ブラジル，ロシア，インド，中国）に代表されるような新興国である。これらの国のGDPの伸びは強烈で，とくに中国はすでにGDPで日本を抜き，世界第2位の経済

CHART 図3.3　日本とBRICsのGDP推移

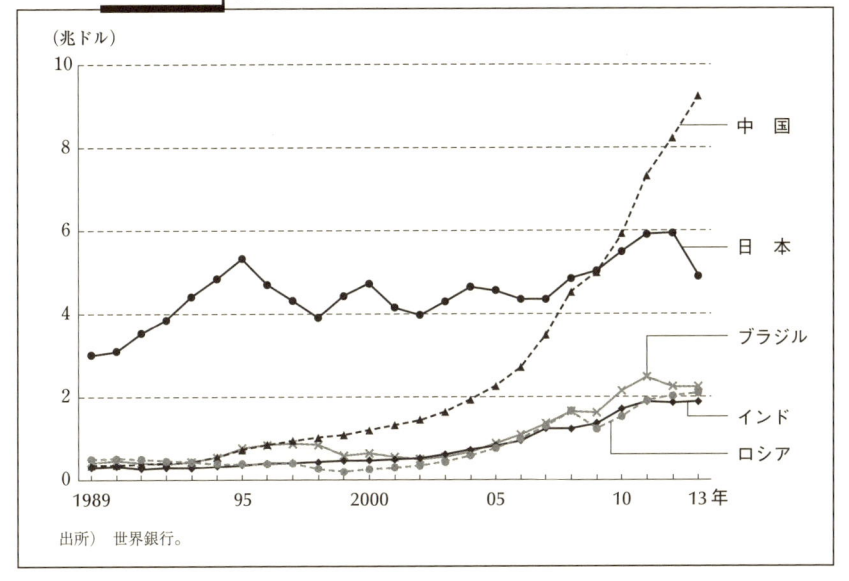

(兆ドル)　中国／日本／ブラジル／インド／ロシア

出所）世界銀行。

大国となった（図3.3）。そのため，これまで新興国を安価な労働力や資源を提供してくれる場として考えてきた先進国の多国籍企業も，新興国を市場として見るようになってきた。もはや先進国市場だけに注目すればよい時代は終わりつつあるといえるだろう。

新興国企業の台頭

多国籍企業についても，韓国企業・中国企業といった新興国企業の台頭が著しい。「フォーチュン・グローバル500」にも，近年は中国や韓国といった新興国企業が増えている。20年前までは，まったくランクインしなかったような企業が現れ始めているのである。

とくに注目すべきはサムスンやLGといった韓国企業であろう。たとえばテレビ産業では，かつて日本企業が世界市場を席巻していたが，2012年においてはサムスンとLGが液晶テレビの販売台数シェア1位，2位を独占し，この2社のシェアの合計は40％にも及ぶ。一方，日系企業のシェアは，合計しても30％にも満たないのが現状なのである。

サムスン，LGといった韓国企業は，韓国国内の市場の小ささゆえに，1990

4　現代のトレンド　● 53

年代から強い海外志向を持っていた。そのため，海外市場に合った製品開発，海外市場にアピールする広告戦略，海外での製品販売網の整備に，早くから力を入れた。たとえば広告は今日も活発に行われており，海外でも多くのホテルや空港で自社製の液晶テレビを使ってもらったり，現地メディアを使って活発な広告活動を展開したりしている。

　また，その組織体制も海外を強く意識したものになっている。たとえばサムスンは，地域専門家制度と呼ばれる制度を 1990 年代から導入している。地域専門家制度とは，本国で選抜した社員を 1 年間海外に派遣し，その国の言語や文化を学ばせるというものである。派遣された社員に現地における仕事の義務はなく，まず 1 年間は当地のことをじっくりと学ぶ。そうして文化を学んだ後，現地の子会社に合流し，現地ニーズの把握や現地従業員のマネジメントなどに活躍する。こうした制度も活用しながら，海外市場で売れる製品を作り，製品が売れるようなものの売り方をしてきたのである。

　一方，日本企業では，海外市場は国内市場のおまけに過ぎないという認識が強く，こうした現地対応が遅れてしまった。「日本企業の製品はガラパゴス」とよくいわれるが，これは，単純に現地対応の製品を出せていないというよりも，現地のニーズを吸い取る組織体制や，それを反映した製品を作る体制，現地に製品をアピールする販売体制が整っていない企業が多いと理解するほうがよいだろう。

　また，電機産業だけでなく自動車産業でも，新興国企業の台頭は予断を許さない状況になっている。たとえばインドのタタ・モーターズは，2008 年に「ナノ」と呼ばれる 30 万円以下の車を出し，自動車産業に衝撃を与えた。また，韓国企業の現代自動車も海外展開が活発で，北米市場，中国市場，南米市場などでシェアを伸ばしている。日本企業の中では，トヨタが自動車販売台数で世界第 1 位を争う企業ではあるが，決して楽観視はできない。

　さらに，近年の新たなトレンドとして見受けられる現象には，新興国企業による先進国企業の買収がある。前出のインドのタタは，2008 年にイギリスの高級車メーカーであるジャガーを買収した。ほかにも，インドの実業家が創業したミタル・スチールという鉄鋼会社は，当時粗鋼生産量で世界第 2 位だったアルセロールという欧州企業を 2006 年に買収し，その規模をさらに拡大した。

また，コンピュータの分野でも，中国のレノボが2004年にIBMのPC部門を買収したことが記憶に新しいだろう。

こうした新興国企業による買収の動きは決して他人事ではない。たとえばレノボは，2011年にNECとの間でレノボがマジョリティを握る合弁会社を設立し，NECのパソコン事業を統合することになった。また，2013年にはサムスンがシャープと資本提携を結ぶというニュースが流れた。新興国企業のパワーが，一昔前までは考えられないくらい強力になっているということが，ここからも窺えるだろう。

新たなグローバル化の時代へ

以上で見てきた通り，市場という意味でも，海外直接投資の主体となる多国籍企業という意味でも，近年はより多極化が進んでいる。こうした多極化の動きによって，海外直接投資はより加速し，より経済のグローバル化が進むと考えることもできる。実際，多くの国同士がFTA（自由貿易協定）を結んだり，関税同盟に入ったりして，互いの経済的な交流を活発化しようとする動きが起きている。

しかし一方で，多様なプレーヤーが参加することによって競争が激化し，政治的な衝突などの新たな問題が起きることも考えられる。たとえば，これまで以上に力を持ち出した新興国の政策が，多国籍企業にとって悩みの種となることは多い。中国でも，投資した外資系企業が現地の政治的な思惑に左右され，自由な経営を行えないことがある。そのため日本企業の中には「中国への投資はほどほどに」と考える企業も現れ出している。今後，新興国の発言力が増していく中で，そうした国とどのように付き合うか，さらにそういう国から出てきた企業とどのように付き合うかは，難しい問題となっている。

さらに，先進国自体もさまざまな動きを見せている。米国はTPP（環太平洋戦略的経済連携協定）を推進し，米国企業の海外進出がより容易にならないかと検討している。とりわけ，日本の農業・自動車市場・金融市場の開放が，1つの焦点となっているのは周知の通りである。EUもまた，経済危機の影響から，EUを守るような保護政策を打ち出す可能性を有する。先進国もさまざまな手を打って，再度成長路線に乗れないかを模索しているのである。

このように，近年は多様なプレーヤーが多様な思惑に従った政治的なゲームを行う中で，多国籍企業についても多様なあり方が見られる。日本企業もこうした現実に目を向け，他国企業のよいところは学習しつつも，日本企業なりの新たな成長路線を見つけていく必要があるといえるだろう。

EXERCISE

① 中国やインドといった「新興国」から1つの国を選び，その国の市場向けに製品・サービスを提供している日本企業を1つあげなさい。その上で，「その国におけるその日本企業の最大のライバルはどの国の企業か」を調べ，「そのライバルとその日本企業の違いは何か」を考えなさい。

② 企業の栄枯盛衰がある中，ずっと生き残っている多国籍企業も存在する。100年以上の歴史がある多国籍企業を調べ，どうしていまだに生き残っているのかについて，その企業の事業の変遷，海外進出の変遷，マネジメントの変遷などから考えなさい。

読書案内　　　　　　　　　　　　　　　　　　　　　　　Bookguide

Bartlett, C. A., and Ghoshal, S. [1989] *Managing across Borders: The Transnational Solution*, Harvard Business School Press.（バートレット，C. A. = ゴシャール，S.〔吉原英樹監訳〕[1990]『地球市場時代の企業戦略——トランスナショナル・マネジメントの構築』日本経済新聞社。）

　理想的な多国籍企業の姿である「トランスナショナル企業」という概念を打ち出したことで有名な著書。日・米・欧の多国籍企業のマネジメント上の違いについて，歴史的な背景の違いも含めて説明しているため，多国籍企業の歴史を理解するのにも適している。

天野倫文・新宅純二郎・中川功一・大木清弘編『新興国市場戦略論——拡大する中間層市場へ・日本企業の新戦略』有斐閣，近刊。

　現代の多国籍企業の新興国市場における取組みを，具体的な事例をもとに説明している著書。日本企業だけでなく，韓国企業や中国企業の現状についても触れているため，現代の国際競争の実態を理解するのに適した本。

Reference

Abegglen, J. C. [1958] *The Japanese Factory: Aspects of Its Social Organization*, Free Press.

Jones, G. [1996] *The Evolution of International Business: An Introduction*, Routledge.（ジョーンズ, G.〔桑原哲也・安室憲一・川辺信雄・榎本悟・梅野巨利訳〕[1998]『国際ビジネスの進化』有斐閣。）

Jones, G. [2005] *Multinationals and Global Capitalism: From the 19th to the 21st Century*, Oxford University Press.（ジョーンズ, G.〔安室憲一・梅野巨利訳〕[2007]『国際経営講義──多国籍企業とグローバル資本主義』有斐閣。）

Vernon, R. [1966] "International investment and international trade in the product cycle," *Quarterly Journal of Economics*, vol. 80, no. 2, pp. 190–207.

Womack, J. P., Jones, D. T., and Roos, D. [1990] *The Machine that Changed the World: Based on the Massachusetts Institute of Technology 5-million Dollar 5-year Study on the Future of the Automobile*, Rawson Associates.

CHAPTER

第 4 章

多国籍企業の組織デザイン

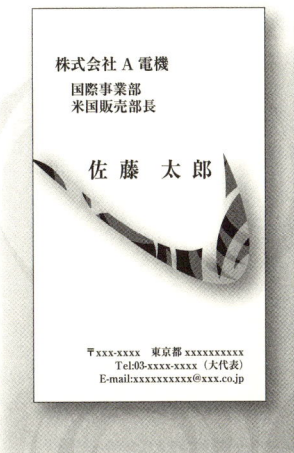

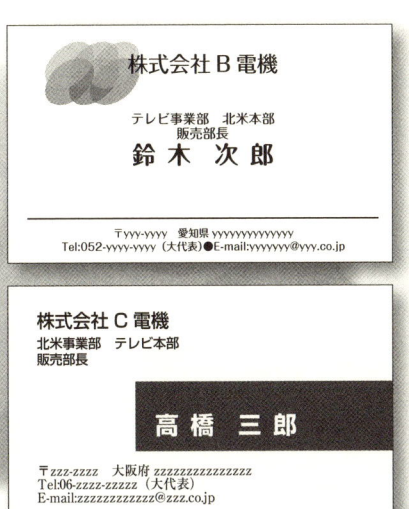

株式会社 A 電機
国際事業部
米国販売部長
佐藤 太郎
〒xxx-xxxx 東京都 xxxxxxxxxx
Tel:03-xxxx-xxxx (大代表)
E-mail:xxxxxxxxxx@xxx.co.jp

株式会社 B 電機
テレビ事業部　北米本部
販売部長
鈴木 次郎
〒yyy-yyyy 愛知県 yyyyyyyyyyyy
Tel:052-yyyy-yyyy (大代表)●E-mail:yyyyyy@yyy.co.jp

株式会社 C 電機
北米事業部　テレビ本部
販売部長
高橋 三郎
〒zzz-zzzz 大阪府 zzzzzzzzzzzz
Tel:06-zzzz-zzzzz (大代表)
E-mail:zzzzzzzzzzz@zzz.co.jp

この 3 名の名刺から，各社の違いがどこにあるか，わかるだろうか？

KEYWORD

組織デザイン　分業　調整　チャンドラー　組織は戦略に従う　ストップフォードとウェルズ　国際事業部　国際製品別事業部制　地域別事業部制　グリッド組織　グローバル・マトリックス方式　調整コスト　ヘテラーキー　地域統括組織　官僚的コントロール　規範的コントロール　社会化　地域統括会社

1 組織デザインから見えること

「私は今,米国の子会社に出向して,テレビを販売する業務に携わっています」といわれ,3人の部長から前ページのような名刺をもらったとしよう(本章扉頁参照)。この3名の肩書きの違いに注目してもらいたい。佐藤さんは国際事業部米国販売部長,鈴木さんはテレビ事業部北米本部販売部長,高橋さんは北米事業部テレビ本部販売部長である。一見大きな違いがないように見えるが,じつはこの肩書きから,その企業の戦略や各人の仕事が推察できる。

まず佐藤さんは,ほかの2人と異なり,製品や地域名に限定されていない事業部である「国際」事業部に所属している。国際事業部とは一般的に,特定の製品や地域に縛られずに海外展開全般を担当している事業部であることを意味する。国際事業部が海外ビジネスをまとめて担えるのは,特定の製品の海外での売上げ,もしくは特定の海外市場での売上げがまだ大きくないためである。すなわち,製品や地域ごとに組織を区切る必要がないほど,A電機の海外展開は活発ではないと考えられる。こうした事業部にいる佐藤さんは,現在は米国でテレビを販売していても,必要に応じて他の国での販売や他の製品の販売を任せられる可能性が高い。

では,鈴木さんと高橋さんの違いは何か。注目すべき違いは,鈴木さんは「テレビ」事業部の北米本部に,高橋さんは「北米」事業部のテレビ本部に,所属していることである。この組織の違いが意味するのは,製品と地域のどちらがその企業で重視されているかである。テレビ事業部の北米本部ということは,「テレビ」事業部が上で,その下に「国・地域」の部が位置づけられていることを意味する。よって北米本部は,テレビ事業部全体のことを考えて自らの担当区域でのビジネスを考える必要がある。そのため,鈴木さんが北米のニーズを満たした北米専用のテレビを作ってもらいたいと考えても,そのテレビが他の地域のニーズにマッチしていないなど,テレビ事業部全体の利益にそぐわない理由があれば,この提案は却下される可能性が高い。

一方,北米事業部のテレビ本部というのは,北米事業部の下に製品の部が位

置づけられていることを意味する。よって，テレビ本部は他の製品部との兼合いも考えつつ，北米全体のことを考えてビジネスを考えなければならない。そのため高橋さんは，たとえ北米地域でしか売れない市場範囲の狭い製品だとしても，北米市場のニーズを捉えるために，現地専用のテレビを売らなくてはならないこともある。

　このように，企業内の組織をどのような単位で分割するか，それぞれの組織をどのような関係で結ぶかは，企業の戦略や各人の働き方と密接に関係する。こうした企業内の組織設計を，**組織デザイン**と呼ぶ。もちろん，現実の企業の部署の名前は各社それぞれであり，上記の例ほど安易に戦略は推測できない。しかし，各企業の部署の名前がさまざまであるのは，各社が苦心して自らに適した組織デザインを考えた結果である。改革の際に大規模な組織構造の変更が行われることが多いことからも，組織デザインが企業にとって重要な意思決定であることがわかるだろう。

　組織デザインを変更することは主に経営陣の仕事であるため，普通の学生や企業人にとってはイメージしづらいものかもしれない。しかし組織デザインは，企業が円滑に業務を行うための基盤である。とりわけ海外という「隔たり」のある地域に拡大する多国籍企業（▶第1章第2節）では，正しく組織をデザインしなければ，企業全体を管理することが難しくなる。多国籍企業では組織デザインがより重要となるのである。

　そこで本章では，多国籍企業の組織デザインに注目した1970年代の研究を中心に，海外進出する際に多国籍企業はどのような組織体制をとるべきなのかについて説明する。

2　組織デザインの原則

分業と調整

　一般的に，ある程度以上の規模の企業には，営業部，製造部，人事部といった「部」が存在する。企業が「部」を複数設けるのは，組織において**分業**が重

要だからである。

　企業における各「部」は，それぞれ専門的な役割を与えられている。たとえば営業部であれば，作られた商品の「営業」に責任を持ち，販売量の拡大や顧客への対応などを担当する。製造部であれば，商品の「製造」に責任を持ち，営業から出てきた需要を満たせるように，さらにコストや品質の要求を満たせるように，製造を行うことが仕事である。それぞれの部署がそれぞれの仕事を持ち，分業しているのである。

　分業によって各組織の担当する仕事が絞られることで，各組織は効率的に仕事ができるようになる。もし，営業も製造もともに担当するような部署があったとすると，そこで働く個人や組織は混乱してしまうであろう。それは営業と製造では仕事の性質が異なり，それぞれ求められる能力が異なるからである。

　営業であれば，たとえば，顧客との柔軟なコミュニケーション能力が求められる。一方，製造には，高品質な製品を作るための緻密な品質管理能力が求められる。1つの部署がこれら2つをともにやろうとすれば，求められる能力が多すぎて，何を重視すればよいかわからなくなってしまう。また，その部署にどのような人材を配属し，どのように人材を教育すべきかも，多様な仕事を行う状態では不明瞭になる。そのため，分業が求められるのである。

　しかし分業した各部署を放置すると，各部署が勝手なことを始めてしまう危険性がある。営業部が製造部の作れる以上の製品の受注をとってきたら，または製造部が営業部の注文を無視した生産計画を立てたら，互いの活動が妨げられる。そこで，各部署を分業させながらも，組織全体で統一した動きができるように，誰かが調整しなければならないのである。

　この調整を行うための最も簡単なやり方は，「階層」による調整である。各部署を束ねる部署（上司）が，全社的に最適な方向に進むよう，各部署に命令するのである。その最たる存在が社長である。また，企業の中で，各部署の代表者が話し合う会議が開かれ，そこでの決定が最優先されるという場合もある。その一例が取締役会である。もしくは，各部署を調整するための組織が用意されることもある。企業が改革を行うときなどは，社長直属のスペシャル・チームが組まれ，各部署の問題を洗い出して改善を命じるケースもある。

CHART 図 4.1　職能別組織と事業部制組織

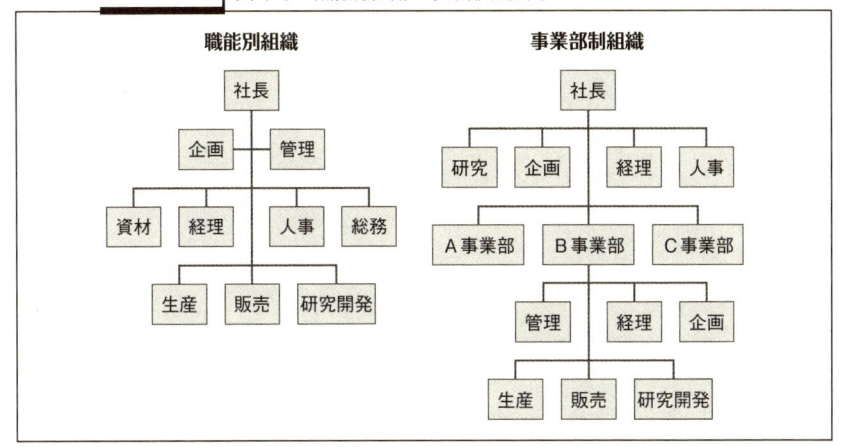

「組織は戦略に従う」

　こうした組織デザインが変わる理由について初期に議論したのがチャンドラーである。彼は,「**組織は戦略に従う**」という命題を提示し, 企業がとる戦略によって組織が変わることを明らかにした（Chandler［1962］）。

　チャンドラーは, 米国の GM, デュポン, スタンダード・オイル, シアーズ・ロバックといった企業に関する分析を行った。結果, どの会社も「垂直統合」と「多角化」を同時に追求する戦略へと転換すると, 職能別組織から事業部制組織へと転換していることを発見した（図4.1）。職能別組織とは, 生産や販売など, 職能ごとに部門が分かれている組織である。たとえば1950年時点のトヨタは, 総務部, 経理部, 購買部, 技術部, 工務部, 工機部などに分かれた職能別組織だった。一方の事業部制組織とは, 製品ごと, あるいは地域ごとに事業部がつくられ, それぞれの事業部の下に職能が配されている状態である。たとえば, 2013年の日本ハムの組織は, 加工事業と食肉事業に大きく分かれており, 加工事業ではハムおよびソーセージや調理加工品の製造・販売が, 食肉事業では牛・鶏・豚の生産飼育および処理加工が行われている。

　垂直統合や多角化によって, 1つの企業でさまざまなものを製造し, さまざまなものを販売するようになると, 既存の職能別組織では対応が難しくなる。製品の種類が増えれば, 製造方法, 売り方, 顧客が異なる製品も出てくるだろ

2　組織デザインの原則　● 63

う。たとえば日立製作所は，発電所の設備・機械から洗濯機などの白物家電まで扱っているが，それぞれの顧客・技術はまったく異なる。このような場合，似たような製品・顧客を扱う事業部を設置し，その中で職能別に組織を分けるほうが効率がよい。つまり，特定の戦略をとったときには特定の組織形態に変える必要があるというのが，「組織は戦略に従う」というチャンドラーの命題なのである。

3 多国籍企業の戦略と組織

こうしたチャンドラーの命題を多国籍企業でも検討するために，米国の多国籍企業に対する体系的な分析を行ったのが，**ストップフォードとウェルズ**である（Stopford and Wells [1972]）。彼らは多国籍企業の組織形態として，4つのフェーズを提示した。

フェーズ1　海外進出の初期段階

まず，海外進出の初期段階にあたるのがフェーズ1である。ここでは，比較的少数の海外子会社が自立した状態で存在している。この段階は，現地市場での地位を守ることを戦略目的に海外生産に取り組んでいるのみで，多国籍企業としてグローバルに成長することが目的ではない。

そのため海外子会社は，本国の組織ととくに統合されることなく，自立的に事業を行っている。現地の経営幹部は基本的に意思決定の全権を与えられており，本国とは株式や送金という財務面で緩やかに結びついている程度である。そのため，財務担当役員の管轄下に置かれるか，海外事業に関心を持つ社長の直轄事業として扱われることが多い。しかし，海外子会社が親会社に報告を行っても，親会社に影響を与えることはない。

フェーズ2　国際事業部の設立

次に，海外子会社へのコントロールを強め，各海外子会社の業績を向上させることが目的になってくると，フェーズ1より強く組織を統合する必要が出て

CHART 図 4.2 フェーズ2の組織図の例
（テレビと冷蔵庫を米国と中国で販売している企業の場合）

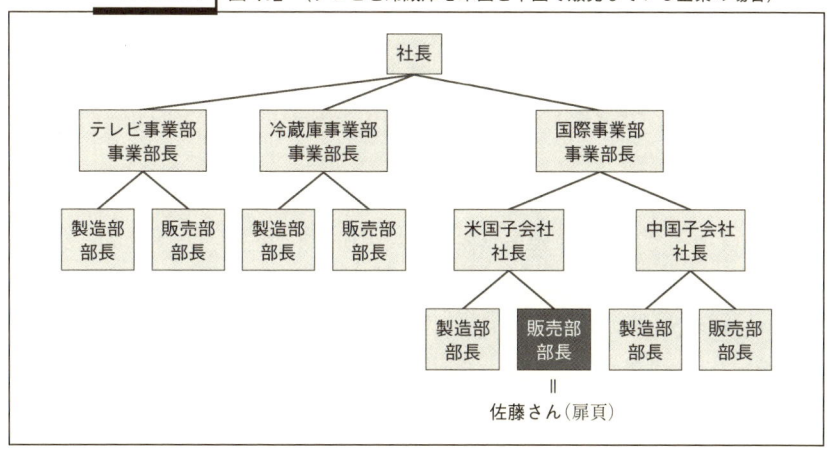

```
                            社長
        ┌───────────────────┼───────────────────┐
   テレビ事業部          冷蔵庫事業部         国際事業部
    事業部長             事業部長            事業部長
   ┌───┴───┐          ┌───┴───┐         ┌───┴───┐
  製造部   販売部      製造部   販売部    米国子会社  中国子会社
  部長     部長        部長     部長       社長       社長
                                        ┌──┴──┐    ┌──┴──┐
                                       製造部 販売部 製造部 販売部
                                       部長   部長   部長   部長
                                              ‖
                                           佐藤さん (扉頁)
```

くる。そうなると、**国際事業部**が設置される。これがフェーズ2であり、本章の扉頁のA電機の組織デザインである（図4.2）。本社は、国際事業部を通じて海外のビジネスの戦略策定を行い始め、海外子会社の活動を調整するようになる。

国際事業部は、海外子会社がそれぞれ独立に活動した場合よりも業績が上がるように、海外子会社の調整を行う。具体的には、海外子会社とやりとりする製品の価格の調整による税金対策、海外子会社の稼働率や資金調達の調整などである。とりわけ、海外生産している製品の多角化度が低い場合や、海外生産している製品の成熟度が高い場合に、国際事業部に権限が集中する傾向にある。

しかし、親会社が海外ビジネスにかかわり出すといっても、両者を一体とした取組みは行われない。さらに、海外事業の責任は国際事業部長に委ねられており、その他の本社部門が介入することはほとんどない。そのため、海外子会社はある程度自立性を維持している。とはいえ、国際事業部が管理しているということと、技術の面では製品別事業部が管理していることから、自立性はフェーズ1よりは高くない。2013年時点のドコモは、国際事業部を他の事業部から独立させており、組織の形としてはフェーズ2にあたる状態であった。

フェーズ3　全社的な戦略計画に対応した組織デザイン

企業がよりグローバルに拡大し、国内外の事業を一体で考えることが望まれ

るようになると，本社の中でも高い独立性を持つ国際事業部が制約条件となってくる。フェーズ2では，国内の製品別事業部と国際事業部が一体化していないため，グローバル全体での利益を最大化するような動きがとられていないのである。

そこで，世界的視点に立った戦略計画が考えられるようになると，フェーズ3に移行する。ここでは，海外組織が社内の他の組織と密接な連携をとるようになる。このフェーズ3の形態には，大きく分けると**国際製品別事業部制**と**地域別事業部制**の2つがある（図4.3）。

国際製品別事業部制とは，社長の下に製品ごとの事業部長がつき，その下に地域ごとの部長がつくような形である。扉頁のB電機の組織デザインがこれである。一方，地域別事業部制はこれと逆で，社長の下に地域ごとの事業部長がつき，その下に製品ごとの部長がつく。扉頁のC電機の組織デザインである。

こうした組織デザインの違いによって組織運営のやり方は変わってくる。それは，組織デザインによって，「製品の根幹にある技術」と「地域にあるニーズ」のどちらが重視されるかが変わるためである。

国際製品別事業部制の場合，事業部のトップは製品に責任を持つ事業部長である。そのため，地域本部長や現地の製造・販売部長から，現地ニーズの差を踏まえた新製品の提案が出されても，製品の根幹にある技術の方向性から見て異なっていれば，製品事業部長はその提案を却下できる。つまり，組織全体として，現地ニーズよりも製品の技術が重視されるのである。

こうした特徴があるため，国際製品別事業部制をとるのは，海外において製品多角化を進めていくときであると主張されている。技術を重視し，その技術をもとに新製品を投入し続けるには，製品別で組織を管理し，研究開発の規模の経済性を追求するほうが効率的である。実際，国際製品別事業部制をとる企業は製品多角化度や研究開発費が高い傾向がある。

もちろん，国際製品別事業部制をとっているからといって現地ニーズを見ていないわけではない。しかし，技術よりも地域特性を重視はしていない。地域で調整して現地に合った製品を導入するよりも，技術を発達させ，次から次へと新製品を投入することが重要とされているのである。そのため，地域特性の

CHART 図4.3 フェーズ3の組織図の例
（テレビと冷蔵庫を北米とアジアで販売している企業の場合）

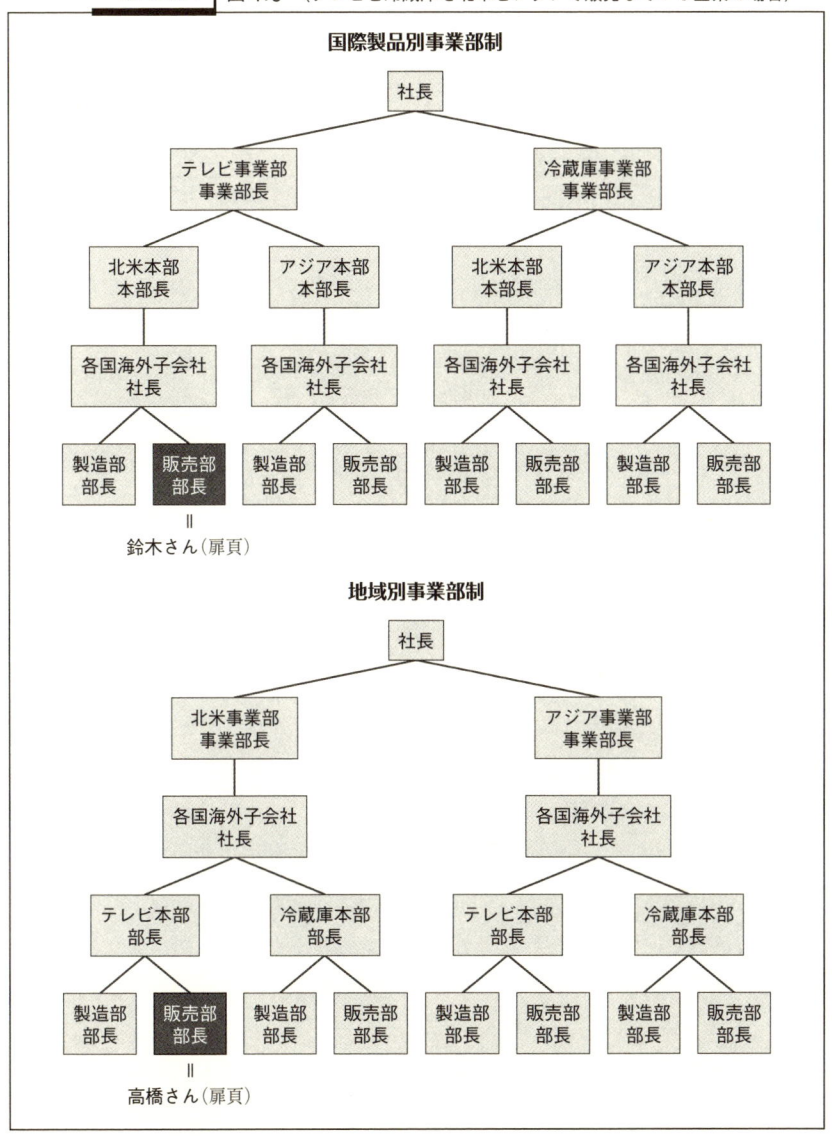

国際製品別事業部制

```
社長
├── テレビ事業部 事業部長
│   ├── 北米本部 本部長
│   │   └── 各国海外子会社 社長
│   │       ├── 製造部 部長
│   │       └── 販売部 部長 = 鈴木さん（扉頁）
│   └── アジア本部 本部長
│       └── 各国海外子会社 社長
│           ├── 製造部 部長
│           └── 販売部 部長
└── 冷蔵庫事業部 事業部長
    ├── 北米本部 本部長
    │   └── 各国海外子会社 社長
    │       ├── 製造部 部長
    │       └── 販売部 部長
    └── アジア本部 本部長
        └── 各国海外子会社 社長
            ├── 製造部 部長
            └── 販売部 部長
```

地域別事業部制

```
社長
├── 北米事業部 事業部長
│   └── 各国海外子会社 社長
│       ├── テレビ本部 部長
│       │   ├── 製造部 部長
│       │   └── 販売部 部長 = 高橋さん（扉頁）
│       └── 冷蔵庫本部 部長
│           ├── 製造部 部長
│           └── 販売部 部長
└── アジア事業部 事業部長
    └── 各国海外子会社 社長
        ├── テレビ本部 部長
        │   ├── 製造部 部長
        │   └── 販売部 部長
        └── 冷蔵庫本部 部長
            ├── 製造部 部長
            └── 販売部 部長
```

考慮において課題を抱えている。

　一方，地域別事業部制は国際製品別事業部制の逆である。事業部のトップは地域に責任を持つ事業部長であり，その地域で業績を上げることが最大の目的である。そのため，この地域で売れる製品であれば，これまでの技術の方向性

3　多国籍企業の戦略と組織

CHART 表4.1 フェーズ3の組織の違い

	国際製品別事業部制	地域別事業部制
事業部のトップ	製品・技術に責任を持つ事業部長	地域に責任を持つ事業部長
優先される目標	技術の発展・コントロール 規模の経済の発揮	地域の売上げ最大化 現地ニーズへの適用
適合した戦略	海外での製品多角化	海外での売上げの拡大

から異なっていても，社内で対応することが望ましいとされる。したがって，現地ニーズがより重視される組織体制といえるだろう。

ところが地域別事業部制の場合，技術の統一性という点で問題が起きる。各地域がそれぞれのニーズだけを見て技術を蓄積し出せば，他の地域と共有できない，コスト・パフォーマンスの悪い技術が多数生まれてしまう可能性がある。各地域のニーズを重視するために，技術のコスト面で無駄が生まれやすい体制なのである。

そのため，地域別事業部制をとるのは，海外での売上げを重視する戦略をとったときであると主張されている。海外での売上げを大きくするためには，地域ごとのニーズをつかみ，製品に反映していくことが重要となる。そのため，現地ニーズがより重視される地域別事業部制が，海外の売上げ重視の戦略にフィットするのである。実際，地域別事業部制をとる企業には，海外売上高比率が高いという特徴があった。

しかし，地域別事業部制をとれば，新技術・新製品の管理は難しくなる。各地域が自由に技術管理を行えば，技術開発が重複したり，逆に技術の多様性が増したりすることも考えられる。とくに各拠点が保有する技術が異なり出すと，各地域間の技術移転などが難しくなり，多国籍企業としての効率性は失われていく。

こうしたフェーズ3の組織についてまとめたものが，表4.1である。

以上のように，ストップフォードとウェルズは，多国籍企業は多くの場合，フェーズ1からフェーズ2へ，その後フェーズ3へと移行すると説明した。また，後述するが，多国籍企業がさらに発展していくと，フェーズ4へと発展していくとも説明されている。

その上で彼らは，戦略に適合した組織デザインを選ばない企業のパフォーマ

ンスに関しても分析を行った。結果，製品多角化が高度であるにもかかわらず国際製品別事業部制をとらなかった企業は，国際製品別事業部制をとった企業に対して，売上げの伸び率や海外投資利益率が劣っていることが判明した。戦略に適合した組織デザインを選ぶことの重要性は，パフォーマンスの面からも部分的に支持されたのである。

フェーズ4　グリッド組織

　フェーズ3を経た企業は，その後，最後の段階に向かう。最終的には，多角化を重視した多国籍企業も，海外の売上げを重視した多国籍企業も，両者を両立することが目標になる。この段階に至ると，フェーズ4とされる**グリッド組織**，または**グローバル・マトリックス方式**（Galbraith and Nathanson［1978］）といわれる組織デザインを採用するようになる。

　グリッド組織の典型的な形では，国際製品別事業部と地域別事業部が等しく海外事業の経営責任を分かち合っている（図4.4）。海外子会社のマネジャーから見れば，地域別事業部と国際製品別事業部の両方に報告責任を持つ形になる。これは，1人の上司という従来の原則を放棄して，2人以上の上司という多元的な命令系統に切り替えた組織であり，「マトリックス組織」と呼ばれる。製品事業部からの技術的な要望と地域事業部からの市場対応の要望を両立させるための体制である。

　しかし，マトリックス組織の運営は容易ではない。2人の上司がいるため，

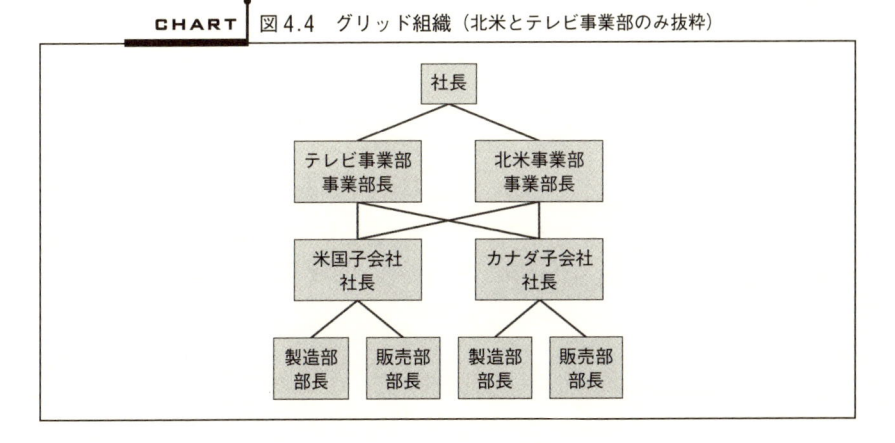

CHART 図4.4　グリッド組織（北米とテレビ事業部のみ抜粋）

```
                    社長
            ┌────────┴────────┐
      テレビ事業部          北米事業部
       事業部長              事業部長
            └──────┬┬─────────┘
              ╳
       ┌──────┴┴─────────┐
    米国子会社           カナダ子会社
       社長                 社長
    ┌───┴───┐          ┌───┴───┐
  製造部   販売部       製造部   販売部
   部長     部長         部長     部長
```

3　多国籍企業の戦略と組織　●　69

> **Column ⑩　グローバル・マトリックス組織の難しさ――ABBの失敗**
>
> 　技術的な統合と地域への適応を同時に達成できるグローバル・マトリックス組織は，長く多国籍企業の目指すべき組織形態と考えられてきた。しかし，グローバル・マトリックス組織を実際に適用している組織は非常に少なかった。そのような中，1990年代に，グローバル・マトリックス組織を導入して成功を収めていると考えられた企業が，ABB（Asea Brown Boveri）である。この企業は，次章で説明される「トランスナショナル経営」を行っている企業として長らく議論されてきた（▶第 5 章）。
>
> 　ABB は，スイスの企業とスウェーデンの企業が 1988 年に合併してできた。主な事業は，発電，送電，配電，プロセス・オートメーション，ロボティクスなどである。この企業では，製品事業部と地域事業部を合わせたマトリックス組織を導入することで，技術的な統合と地域への適応を同時達成してきた。個々のマネジャーは，製品事業部（発電プラント事業部，輸送用機器事業部等）と地域事業部（欧州，米州，アジア・太平洋）の両方に上司を持ち，つねに，グローバル統合とローカル適応のトレードオフを前提に問題解決を行うことが求められた。
>
> 　こうした体制を維持するために，ABB は組織的なサポートを行っていた。まず，社内に情報ネットワークを導入することで，世界のどこにいても，社内情報にアクセスできるようにした。
>
> 　次に，グローバル・マトリックスの重要性を社員全員が理解できるように，企業理念を浸透させようとした。とくに 1990 年代に社長だったパーシー・バーネビックは，1 年のうち 200 日以上を出張に費やし，グローバル・マトリックス

海外子会社のマネジャーは，1 つの意思決定を行うために，製品別事業部長と地域別事業部長という 2 人の許可が必要になる。もし両者の意見が異なった場合は，両者が納得するような形へ落とし込まなければならない。こうした説得にかかる手間を**調整コスト**と呼ぶが，2 人の上司の相手をする分，上司が 1 人のときよりも調整コストが高くなる。もちろん，調整コスト以上のメリットを期待して，この組織体制をとるのだが，実際にこうした体制を導入すると，意思決定の際の混乱や内部権力の争いなどが生まれて失敗に終わることも多い（Column ⑩）。

の重要性を対外・対内に説いて回った。

　さらに，人材教育にも力を入れた。ABBのマネジャーは，つねにグローバル統合とローカル適応の両立という矛盾する問題を解決しなければならない。そのためには高度な能力構築が必要不可欠だったのである。新入社員も「矛盾する問題」を承知で入ってくるため，こうした問題を嫌がるよりも，むしろチャレンジングな仕事として捉える傾向が強かったという。

　しかし，理想的といわれたABBのグローバル・マトリックス組織も，2000年にABBが赤字に陥ると，翌01年には再編されることになる。グローバル・マトリックスの維持に膨大な費用がかかること，中国などの国で2人の上司を抱える組織形態が理解されなかったことが原因であった。

　このように，グローバル・マトリックス組織を実現するのは非常に難しい。現在グローバル・マトリックス組織を導入している企業では，「2つの意見が対立した場合，最終的な意思決定の権限は製品事業部が持つ」というように，意思決定の優先順位が決められていることも多い。

　とはいえ，グローバル・マトリックス組織が本当に不可能であると決まったわけではない。たとえば日産自動車は，2000年以降に機能軸（マーケティング，生産，人事等）と地域軸（アジア，アメリカ等）でマトリックス組織を形成し，各組織に目標を与えたことが，パフォーマンス向上につながったと説明している。今後グローバル・マトリックス組織を実現しようとする企業は，過去の企業の失敗を踏まえ，問題点を補うような運営の仕組みを考えなければならないだろう（浅川 [2003]）。

4 その後の組織の議論
▶︎「ヘテラーキー」と「地域統括組織」

　ストップフォードとウェルズの後も，組織デザインに関する議論は活発に行われていった。その中で注目すべき事項として，**ヘテラーキー**と**地域統括組織**について紹介する。

ヘテラーキー

　ストップフォードとウェルズが議論した事業部制は，いずれにしても，上下関係，明確な分業，階層構造を前提としたものであった。このように，階層構造やそれに頼った組織は，英語で「ハイラーキー」（hierarchy）と呼ばれ，古代から今日まで続いてきた組織形態である。これに対して，台頭しつつある新たな多国籍企業の組織形態は，伝統的なハイラーキー型とは乖離している部分があると主張したのが，ヘッドランドである（Hedlund［1986］）。彼は，そのような新たな新型組織を概念化し，理念型として「ヘテラーキー」（heterarchy）というモデルを提示した。ヘテラーキーの特徴をまとめると，以下のようになる。

(1)　組織の中心が1つではなく，複数存在する「多中心」である。本社のみが企業の中心ではなく，世界中の海外子会社が時には中心的な役割を担うような体制である。

(2)　海外子会社のマネジャーに戦略的に重要な役割が与えられている。さらに，海外子会社のマネジャーはその国のローカル戦略だけを見るのではなく，全社レベルのグローバルな戦略に対しても貢献することが期待されている。

(3)　多中心でありつつも，それぞれの中心が異なる役割を担う。たとえば，技術力のある米国がR&D，製造はコストの安い中国がというように，各国拠点がそれぞれの強みを活かす。それぞれが異なる次元の中心にいるため，どの拠点が支配するということはない。

(4)　組織の境界線がときどき曖昧になる。外部組織との協調や提携，合弁など，外部とのネットワーク関係も柔軟に構築される。

(5)　ハイラーキー的な官僚的コントロールではなく，企業文化や経営スタイルといった，非公式かつ規範的なコントロールが用いられる（**Column ⓫**）。組織内の活動は綿密にコントロールできないと考え，個々の構成員の行動そのものをコントロールすることはしない。その代わり，彼・彼女らの行動のもととなる価値観や文化といった規範のレベルにおいてコントロールを行う。

> **Column ⓫　官僚的コントロール vs. 規範的コントロール**
>
> 　組織で定められた上下関係と意思決定のプロセスに従って物事を決定していくのが，**官僚的コントロール**である。「上司の命令は黙って聞け」というのは官僚的コントロールの1つの形である。こうしたコントロールは，効率性の面では非常に効果的であるが，組織が硬直化し，柔軟性を失ってしまうという問題がある。「官僚的でダメな組織」というような言い方をするが，それはこうした官僚性の「逆機能」を指しての言葉であり，本来はデメリットばかりではない。
>
> 　一方，**規範的コントロール**とは，組織文化や組織の価値，もしくはメンバーの仲間意識などで組織をコントロールすることである。これは**社会化**（socialization）とも呼ばれる。「飲みニケーション」と呼ばれるような飲み会を通じてメンバーが仲よくなり，とくに命令しなくてもあうんの呼吸で仕事ができるようになれば，これは規範的コントロールができている状態といえる。
>
> 　多国籍企業の場合，両者はともに重要となる。たとえば，日本企業が海外に行くと，現地子会社の部下から「もっと命令をしてくれ」といわれることがある。日本では「指示待ち人間は使えない」というが，国によっては，上司は命令する立場であるからこそ高い給料をもらっていると考え，命令をしない上司は仕事をしていない上司であると受け止めるところもある。つまり，日本の組織よりも官僚的コントロールを強めなければならないこともあるのである。
>
> 　一方，規範的コントロールは，海外拠点に適用するのが難しい。日本企業の文化や価値を，文化的背景の異なる海外の従業員に伝えるのには，大変な労力が必要だからである。ただし，こうした価値観を共有できると，海外子会社が自律性を保ちながらも，多国籍企業全体として一体感を持つことが容易になると考えられている。
>
> 　たとえば，医療器具・医薬品のジョンソン・エンド・ジョンソン（J&J）は，世界中の従業員に，「Our Credo」（我が信条）という企業原則を徹底して教え込んでいる。我が信条には，たとえば，従業員や株主よりも顧客が第一であると書かれている。そのため，同社の各国の従業員は，文化の違いがあったとしても，顧客第一の考え方は共有して行動することができる。J&Jは，こうした規範的コントロールによって，組織全体を1つにまとめることに成功しているのである。

(6)　企業の頭脳となる部分も複数に広がっている。本社だけが頭脳という体制ではない。

すなわち，強い上下関係がなく，分業も曖昧で，企業文化等で組織がコントロールされる状態といえる。そのため，上司が強くコントロールしなくても，各組織は自律的に企業全体に望ましい行動をとる。ヘテラーキーな企業では，各組織がアイデアを共有し合ったり，各組織の役割が柔軟に変化したりすることで，イノベーションが活発になると考えられている。

しかし，ヘテラーキーは理念型（理想型）であり，現実に行うことは難しい。また，実際にヘテラーキーが本当に企業のパフォーマンスを向上させるのかは，いまだ明らかになっていない。

地域統合に対応した組織デザイン

現在，欧州のEU，南米のメルコスール，北中米のNAFTA，東南アジアのASEAN等，地域ごとに経済ブロック化する動きが加速している。こうした地域経済圏に対応するために，地域を統括させる部署を設置する企業が増えている。

トヨタの場合，2012年の段階では，日本，北米，欧州，中国，オーストラリア・アジア，中南米・アフリカ・中近東の6地域に分けて，地域本部を設置していた。これが2013年には，日本，北米，欧州，中国，東アジア・オセアニア，アジア・中近東，アフリカ，中南米の8つに分けるようになっている。新興国市場向けの商品・サービスを強化するために，地域の単位をさらに細分化したのである。このように，地域を束ねる単位も，企業の戦略によって変化する。

また，近年は**地域統括会社**を設置する企業も増えてきた。地域統括会社は，実質的に地域別事業部と同じように地域における事業責任を持つものもあれば，法務・財務・人材教育などの共通サービスの提供を行うのみにとどまるものもある。こうした動きは米国では1960年代から始まっていたが，日本企業は海外進出が遅れていたため，80～90年代になって地域統括会社の設立が増えた。当初は日・欧・米の三極の統括会社が主だったが，近年はトヨタの例で見たように，新興国を捉えるような地域統括会社が現れている。

こうなると，本社，地域統括会社，海外子会社の3つが互いに役割を分担していくことが求められるようになっていく。間に入る地域統括部門・地域統括

会社の位置づけをどのようにするかは,各社によって異なり,試行錯誤の最中にある。グローバル化とリージョナル化が同時に起こっている現状を受け,多国籍企業の組織形態も変化し続けているといえよう。

EXERCISE

① 多国籍企業が組織デザインを変更した事例を調べ,組織デザインの変更が行われた理由を考えなさい。なお,組織デザインを変更した事例は,「○○（企業名） 組織変更」「○○（企業名） 組織改変」「○○（企業名） 組織図」などといった語でインターネットで企業ホームページ等を検索することにより見つけられる。

② 文化や言語の違う海外子会社の従業員を官僚的なコントロール以外でコントロールする（社会化する）には,どのような方策が有効と考えられるかを議論しなさい。

読 書 案 内　　　　　　　　　　　　　　　　　　　　　　**Bookguide**

Stopford, J. M., and Wells, L. T., Jr. [1972] *Managing the Multinational Enterprise: Organization of the Firm and Ownership of the Subsidiaries*, Longman.（ストップフォード, J. M.＝ヴェルズ, L. T.〔山崎清訳〕[1976]『多国籍企業の組織と所有政策——グローバル構造を超えて』ダイヤモンド社。）

　本章で中心的に扱った,多国籍企業の組織デザインの変化について明らかにした研究。本章では十分には触れられなかったが,組織デザインの変化のルートや,組織デザインとパフォーマンスの関係も分析しているため,それらを理解したい人にもお勧めできる。

クマー, N.＝プラナム, P.（佐藤やよい訳）[2012]「新興国市場で勝つ組織デザイン」『DIAMOND ハーバード・ビジネス・レビュー』第 37 巻第 5 号, 128-139 頁。

　新興国市場を重視する上で求められる組織デザインについて議論した論文。マトリックス組織等の限界にも触れた上で,新たに「T字型地域組織」の概念が提示されている。

引用・参照文献

Chandler, A. D., Jr. [1962] *Strategy and Structure: Chapters in the History of the Industrial Enterprise*, MIT Press.

Galbraith, J. R., and Nathanson, D. A. [1978] *Strategy Implementation: The Role of Structure and Process*, West Publishing.

Hedlund, G. [1986] "The hypermodern MNC: A heterarchy?" *Human Resourse Management*, vol. 25, no. 1, pp. 9–35.

Stopford, J. M., and Wells, L. T., Jr. [1972] *Managing the Multinational Enterprise: Organization of the Firm and Ownership of the Subsidiaries*, Longman.

浅川和宏［2003］『グローバル経営入門』日本経済新聞社。

CHAPTER

第 5 章

トランスナショナル経営

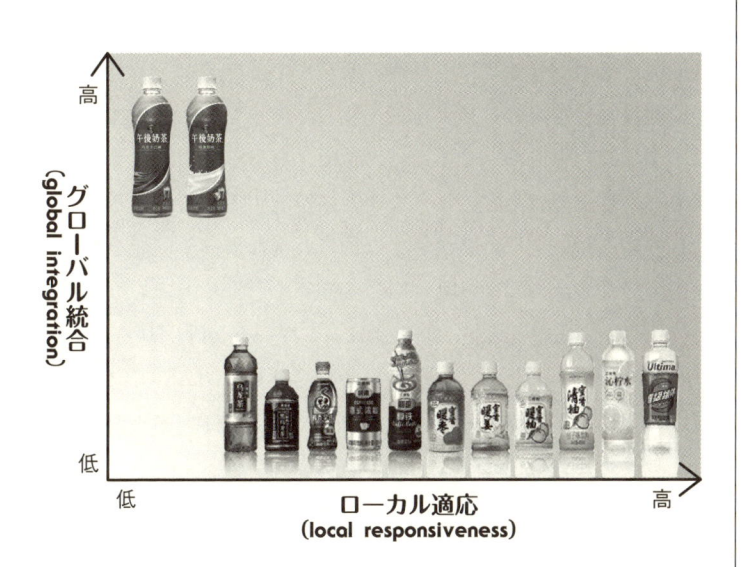

キリンとサントリーが中国市場で展開している飲料
出所）左上写真：キリンホールディング社提供、右下写真：サントリー提供。

KEYWORD

I-Rフレームワーク　グローバル統合　ローカル適応　規模の経済　範囲の経済　グローバル経営　マルチナショナル経営　インターナショナル経営　トランスナショナル経営　統合ネットワーク

1　グローバル統合とローカル適応

I-Rフレームワーク

　第1章で見たように，各国あるいは各地域の間に存在する，文化的隔たり，政治的隔たり，地理的隔たり，経済的隔たりは，国際経営特有の難しさの原因であり，多国籍企業にとって大きなリスクとなる。しかし，多国籍企業は逆にこれらの隔たりを活用することも可能である。本国とは異なる文化，政治，地理，経済を活用できる点は，国際経営ならではのチャンスでもある。つまり，いかに国際経営特有のリスクを最小化し，チャンスとして活かすことができるかが，国際経営を成功させるために重要になる。それでは，この観点から国際経営を進める上では，どのようなことに留意する必要があるだろうか。

　今日の多国籍企業は，さまざまな国で多様な事業や機能を展開している。しかし国際経営のどの局面（国，事業，機能）を考える上でも，必ず考慮すべき基本的枠組みがある。それが，I-Rフレームワークと呼ばれる枠組みである。

　I-Rフレームワークは，**グローバル統合**と**ローカル適応**の度合い（程度）を分析する，図5.1の枠組みである。グローバル統合（global integration）の「統合」とローカル適応（local responsiveness）の「適応」の頭文字をとってI-Rフレームワークもしくは I-Rグリッドと呼ばれる。グローバル統合とは，事業をグローバル規模で標準化することによって効率性を追求することである。多くの国に進出し，進出各国で展開する事業を共通化すれば，それだけ大量生産や大量販売が可能になる。事業を標準化することで，さまざまなコストの低減，すなわち効率化が見込める。

　他方，ローカル適応とは，文字通り，現地特有の環境に適応することをいう。政府の政策，市場ニーズなどは国によって異なるが，そうした国に進出した以上，その国特有の環境に適応することである。「郷に入れば郷に従え」を実行しようとすることである。

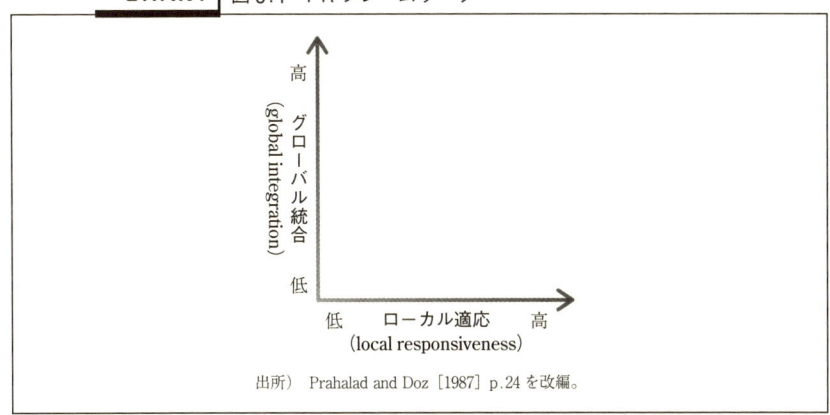

CHART 図 5.1　I-R フレームワーク

縦軸：グローバル統合 (global integration)　低〜高
横軸：ローカル適応 (local responsiveness)　低〜高

出所）Prahalad and Doz [1987] p.24 を改編。

グローバル統合の背景

　それでは，なぜ国際経営を考えていく上で，グローバル統合あるいはローカル適応を意識する必要があるのだろうか。

　まず，グローバル統合の背景とメリットを考えてみよう。グローバル統合を行うことで，**規模の経済**が実現しやすくなる。規模の経済とは，大量生産や大量販売を行うことで，製品の単位当たりの平均コストが低減する経済効果を指す（▶第 **8** 章第 3 節）。世界各国で共通の事業や製品を展開すれば，国内経営と比べてより大規模な生産や販売が可能になる。さらに，グローバル統合を行えば，より広範囲の顧客を対象に事業を行うことになり，製品の生産や販売だけではなくマーケティングやアフターサービスの必要性が増して，事業の幅がグローバル単位で広がる。結果として，事業間で資源の共通利用が可能になったり，相乗効果が生まれやすくなり，**範囲の経済**という，企業が複数の事業を同時に行うことでそれぞれの事業を別々に営む場合よりもコストが低くなる経済効果も期待できる。

　今日，あらゆる領域でグローバル化は進展している。通信手段と輸送手段のグローバル化は日進月歩であり，世界規模の産業が誕生している。たとえ国や地域が異なっても，顧客のニーズが世界共通のものになりつつある製品事業分野も多い。このような状況下では，いかに世界規模で規模の経済や範囲の経済を実現するかが，企業間の国際競争の優劣を大きく左右することになる。

1　グローバル統合とローカル適応　● 79

ローカル適応の背景

　その一方で，ローカル適応も等しく重要である。経済のグローバル化はたしかに進み，各国間の経済格差は縮小しつつある。しかし，依然として各国間の経済規模，産業ごとの技術能力には相違がある。たとえば，各国の1人当たりの名目GDPは，世界第1位のルクセンブルクとランキングのおよそ中位である第93位に位置するタイの間で，20倍近くの開きがある（2013年現在）。さらに，各国間には技術格差もある。先進国はそれぞれが得意な技術分野を持っているが，新興国諸国は，こうした先進国の技術にキャッチアップする途上にある。加えて，各国間には文化の相違が色濃く残っている。各国には，固有の社会的規範，生活様式，消費パターンが存在しているのである。

　これらの経済，技術，文化の相違が相まって，消費者のニーズにも各国間の差が生じる産業も多い。各国共通の最大公約数的な製品よりも，よりきめ細かに自分たちの微妙なニーズに対応した製品のほうが顧客に選択されやすいのはいうまでもない。さらに，国・地域よって市場構造や流通構造はまだまだ異なっている。大型スーパーマーケットでの大量購入が一般的な国もあれば，小規模個人店での小口買いが主流の国もあるだろう。大型・大口荷物の物流が可能な国もあれば，まだインフラが整わず難しい国もある。こうした各国ごとの事情に沿った事業を展開しなくては，事実上，製品やサービスを販売できなくなり，企業として経営を続けていくのは難しくなる。かくして，多国籍企業においてはローカル適応も必要になるのである。

キリンとサントリーの事例

　要は，グローバル統合とローカル適応はどちらか一方を重視するのではなく，両者のバランスをとることが重要である。しかし，事業を標準化しようとするグローバル統合を重視すれば，当然，各国ごとへの環境適応すなわちローカル適応は難しくなる。ローカル適応を図れば，グローバル統合は困難になる。この両者のバランスをどのようにとるのか，どのように見極めるのかは非常に難しく，多国籍企業にとっては高度な戦略的課題である。

　実際の日本企業は，どのような状況であろうか。ここでは，松井［2004］を

参考に，キリンビバレッジとサントリーの清涼飲料事業における中国事業を取り上げる。そして，両社の事例を I-R フレームワークを用いて分析してみよう。

中国の清涼飲料市場は，経済発展に伴い，2000～13 年にかけて約 5 倍という著しい勢いで拡大している（Euromonitor International［2014］をもとに筆者算出）。そこで，各国の清涼飲料メーカーはこぞって中国市場に参入している。

キリンビバレッジは，1996 年に中国の現地メーカーと合弁会社を設立して，同国に進出した。当初は，合弁相手の既存商品である「紅宝(ホンバオ)」などを販売していたが，これには目新しさがなかった。そこで，キリンは 2000 年に，当時，日本で販売していた同社の「力水」「サプリ」といった飲料を中国市場に投入した。翌年には，日本でも著名な紅茶飲料の「午後の紅茶」も投入した。これらの飲料は，パッケージ・デザインもほぼ日本と同じにし，製品名にすら中国語に加えて日本語表記をも用いていた。中国では，ひらがなの「の」は日本製品の品質の高さや美しさを連想させるという。テレビ CM もほぼ日本と同じものを使用した。あえて，日本の製品，日本のマーケティングを導入したのである。

2002 年にはまた，緑茶飲料の「生茶」を投入した。これに関してもやはり，飲料そのものだけでなく，広告も日本流を採用した。中国で，日本と同じような日本の女優を採用した広告が展開されたのである。キリンビバレッジは，中国において事業を日本と同じように標準化する傾向が強かったと見ることができる。同社の事例を I-R フレームワークで分析すると，ローカル適応よりもグローバル統合の度合いが高いのは明らかである。

それでは，サントリーの中国事業はどうだろう。サントリーは 1995 年に中国に進出し，97 年にオレンジ果汁飲料の「三得利鮮橙汁(シェチェンジー)」とウーロン茶飲料の「三得利烏龍茶」を発売した。2000 年以降になると，スポーツ飲料の「維体(ウェイティー)」，緑茶飲料の「清茶(チンチャ)」など，日本にはない中国市場専用の飲料を開発して販売していく。主な製品は，本章の扉頁に示したようなものである。烏龍茶など日本でも売られている飲料もあるが，ほとんどが日本では売られていない中国市場専用の飲料である。サントリーの中国事業を I-R フレームワークで見ると，同社はグローバル統合よりもローカル適応を重視したと見ることができるだろう。

CHART 表5.1　中国の清涼飲料市場における数量シェア・ランキング

(単位：%)

順位	企業名	2009年	10年	11年	12年	13年
1	可口可楽（中国）飲料有限公司（コカ・コーラ）	16.8	15.6	15.5	15.0	14.2
2	康師傅控股有限公司（頂新国際集団）	11.0	13.2	12.6	10.8	11.8
3	杭州娃哈哈集団有限公司	7.8	7.1	6.6	6.5	6.0
4	農夫山泉股份有限公司	4.3	4.4	4.9	5.4	5.4
5	百事（中国）有限公司（ペプシコ）	6.5	6.3	6.0	5.1	4.5
6	統一企業股份有限公司	3.0	3.2	3.4	3.8	4.1
7	華潤怡宝食品飲料（深圳）有限公司	2.0	2.1	2.6	3.2	3.8
8	広東加多宝飲料食品有限公司	1.8	1.9	2.0	2.8	2.8
9	楽百氏（広東）飲料水有限公司	1.1	1.2	1.2	1.3	1.5
10	広州王老吉薬業股彬有限公司	0.3	0.3	0.3	0.6	1.4
〃	厦門銀鷺食品集団有限公司	0.7	0.8	1.1	1.3	1.4
16	上海三得利梅林食品有限公司（サントリー）	0.7	0.7	0.8	0.8	0.8
28	華潤麒麟飲料（大中華）有限公司（キリンビバレッジ）	—	—	0.2	0.2	0.2

注）順位は，2013年現在のシェアをもとにした。2010年以前のキリンビバレッジ関連のシェアは不明。
出所）Euromonitor International［2014］pp.23-24をもとに筆者作成。

　グローバル統合を重視すれば，金銭・時間・労力などのコストを抑え，効率性を追求できる。中国事業でグローバル統合を重視したキリンビバレッジでは，「午後の紅茶」「生茶」など日本と同じ事業を展開したため，日本の生産やマーケティングのノウハウを大いに活用できる。新たに現地向けに飲料を開発し，そのための生産ノウハウを模索し，現地市場向けのマーケティングを企画して展開するよりも，ずっと効率的である。日本と同じ飲料を生産・販売するから，規模の経済も期待できる。

　一方で，一般に企業には市場ニーズに対応することが求められるが，ローカル適応を重視すればより現地市場のニーズに密着することができる。ローカル適応を重視したサントリーは，中国向けの飲料を1から開発し，それを生産しマーケティングを展開するのに多くの時間や労力を要したことだろう。もちろん，より大きな投資も必要である。サントリーのほうが，より中国の消費者に合わせた飲料を導入できたと見ることができる。事実，キリンビバレッジとサントリーの飲料のどちらが中国で売れたかというと，表5.1に見られるように，

サントリーが第16位，キリンが第28位と，サントリーのほうに軍配が上がったようである。しかし，どちらにより多くの金銭・時間・労力などのコストが発生したかというと，サントリーのほうに違いない。ちなみに，両社とも，現状ではまだまだ中国市場で苦戦しているが，後述するように，状況を改善するためのさまざまな取組みが行われている最中にある。

　グローバル統合を重視すれば，効率的になるが現地環境への対応が不十分になる。ローカル適応を重視すれば，現地環境へのきめ細かな対応が可能になるが非効率になりやすい。ともあれ，I-Rフレームワークの提示する視点は，国際経営を進める上で必ず考慮すべき問題である。

2　国際経営のタイプとトランスナショナル経営

国際経営の4つのタイプ

　多国籍企業の国際経営は，I-Rフレームワークをもとに，次の4タイプに分類することができる（図5.2）。

　グローバル経営は，I-Rフレームワークで見ると，グローバル統合が高くローカル適応が低い国際経営のタイプを指す。世界各国で可能な限り事業を標準化し，コスト優位性を築こうとする経営のことをいう。ここでは，全世界を1つの視点で見て，共通した需要動向があれば共通の製品を導入し，そのために最も効率的に生産と供給ができるような世界体制を築こうとする。

　先に見たキリンビバレッジは，中国ではグローバル経営を採用している。また，トヨタ，花王など，日本企業が多く採用する国際経営のタイプだとされる。この国際経営の長所は，いうまでもなく効率性が高いことである。しかし，現地特有の事情へのきめ細かな対応が困難になるという短所もある。

　マルチナショナル経営は，グローバル統合が低くローカル適応が高い国際経営である。それぞれの国を1つ1つ多様な存在と考え，国ごとに対応した製品開発，生産，マーケティングなどを行う国際経営のことである。上述のサントリーは，中国でマルチナショナル経営を実行している。このほかにも，マルチ

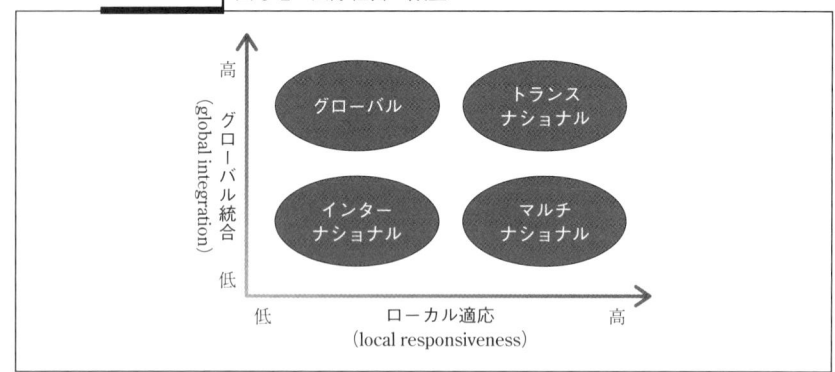

CHART 図5.2 国際経営の類型

```
高
↑
グ
ロ
ー
バ
ル
統
合
↓
低
(global integration)

        グローバル        トランス
                         ナショナル

        インター          マルチ
        ナショナル        ナショナル

低        ローカル適応        高
         (local responsiveness)
```

ナショナル経営は，ユニリーバ，フィリップスといった欧州企業が多く採用しているといわれる。このタイプの長所は，現地特有の環境へ適応しやすいことである。しかし，各国の事情へ対応するあまり，多国籍企業全体の観点で見ると事業が重複しやすくなり無駄が生じやすい。本当は各国で共通化できる活動であっても，国ごとに分断されがちになる。結果として，非効率にならざるをえないという短所もある。

 インターナショナル経営は，グローバル統合もローカル適応もあえて試みない国際経営である。それよりも自社の既存の経営スタイルを現地でも維持し，本国側で生まれた知識を着々と各国に移転し展開することを重視する。ゼネラル・エレクトリック，エリクソンなどの米国企業で一般的に採用されるタイプだといわれている。一見中途半端に見えるこのタイプの国際経営だが，長所もしっかりある。グローバル統合なりローカル適応なりの，国際化に際した既存事業の修正を意図して行わないため，自社のこれまでのペースで国際経営を進めることができる。その結果，本国の親会社の知識を海外子会社がしっかり学習して移転・活用することができる。短所は，世界規模の効率性も現地環境への高度な適応も中途半端になってしまい，両方のメリットを受けにくい点である。

 トランスナショナル経営は，グローバル統合も高くローカル適応も高い国際経営である。ここでの戦略的課題は，「効率性」「柔軟性」「学習」の３つである。事業のあらゆる局面で，標準化できる部分は極力標準化して世界規模の効率性を追求する。各国特有の環境への適応が必要な部分はしっかりと対応する。

そして，現地環境が生み出すチャンスとリスクへ十分に対応できる柔軟性を身につける。加えて，このタイプでは，各国の環境への対応を通じて資源や能力を開発し，それをさらに各国で移転・活用しようとする世界規模の学習を実現することが必要になる。

通常，事業をグローバル規模で標準化すれば各国ごとの対応は難しくなる。グローバル統合とローカル適応は，もともと相反するものであり両立は不可能とされていた。しかし，その困難にあえて取り組もうとするのがトランスナショナル経営なのである。

たとえば，オートバイという事業におけるトランスナショナル経営の具体策を考えてみよう。エンジン，部品などのパーツは世界各国で共通のものにする。それらの大量生産や大量購入によって，コストを極力抑えて効率化を図る。その上で，外観デザインやマーケティングは各国の市場特性に合わせて高度に適応させる。そして，各国の事業で得たノウハウや開発した知識を全世界で共有し，そこからまた新たなノウハウや技術を生み出す学習プロセスを繰り返すといったことが，考えられるだろうか。

こう考えると，トランスナショナル経営こそ理想的な国際経営に見えてくる。たしかに，このタイプは，前出の3つの国際経営のタイプの長所を取り入れ，短所を克服している。この点が，トランスナショナル経営最大の長所である。しかし，果たしてその通りうまくいくのだろうか。こちらの活動はグローバル統合し，あちらの活動はローカル適応する。それらのバランスをうまくとりながら国際経営を進めるためには，多国籍企業内で複雑かつ煩雑な調整が必要である。この手間ひまには多大なコストがかかるだろう。この点が，トランスナショナル経営の短所である。トランスナショナル経営を追求した結果，企業内が混乱してかえってコストがかさんでしまった，という場合も大いにありうるのである。じつはトランスナショナル経営は，あくまで「理念型」（理想型）であり実現は不可能である，という見方もされている。

国際経営と産業特性

それでは，4つのうちどれが最も望ましい国際経営なのだろうか。1つに，産業の特性に合わせて国際経営のタイプを選択したほうがよいという見方があ

る。たとえば，各国のニーズにそれほど相違が見られないコンピュータやエレクトロニクス関連産業は事業の標準化のメリットが大きいため，グローバル経営が適しているとされる。たしかに，パソコンに求められる機能はほぼ各国で共通しているように見える。これらの産業では，グローバル統合によって大量生産・大量販売を実現するほうが，ローカル適応を通じて各国ごとの微妙なニーズに対応するよりもメリットが大きいだろう。

　各国ごとのニーズの相違が大きい産業には，現地環境への適応を重視するマルチナショナル経営が適している。たとえば，食の好みは各国もしくは地域ごとに相違があるのは明らかであるため，食品産業はマルチナショナル経営が求められる代表的な産業である。また，国ごとの生活様式には相違があるため，洗剤などの日用品産業もマルチナショナル経営が適しているとされる。

　大量生産や大量販売の必要性も国ごとの微妙なニーズに対応するメリットも乏しい産業には，インターナショナル経営が適しているとされる。たとえば通信機関連産業は，各国への適応が求められるのと同時に国家間で共通の技術ニーズがあるため，先進的な技術を移転・展開しやすいインターナショナル経営が適しているとされている。インターナショナル経営は，本国側がコスト競争や現地適応のプレッシャーに左右されにくい強力な技術力を保有し，かつ進出国でも容易に展開できる体制が整った企業に適した経営である。

　以上の観点に立つと，実現困難な理念型のトランスナショナル経営より，産業の特性を見極めてグローバル経営，マルチナショナル経営，あるいはインターナショナル経営を採用し，短所はあっても各経営の持つ長所を最大限に享受することが望ましいといえるだろう。

これからの国際経営

　他方，実現困難でもやはりトランスナショナル経営を追求すべきである，という見方もある。近年，多国籍企業を取り巻く環境は複雑化している。ある環境要因が他の環境要因と複雑に絡み合い，各産業に多大な影響を及ぼしつつある。たとえば，上述した日用品産業のうちの衣料用洗剤を考えてみよう。かつては，洗濯機で衣類を洗う国もあれば，手洗いが一般的な国も多く，衣料用洗剤はローカル適応が望ましいとされていた。しかし，各国で経済発展が進み，

自動洗濯機の普及と標準化が進んできた。また，合成繊維の普及によって，各国ごとの洗濯の仕方に差がなくなってきた。そうなると，衣料用洗剤は単にローカル適応するだけでなく，グローバル統合も考えなくてはならない。それによりいかにコストを抑えるかが洗剤メーカーの競争力を左右するからである。
　これに対して，グローバル産業に属する家電産業では，ローカル適応の必要が生じつつある。かつて発展途上国と呼ばれた国々は，経済発展が進んで今日では新興国と呼ばれている。そして，グローバル統合が志向された結果，コストが抑えられて購入が容易になり，世界各国に家電類は普及しつつある。そうなると家電メーカー各社には，各国での競争力向上を図るために，今度は製品を差別化する必要が生じる。単に標準的な低価格製品を提供するよりも，より各国の消費者のニーズに寄り添った製品が求められるようになるのである。たとえば，経済発展が進むインドネシアでは，ある日本メーカーが現地のニーズを考慮して自動洗濯機に洗濯板を付けたところ，爆発的に売れたという。
　しかし，これまでローカル適応を重視していた企業が，グローバル統合を志向するのは容易ではない。これまで各国ごとに築いてきた製品の開発・生産・供給体制を，いきなり一部分でもグローバル統合するのには，多大なコストを要するだろう。グローバル統合を重視してきた企業が，ローカル適応も追求しようとする場合も同様である。これまでグローバルな生産・販売体制を構築し，世界各国で同様の事業を展開してきた企業が，各国ごとの微妙なニーズを汲み取り，事業に反映させることは，一朝一夕では実現できないだろう。
　ただし，近年のますます複雑化する環境下では，こうした調整コストを覚悟し，うまくグローバル統合とローカル適応の両立をやり遂げた企業こそが生き残り可能になるのかもしれない。今日，生き残りを賭けた企業努力はあらゆるところに及んでいる。単に顧客のニーズにきめ細かに対応する，競争相手には迅速に対抗するといった，外部環境への対応だけではもはや不十分になりつつある。外で存分に戦えるように企業内部の整備を周到に進め，万全の体制で外部環境に臨むことが必要になってきているのである。この観点に立つと，多国籍企業は，困難を伴ってもトランスナショナル経営を採用する必要があるといえるだろう。
　じつは，グローバル経営を採用していたキリンビバレッジでも，マルチナ

ショナル経営を採用していたサントリーでも，トランスナショナル経営が模索されている。キリンビバレッジは，近年「午後の紅茶」に，中国市場に向けた改良を加えている。また，苦戦する中国市場で競争力向上を図るため，2011年に中国大陸および香港における大手メーカーの華潤創業と提携して深圳に合弁会社を設立した。そこでは，日本にはない，メロン風味などを加えたミルクティータイプという，中国独自の「午後奶茶（午后奶茶）」も投入されている。少しずつ，ローカル適応への取組みが始まっているのである。

一方のサントリーも，烏龍茶に関してはグローバル統合を実施している。日本で導入されている烏龍茶および黒烏龍茶とほぼ同様の飲料が中国でも売られている。サントリーは，自社の烏龍茶や黒烏龍茶についてはあえて日本的な部分を活かし，高品質なイメージを持たせる作戦をとった。その結果，これらの飲料は「家庭では味わえない，1クラス上」の飲料として認知され，中国の人々に受け入れられているという。サントリーは，要所要所を見極め，グローバル統合も実施していたのである。ちなみに，サントリーも，2014年に中国の大手果汁飲料メーカーの中国匯源果汁集団有限公司と合弁会社を設立することで合意した。同社が中国全域に有する強力な販売網の活用が，合弁会社設立の主な目的とされている。

キリンとサントリー。両社は，グローバル経営あるいはマルチナショナル経営と，中国で正反対のタイプの国際経営を実施しているように見える。しかし，両社とも目指す方向はトランスナショナル経営なのかもしれないのである。

3　4つの国際経営と組織

以上のどのタイプの国際経営を進めるにしても，各タイプに沿った組織体制を採用することが重要である。ここでは，各タイプに対応する組織モデルを見ていこう（図5.3）。

グローバル型組織

グローバル経営を実行する上では，重要な意思決定と経営資源を本国に集中

CHART 図5.3　国際経営の4タイプと各組織モデル

グローバル型組織

集権型構造
・重要な意思決定の権限および経営資源は本国に集中。
・親会社による強力な統制。

トランスナショナル型組織

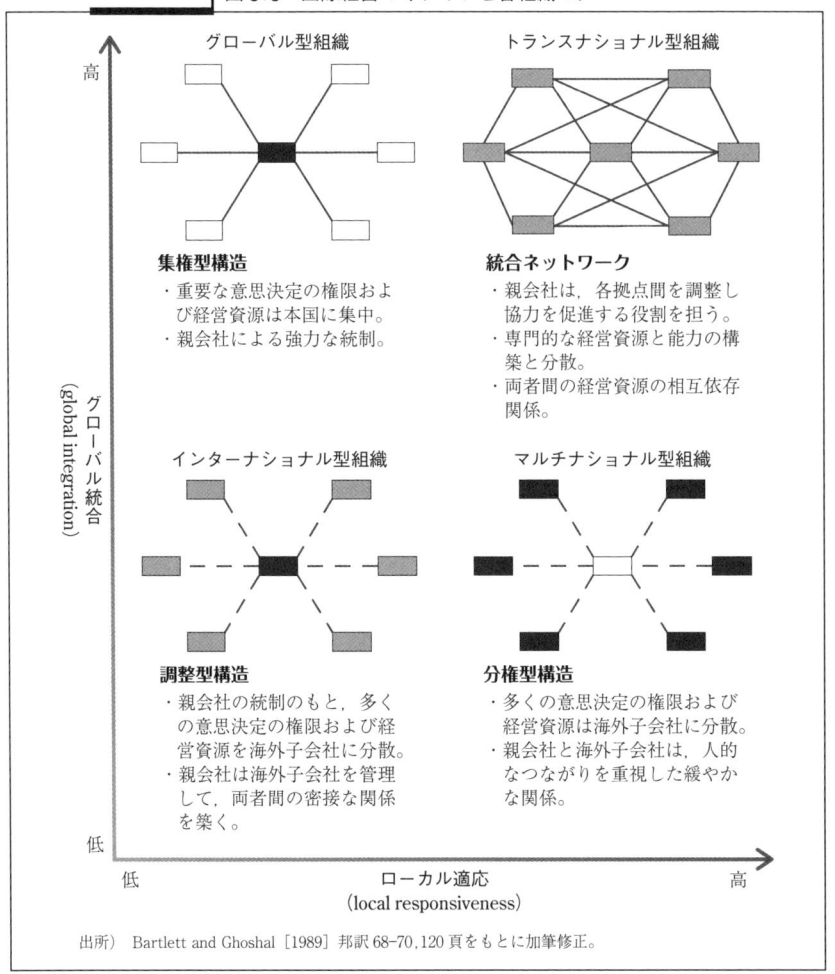

統合ネットワーク
・親会社は，各拠点間を調整し協力を促進する役割を担う。
・専門的な経営資源と能力の構築と分散。
・両者間の経営資源の相互依存関係。

インターナショナル型組織

調整型構造
・親会社の統制のもと，多くの意思決定の権限および経営資源を海外子会社に分散。
・親会社は海外子会社を管理して，両者間の密接な関係を築く。

マルチナショナル型組織

分権型構造
・多くの意思決定の権限および経営資源は海外子会社に分散。
・親会社と海外子会社は，人的なつながりを重視した緩やかな関係。

縦軸：グローバル統合（global integration）　低～高
横軸：ローカル適応（local responsiveness）　低～高

出所）Bartlett and Ghoshal [1989] 邦訳68-70, 120頁をもとに加筆修正。

させる集権型のグローバル型組織が望ましい。進出各国で標準化された事業を実行するために，親会社が海外子会社を強力に統制する。この組織モデルは，一見，親会社が強引に海外子会社を支配しているように見える。しかし，グローバル経営を行うのに，海外子会社に重要な意思決定の権限を委ねたり，経営資源を分散させたりしては，両者間の調整が複雑になり，かえって非効率になる。むしろ，親会社を中心に多国籍企業全体が動くような組織体制が望ましいだろう。

マルチナショナル型組織

　マルチナショナル経営では，海外子会社が十分にローカル適応に注力できるように，意思決定の権限や経営資源を海外子会社に分散させる，分権型のマルチナショナル型組織が望ましい。そして，親会社と海外子会社は，最低限の財務的な統制を伴うものの，人と人とのつながりを重視した緩やかな関係を築く。ここでは，いかに海外子会社が存分に活躍できる組織体制を築くことができるかが鍵となる。現地市場に迅速かつきめ細かに対応するために，意思決定の権限も海外子会社に委譲し，経営資源も分散させる必要がある。

インターナショナル型組織

　インターナショナル経営のためには，多くの意思決定の権限や経営資源を海外子会社に分散させつつも要所要所で親会社が統制する，調整型のインターナショナル型組織が適している。インターナショナル経営を実行する上では，親会社と海外子会社が互いに意思疎通しながら，円滑な経営資源の移転と展開を図る必要がある。そのため，親会社が主導して両者を調整し国際経営を実行する組織体制が必要になる。

トランスナショナル型組織

　トランスナショナル経営に向けた組織モデルは，**統合ネットワーク**と呼ばれる。現地環境に十分に対応しつつ，可能な事業領域のグローバル統合を図るために，あるいは現地環境の好機を活かし，そこでの学習成果を多国籍企業全体で活用するためには，両者が密接に連携する必要がある。そこでの海外子会社の役割は，現地環境の特性に応じて専門的な経営資源と能力を構築することである。前の3つの組織モデルとの最大の違いは，親会社と海外子会社が一対一の関係ではなく，多国籍企業全体の各拠点が文字通りネットワーク上に複雑かつ密接につながっていることにある（▶第4章第4節）。

　たしかに，このような緻密なネットワーク状の組織体制が実現できたら理想的かもしれない。しかし，それは実現可能なのだろうか。あるいは，組織構造は，緻密であるよりも単純明快なほうが内部のメンバーは働きやすいのではな

いだろうか。この組織体制には，こういった問題が伴う。上述したようにトランスナショナル経営は理念型であり，その組織モデルもその延長線上にあることを念頭に置く必要もあるだろう。

以上の通り，国際経営の4タイプに対応する各組織モデルを見てきた。いずれにしても，自社が選択した国際経営のタイプと組織をいかに適合させるかが重要である。たとえば，グローバル経営を採用したのに分権的な組織構造を選択したら，円滑な国際経営は難しくなるだろう。組織の変革は容易ではない。しかし，多くの複雑な調整を伴っても，それを果敢に克服した企業が今日の国際競争で勝利できるのであろう。

EXERCISE

① 自動車産業とトイレタリー産業から数社選択し，その企業がグローバル統合とローカル適応のどちらを重視しているのか分析しなさい。さらに，その企業がトランスナショナル経営を実現するためには，どのような取組みが必要になるのか具体例を示しながら答えなさい。

② 日本企業ではグローバル経営を採用することが多いといわれる。なぜ日本企業に多いのか，また，グローバル経営からトランスナショナル経営へと移行するためにはどうしたらよいのかを，分析しなさい。

読書案内　　　　　　　　　　　　　　　　　　　　　　　　　　**Bookguide**

Ghoshal, S., and Bartlett, C. A. [1997] *The Individualized Corporation: A Fundamentally New Approach to Management*, Harper Business.（ゴシャール，S.＝バートレット，C. A.〔グロービス・マネジメント・インスティテュート訳〕[1999]『個を活かす企業——自己変革を続ける組織の条件』ダイヤモンド社。）

　本章で取り上げたトランスナショナル経営を提唱した2人による好著。個人の能力をいかに引き出して高めていくのか，それをいかに企業全体のパワーにつなげていくのかを豊富なインタビュー調査に基づいて，丹念に説明している。

引用・参照文献　　　　　　　　　　　　　　　　　　　　　　Reference

Bartlett, C. A., and Ghoshal, S. [1989] *Managing Across Borders: The Transnational Solution*, Harvard Business School Press.（バートレット, C. A.＝ゴシャール, S.〔吉原英樹監訳〕［1990］『地球市場時代の企業戦略──トランスナショナル・マネジメントの構築』日本経済新聞社。）

Bartlett, C. A., and Ghoshal, S. [1992] *Transnational Management: Text, Cases, and Readings in Cross-border Management*, Richard D. Irwin.（バートレット, C. A.＝ゴシャール, S.〔梅津祐良訳〕［1998］『MBAのグローバル経営』日本能率協会マネジメントセンター。）

Euromonitor International [2014] *Passport: Soft Drinks in China*, Euromonitor International.

Prahalad, C. K., and Doz, Y. L. [1987] *The Multinational Mission: Balancing Local Demands and Global Vision*, Free Press.

松井剛［2004］「ブランディング・イン・チャイナ──中国消費市場におけるマーケティング戦略（2）清涼飲料：現地化と標準化のはざまで」『一橋ビジネスレビュー』第52巻第1号, 114–125頁。

CHAPTER 第6章

海外子会社の経営

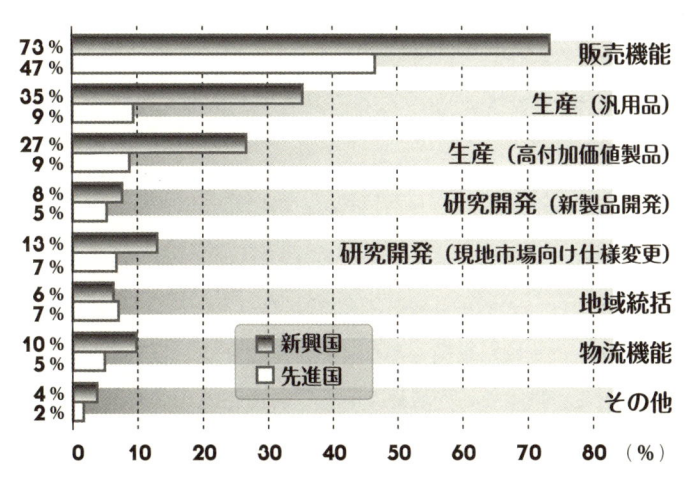

```
73%  販売機能
47%
35%  生産（汎用品）
 9%
27%  生産（高付加価値製品）
 9%
 8%  研究開発（新製品開発）
 5%
13%  研究開発（現地市場向け仕様変更）
 7%
 6%  地域統括
 7%
10%  物流機能
 5%
 4%  その他
 2%
```

■ 新興国
□ 先進国

さまざまな役割を期待される海外子会社（今後海外展開で拡大する機能）

注）複数回答。なお，先進国を香港，台湾，韓国，シンガポール，オーストラリア，米国，カナダ，西欧（ポーランド，ハンガリー，チェコ，スロバキア，スロベニア，クロアチア，ルーマニア，バルト3国を除く欧州各国）とし，新興国をそれ以外の国・地域として分類。
出所）ジェトロ［2014］「2013年度日本企業の海外事業展開に関するアンケート調査」25頁をもとに筆者作成。

KEYWORD

海外現地法人　海外拠点　グリーンフィールド　M&A　所有政策　完全所有　過半所有　半数所有　少数所有　現地化政策　販売子会社　生産子会社　R&D子会社　戦略的リーダー　貢献者　実行者　ブラックホール　衰退　COE　海外子会社のイニシアティブ　現地市場創発型　世界市場創発型　内部市場創発型　ハイブリッド創発型

1 海外子会社特有の経営課題

海外子会社とは

　海外子会社は，文字通り海外に立地している子会社のことであり，**海外現地法人**，**海外拠点**，あるいは海外という語句を省略して単に子会社と呼ばれることもある。海外現地法人とは，現地で法人格を取得して設立された海外子会社の呼称である。

　読者のみなさんは，住友スリーエムという企業をご存じだろうか。「『ポスト・イット』を作っている会社」というと，イメージが湧きやすいかもしれない。じつは，2014 年 9 月に出資比率と経営体制に変更が生じ，同社は「スリーエムジャパン」という社名に変更されたのだが，同社の歴史は海外子会社ならではの特徴を如実に物語ってくれる。以下では，「住友スリーエム」のころの同社に注目して，話を進めよう。

　住友スリーエムは，米国ミネソタ州に親会社がある，多国籍企業 3M の海外子会社である。日本という現地で，株式会社という正式な法人格を取得した企

CHART 図 6.1　住友スリーエムの概要（2014 年 8 月時点）

商　号	住友スリーエム株式会社
英　文	Sumitomo 3M Limited
設　立	1961 年（昭和 36 年）12 月 1 日
本社所在地	〒 141-8684　東京都品川区北品川 6-7-29
資本金	189 億 2927 万 2320 円
株　主	3M 社（米国）75 %
	住友電気工業株式会社　25 %
代表取締役社長	三村浩一
グループ全体従業員数	2885 名（2013 年 12 月末日）

　（注）　2014 年 9 月に，住友スリーエムは，株主の変更（米国 3M の 100 ％出資へ変更）に伴って，スリーエムジャパンへと社名変更した。
　（出所）　住友スリーエム・ウェブサイト（http://www.mmm.co.jp/corporate/profile.html）より抜粋（2014 年 8 月当時）。

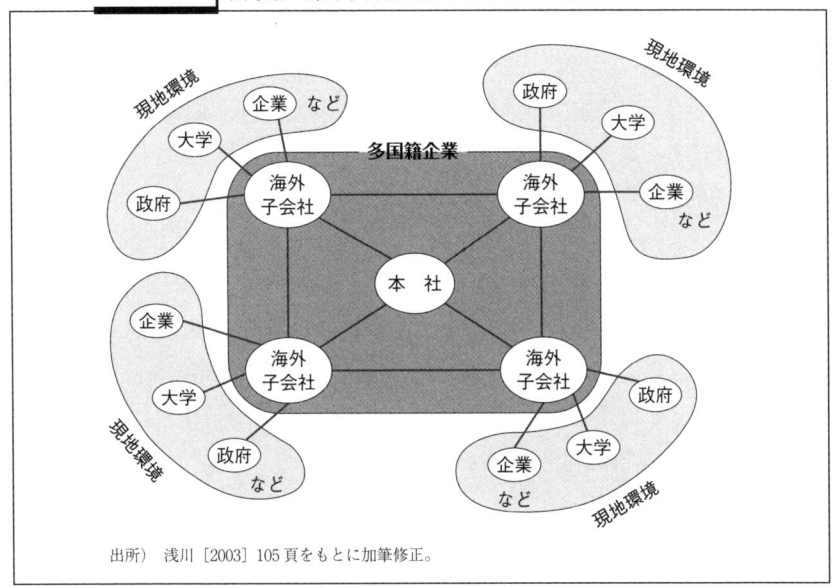

CHART 図6.2 海外子会社を取り巻く2つの環境

出所) 浅川 [2003] 105 頁をもとに加筆修正。

業であるから，3M の海外現地法人でもある。

　図6.1 を見てみよう。とくに注目してもらいたいのは，同社の株主である。住友スリーエムの全株式のうち，75％は米国の 3M が所有している。つまり，住友スリーエムに対する全出資額のうち，75％を 3M が負担したということである。ちなみに，残りの 25％を出資する住友電工にとっても，住友スリーエムは子会社にあたる。しかし，住友電工は日本が本国なので，同じ国内に設立されている住友スリーエムは住友電工にとっては子会社であるが，海外子会社ではない。そして，全出資額の 75％を出資する 3M が住友スリーエムを経営支配することになる。この点に関しては，次節で詳しく見ていこう。

　さて，海外子会社は，親会社を持たない単独企業と比べて，あるいは1つの国の中でのみ経営を行う国内企業と比べて，少しばかり複雑な存在である。なぜだろうか。

　私たちが，自然環境，社会環境といった環境の中で生きているように，企業も環境の中で生きている。もちろん，海外子会社も環境の中で生きているが，海外子会社は単独企業あるいは国内企業とは異なり，多国籍企業という環境と現地環境という2つの環境の中で存在している（図6.2）。

1　海外子会社特有の経営課題　● 95

海外子会社は，親会社の経営戦略に基づいて経営を行う。子は親には逆らえない。海外子会社にとって，親会社の意向は絶対である。しかし，親会社は，海外子会社の立地する国の事情に詳しいとは限らない。「百聞は一見に如かず」という言葉にあるように，どれほど綿密な調査を行っても，実際にその国に立地して経営をしてみなければわからないことはたくさんあるだろう。第1章で見たように，親会社と海外子会社の間には各種の隔たりが存在するため，親会社が海外子会社の国の事情を十二分に理解し，適切な経営を指示することは事実上かなり難しい。

　海外子会社は多国籍企業という環境だけではなく，現地環境にも直面している。海外子会社が現地環境に適した経営を行うためには，親会社は海外子会社にある程度経営を委ねる必要がある。しかし，親会社が策定する多国籍企業全体の戦略を正しく実行するためには，海外子会社にすべてを任せるわけにもいかない。かといって，親会社が何もかも指示していたら，海外子会社はいつまでも「子」のままで，親から自立できないだろう。

多国籍企業における集権化と分権化

　これらは，多国籍企業には必ず伴う集権化・分権化の問題である。集権化とは文字通り権限を集中化させることであるが，多国籍企業における集権化とは，一般に，親会社に権限を集中させることを指す。多国籍企業における分権化とは，反対に，主要な意思決定を海外子会社に権限委譲することである。企業が行うべき意思決定は，主要なものだけでも多様かつ多数ある。その1つ1つに関して，どの意思決定をどこまで集権化，あるいは分権化すべきなのだろうか。これは非常に複雑な問題であり，唯一の正解はない。ただ一般的には，多国籍企業全体の戦略・組織，あるいは海外進出・撤退，新規事業への進出などといった戦略や方針に関する意思決定は集権化し，現地事業の軽微な変更，現地向けの生産・マーケティング，現地人材の雇用などという現地での実際の業務や管理に関する意思決定は分権化するのが望ましいといわれている。

　このように見ていくと，海外子会社とは難しいだけの存在のように見える。しかし，海外子会社には特有の強みもある。海外子会社は，多国籍企業内部と現地環境の両方から，必要な経営資源を獲得したり強化したりできるというメ

リットがある。企業を支えているのは，ヒト，モノ，カネ，情報という経営資源である。海外子会社は，本国とは異なる経営資源を生み出した現地環境に立地している。場合によっては，こうした経営資源を直接獲得して活用できるかもしれないし，異なる経営資源を生み出した現地環境に立地することで既存の経営資源を強化できるかもしれない。

たとえば，3M は，45 を超える「テクノロジープラットフォーム」(汎用性の高い技術基盤) を有している。住友スリーエムは，3M という多国籍企業の一員であるから，この技術基盤を活用することは容易である。さらに，住友スリーエムは，日本に存在する優秀な技術者あるいは最先端の技術を自社の経営資源として直接的に活用することもできる。

つまり，海外子会社は，多国籍企業内部と現地環境という 2 つの環境から経営資源を獲得して活用することが容易である。この点は，親会社を持たない単独企業や，国内のみで事業を行う企業にはない大きなメリットである。しかし，このメリットを享受するためには，上述したような海外子会社特有の複雑な課題を克服しなければならない。海外子会社のメリットと経営課題は，表裏一体の関係にある。それゆえに，海外子会社は少しばかり複雑な存在なのである。

2 海外子会社の設立

海外子会社の設立形態

海外子会社を設立する際に，まず決めなければならない課題が 2 つある。1 つは，新たに海外子会社をつくるのか，それとも既存の企業を買収するのか，という課題である。もう 1 つは，その海外子会社を自分だけで経営するのか，それとも他社にも経営に参加してもらうのかという課題である（▶第 **2** 章第 3 節）。

1 つ目から説明しよう。海外子会社を設立する際は，自ら新たに海外子会社を立ち上げる**グリーンフィールド**という方法と，既存の企業を買収して自社の海外子会社とする **M&A** という方法の，2 つがある。ちなみに，グリーン

フィールド（greenfield）には，「未開発の」といった意味がある。グリーンフィールドという方法で海外子会社を設立する場合，その海外子会社はゼロからのスタートになり，ヒト，モノ，カネ，情報という経営資源を新たに投入して，じっくり育てる必要がある。通常，立ち上げたばかりの海外子会社が一人前に成長するのには時間がかかる。それに対してM&Aという方法は，既存企業を買収して自分の海外子会社にしてしまうのだから，その企業がこれまで培ってきた経営資源を自社のものとして活用できる。つまり，企業買収と同時に即戦力となる経営資源を獲得できるのである。

こう考えると，M&Aのほうが海外子会社の設立に適した方法に見えるかもしれない。しかし，自社の海外進出に適した買収先が見つかるとは限らないし，見つかってもうまく買収できるとは限らない。また，買収されたということで，その企業やその国の人々から反発を買うかもしれない。さらに，もともとは別の企業だったのだから，うまく買収した側の企業に馴染んでくれるとは限らないし，馴染むのにも時間がかかるだろう。グリーンフィールドで海外子会社を設立すると，はじめはゼロからのスタートで一人前に成長するのには時間がかかるが，反面，ゼロから自分たちの戦略に沿って海外子会社を育成することができる。

要は，グリーンフィールドとM&Aには，どちらにもメリットとデメリットがあり，どちらがベストとは断定できない。一般的には，急速にその国での事業を進めたい場合あるいは企業が海外事業の経験に乏しい場合には既存の現地企業の経営資源を活用するM&Aが，そうではない場合にはグリーンフィールドが選択されることが多い。

海外子会社の所有政策

もう1つの海外子会社の設立に関する問題は，**所有政策**である。海外子会社を設立する際には，100％自社で出資するのか，それとも他社にも出資してもらうのか。他社にも出資してもらうのなら，どれくらい出資してもらうのかという問題もある。

資本所有形態は，親会社がその海外子会社にどれくらい出資しているかによって4つに分類できる。親会社が100％出資して（つまり単独出資して）海外

子会社を所有することを，**完全所有**と呼ぶ。しかし海外子会社は，親会社単独での出資のみならず，複数の企業による出資，つまり合弁によって設立することも可能である。合弁によって設立する場合，自社から見た出資比率によって，**過半所有**，**半数所有**，**少数所有**に分けることができる。

一般に，出資比率を高くして海外子会社を所有するほど，その海外子会社を経営支配しやすくなる。しかし，支配するからには，出資するためのカネをはじめ，さまざまな経営資源を投入する必要がある。他社と合弁すれば，他社からもカネをはじめとする経営資源を調達できる。ただし，他社に出資してもらった分，自社が経営支配できる程度は低くなる。

しかし，こうした出資比率は，単独での出資でも合弁でも，現地国側の事情によって，企業の自由にできない場合がある。とくに，進出する国の政府が自国の経済発展のために資本の**現地化政策**を進めているときは，多国籍企業側の意図にかかわらず現地の企業との合弁が海外子会社設立の条件とされる場合が多い。海外子会社の所有政策は，自社だけではなく，（合弁の場合には）相手企業や現地国政府の事情にも大きく左右される。

3 海外子会社が担う多様な役割

海外子会社の重要性

企業が積極的に海外進出を図るにつれて，本章の扉頁でも見たように，海外子会社は多様な役割を担うようになってきた。そして，第5章のトランスナショナル経営では，いかに海外子会社へ役割と責任を分化させるかが鍵となることを見てきた。図6.3は，日本の製造企業における海外売上高の占める割合の推移である。海外進出を果たした企業における海外売上高の比率が着実に伸びているだけではなく，海外進出を果たしていない企業を含めた国内全法人の売上高に占める海外売上高比率も，着実に伸びている。海外事業が，結果として日本経済全体にどれだけ貢献しているかがわかるだろう。この最前線の担い手が，海外子会社なのである。

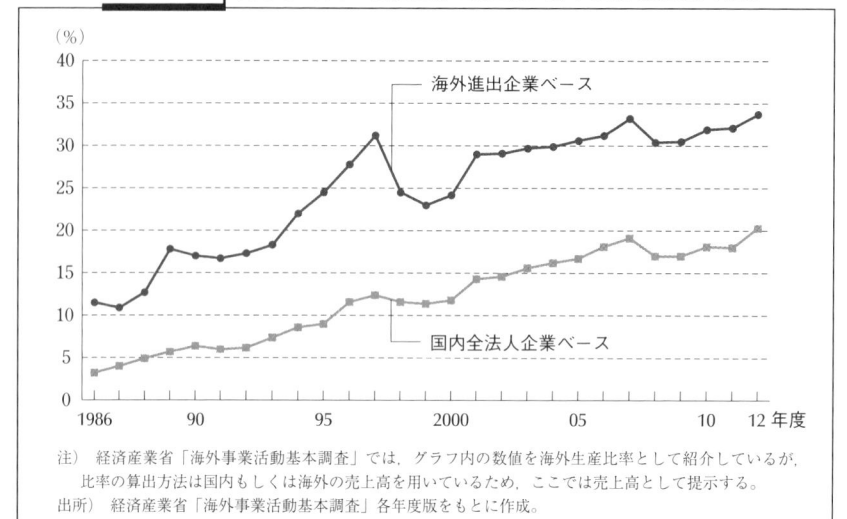

CHART 図6.3　日本の製造企業の売上高に占める海外売上高の推移

注）　経済産業省「海外事業活動基本調査」では，グラフ内の数値を海外生産比率として紹介しているが，比率の算出方法は国内もしくは海外の売上高を用いているため，ここでは売上高として提示する。
出所）　経済産業省「海外事業活動基本調査」各年度版をもとに作成。

能力から見た海外子会社の役割

　扉頁でも見たように，海外子会社は多様な役割を期待されている。まずは，販売，生産，研究開発などの機能面に着目してみよう。住友スリーエムのように，販売，生産，研究開発と複数の機能を担っている海外子会社もある一方で，たとえば生産のみに従事するなど機能を1つに特化する海外子会社もある。一般に，国内の子会社および海外子会社のどちらでも，主な事業を販売に特化する子会社を**販売子会社**，生産に特化する子会社を**生産子会社**，研究開発（R&D, research and development）の場合は **R&D 子会社**と呼ぶこともある。

　以上のような機能面のみならず，海外子会社の役割は，①現地環境の戦略的重要性と②海外子会社の能力・経営資源の2軸によって，図6.4のように大きく4つに分けることができる。①現地環境の戦略的重要性の高低は，現地市場の規模や成長性，競合企業，現地顧客のニーズの洗練度合い，現地市場の技術的特性などによって判断される。②海外子会社の能力・経営資源の高低は，その海外子会社の技術，生産，市場開発その他の分野における能力と経営資源によって判断される。4つのタイプの海外子会社を順に見ていこう。

　第1に，**戦略的リーダー**とは，①戦略的に重要性が高い現地環境に立地し，

CHART 図6.4 海外子会社の役割の類型

	低	高
高	ブラックホール (black hole)	戦略的リーダー (strategic leader)
低	実行者 (implementer)	貢献者 (contributor)

縦軸：現地環境の戦略的重要性
横軸：現地子会社の能力・経営資源

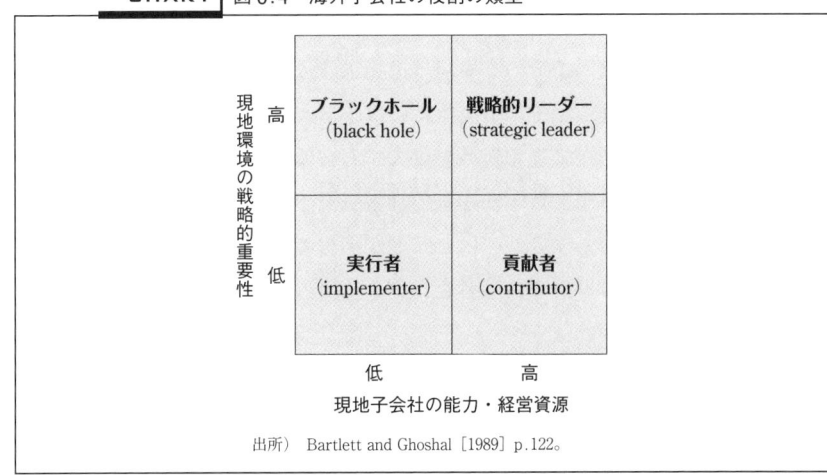

(出所) Bartlett and Ghoshal [1989] p.122。

②高いレベルの能力と経営資源を有する海外子会社である。このタイプの海外子会社は，現地環境の事業だけではなく，親会社のパートナーとして幅広い戦略を開発し実行する役割を担う。住友スリーエムは，まだまだ市場規模が大きく，顧客のニーズも洗練され技術的にも先進的な日本市場に立地している。①戦略の重要性が高い現地環境に立地しているといえよう。じつは同社は，3M内の他の海外子会社と比べて大きな売上高と利益を出している。さらに，研究開発においても先進的な成果を生み出し，同社の開発した技術や製品は，3Mの他拠点でもグローバルに活用されている。住友スリーエムは，②高い能力と経営資源を有しているといってよいだろう。したがって，住友スリーエムは戦略的リーダーに分類される。

第2に，**貢献者**とは，①現地環境の戦略的重要性は低いものの，②高いレベルの能力と経営資源を有する海外子会社である。貢献者の例には，小規模な市場に立地していても独自に高度な技術を開発し保有する海外子会社があげられる。これらの能力や経営資源によって，大きな利益を期待できる。ただし，適切な管理をせずに，それほど重要ではない環境に余剰な能力を置いてしまうと，本来は必要がない製品の分化などの問題が生じる恐れがある。そのため親会社は，たとえば多国籍企業全体の技術的指導者の役割を付与するなどして，余剰能力を現地環境だけでなくグローバルに活用するように仕向ける必要がある。

第3に，**実行者**とは，①現地環境の戦略的重要性が低く，それに合わせて②

保有する能力や経営資源のレベルも低い海外子会社である。このタイプの海外子会社は，親会社の製品をそのまま現地市場に導入するなど，忠実に親会社の戦略を実行する。現地環境での事業維持には十分な能力と経営資源を有しているため，親会社から新たに経営資源を投入する必要性は低い。それゆえ，親会社は他のタイプの海外子会社へ安心して経営資源を投入できる。じつは，多くの多国籍企業では，海外子会社のほとんどが実行者の役割に分類されるという。実行者は，戦略的リーダーや貢献者を支える「縁の下の力持ち」のような存在である。

第4に，ブラックホールとは，①現地環境の戦略的重要性は高いにもかかわらず，②保有する能力と経営資源のレベルは低い海外子会社である。もちろん，ブラックホールのような海外子会社は多国籍企業にとって望ましくない。せっかく戦略的に重要な環境に進出したのだから，本来は戦略的リーダーに育ってもらいたい海外子会社である。そこで，親会社にも，ブラックホールから脱出させるための対応が必要となる。対応策として，たとえば，規模を小さくして意図的に学習機会を設け，狭い製品事業に特化させて起死回生を図るなどといったことがあげられる。

4 海外子会社の成長

海外子会社成長の3つの要因

海外子会社がブラックホールのような望ましくない状況になるのを止めるためには，海外子会社の成長を促し，能力構築を図る必要がある。それはどのように実現できるだろうか。

海外子会社自身の意思決定が，その海外子会社の成長を決める。いわれてみれば，当然のことである。しかし，本章の冒頭で述べたような海外子会社の特殊さゆえに，海外子会社だけでは自らの成長を決めることはできない。海外子会社は多国籍企業内部と現地環境という2つの環境に属しているため，この2つの環境要因が，海外子会社の成長の制約になることもあれば，エンジンとな

CHART 図6.5　海外子会社の役割変化・成長の影響要因

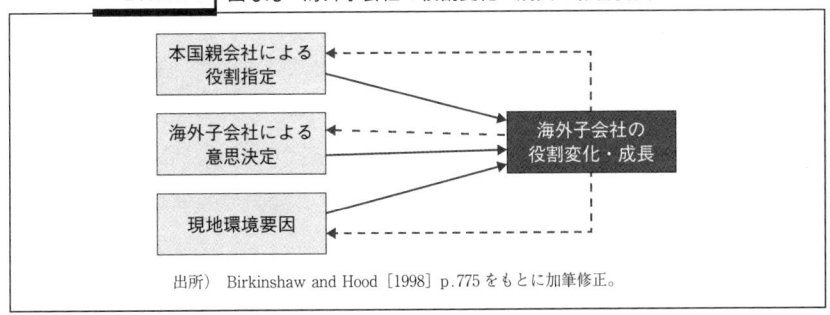

```
本国親会社による
役割指定         ←----┐
                     │
海外子会社による       ├→  海外子会社の
意思決定         ←----┤    役割変化・成長
                     │
現地環境要因     ←----┘
```

出所）Birkinshaw and Hood［1998］p.775 をもとに加筆修正。

ることもある。

　つまり，海外子会社の役割変化や成長は，図6.5のように，①本国親会社による役割指定，②海外子会社による意思決定，③現地環境要因の相互作用によって，生じるのである（Birkinshaw and Hood［1998］）。

　ここで重要なのは，海外子会社の成長を意図するのであれば，親会社が海外子会社に意図する役割を付与するだけではなく，海外子会社が適切に意思決定できるように権限委譲を進める必要があるということである。さらに，それは現地環境の状況をよく見極めて考慮していく必要がある。この3つの要因のうち，どれが欠けても，海外子会社の望ましい役割変化や成長は難しくなるであろう。たとえば，本国の親会社の役割指定なき海外子会社の成長は，親会社がひとたび「No」を出せば止まってしまう。

　もう少し詳しく見ていくと，海外子会社が成長する方法は2つある。第1の方法は，親会社が主導して，海外子会社の成長を促す方法である。親会社が，海外子会社と現地環境の両方をさまざまな観点から評価する。そして，必要に応じて，海外子会社に新たな役割を付与するのである。たとえば，親会社が，既存の海外子会社の中から各国のコストや政策といった諸条件を考慮して，最も適切な国に立地する海外子会社に生産機能の役割を付与する。その海外子会社は，生産機能という新たな役割を得て，成長することになる。いわば，親会社による意図的な海外子会社の成長作戦である。

　第2の方法は，海外子会社が主導して権限を拡大あるいは強化することで自ら成長を遂げる方法である。たとえば，海外子会社は，少なくとも遠く離れた場所にいる親会社よりは現地市場のチャンスを発見しやすい。このチャンスを

活かすために，必要な能力や経営資源を何とか自力で構築する。そして，親会社に働きかけて権限の拡大を要請する。親会社が承認すれば，海外子会社は新たな役割を得て成長を遂げることになる。たとえば，海外子会社が現地で新たな市場の機会を発見し，それに適した製品を開発して，親会社に新市場への進出を働きかける。それが親会社によって承認され，海外子会社が多角化を図るといった例があげられる。

　他方，海外子会社は，新しい事業機会に挑戦するだけではなく，既存の現地市場においてよりいっそう競争力を身につけるために，既存の能力や経営資源を強化しようとするかもしれない。能力と経営資源が強化され，それが親会社に認められると，海外子会社の既存の権限も強化される。結果として，海外子会社はより強固な能力や経営資源を築き成長を遂げることになる。現地環境でより品質の高い製品を作るために生産能力を磨いた海外子会社が，親会社に認められて新たな製品の生産を任され，生産拠点としてさらに成長を遂げるといったことが，その一例である。

住友スリーエムと富士ゼロックスの事例

　それでは，住友スリーエムはどちらの方法で成長を遂げたのだろうか。筆者の分析では，同社は親会社主導で成長を遂げてきたと考えられる。米国3Mは，海外子会社の成長を促すことで，3M全体のグローバル競争力を向上させようとしていた。たとえば，住友スリーエムの生産工場や研究所の設立に際しては，積極的に投資（カネを提供）するだけでなく，ヒト，モノ，情報という経営資源も提供していた。また1980年代には，同社をグローバルなリーダーに類する役割に位置づけ，同社の製品や技術をグローバルに活用するためのネットワークを整備した。こうした親会社の役割指定の結果，住友スリーエムに必要な経営資源が蓄積されていった。親会社主導で住友スリーエムの成長が実現したといってもよいだろう。

　それに対して，海外子会社主導で成長を遂げることもある。コピー機器で知られる富士ゼロックスは，かつてはゼロックス社と日本企業の富士フイルムが折半出資しており，ゼロックスにとっては海外子会社であった。販売拠点として設立された富士ゼロックスであったが，事実上の親会社である米国ゼロック

スで開発・生産されたコピー機器類は，多湿でオフィス面積が狭い日本には物足りないものだった。そこで，富士ゼロックスの日本人トップ，つまり海外子会社の経営陣が先頭に立ち，親会社に隠れてこっそりと日本市場専用のコピー機器を開発したのである。それは，日本という現地環境にふさわしい，小型で多少の湿度にも故障が生じにくい優れたコピー機器だった。

そして，紆余曲折があったものの，最終的に富士ゼロックスは開発拠点として親会社に認められた。販売拠点として出発した後に，正式に開発も担うまでに成長を遂げたのである。その後，着々と成長を遂げた富士ゼロックスは，1990年には親会社から太平洋地域4カ国の経営権・所有権を取得し，日本のみならず各国で経営を行っている。

こうした親会社を超えるような海外子会社の存在には，賛否両論が伴うだろう。ここで強調したいのは，その是非ではなく，海外子会社にはさまざまな可能性が秘められており，その可能性をいかに引き出すのかという観点である。ちなみに富士ゼロックスの資本所有形態は，2001年に，富士フイルム75％，ゼロックス25％と変更になっている。一方の住友スリーエムは，前述の通り2014年9月に，米国3Mが住友電工の保有する株式（25％）を取得し，米国3Mが100％出資する完全所有子会社になった。これを契機に，社名もスリーエムジャパンに変更されている。

このように，先に見た海外子会社の資本所有形態は，固定的なものとは限らず，諸事情によって変化することがある。富士ゼロックスの場合は，当時業績が悪化していた米国ゼロックスが同社の株式25％分を売却することを希望したといわれ（『日本経済新聞』2001年3月6日），住友スリーエムの場合は，米国3M側が住友電工に株式売却を打診した旨が伝えられた。米国3Mは，住友スリーエムによる日本発のイノベーションを世界に広げるため，あえて同社を完全所有子会社とすることで経営体制の強化を試みたのである（『日本経済新聞』2014年9月6日）。住友スリーエムのさらなる成長を期待しての取組みともいえるだろう。

もちろん，海外子会社は成長するのみの存在ではなく，場合によっては**衰退**することもある。海外子会社が，現地で思うように経営が進まず，事業を縮小あるいは撤退するなどといったことである。こうした海外子会社の衰退は，親

会社が投資を引き揚げることで生じる場合と，海外子会社が能力向上に行動を起こさないために生じる場合の，主に2つのパターンがある。本来，企業が衰退するのは望ましくない。しかし時には，事業発展の見込みのない国から思い切って撤退する，あるいは事業を縮小するといった，勇気ある決断も必要だろう。

さらなる成長に向けて

このように，海外子会社の成長を促すにあたって，第1の親会社主導の方法では，多国籍企業全体と調和した計画的な海外子会社の成長が促進されるだろう。ただし，その成長は親会社の意図した範疇にとどまってしまうかもしれない。第2の海外子会社主導の方法では，そこに立地する海外子会社だからこそ察知できる思わぬチャンスを活用でき，親会社が意図していなかった飛躍的な成長が可能になるかもしれない。ただし，親会社の意図を超えた「突出した余分な」成長になる可能性もある。住友スリーエムが前者の方法で優等生的な成長を果たした一方で，後者の方法による富士ゼロックスは「やんちゃ坊主」であり，親会社に認められるのには時間を要した。

しかし，自分や自分の立地する国のことは自分が一番わかる。親会社が介入するよりも，思い切って海外子会社にほとんど任せてしまうほうが，海外子会社は成長しやすいのかもしれない。親会社が，各種の隔たりがある現地環境と海外子会社を適切に評価し，成長へと導くのは容易ではない。海外子会社主導で成長した結果，仮にその成長が親会社の想定外のものになったとしても，このようなダイナミズムを活用することこそ，リスクをチャンスに転じるという国際経営の醍醐味なのではないだろうか。

先述の戦略的リーダーに類似した概念に，COE（centers of excellence）という言葉がある。国際経営論においてCOEとは，価値創造の重要な源泉であると企業内で明確に認識された能力の集合体のことを指す。現地市場のみならず多国籍企業全体の事業に貢献するような海外子会社を，COEと捉えることも多い。じつは，ある研究によると，親会社の「投資」がCOEとしての海外子会社を育成する上で重要だという。乱暴な言い方をすれば，親会社は「口を出さずに，カネを出す」ようなサポート役に徹することが重要であることが示唆

されているのである (Frost, Birkinshaw and Ensign [2002])。もちろん，やみくもに投資するのではなく，適切に評価した上での投資が望ましいのはいうまでもない。

そこで，**海外子会社のイニシアティブ**（主導権，先導力）が重要になる。海外子会社のイニシアティブは，次の4つに大きく分けられる。1つ目は，**現地市場創発型**である。これは現地市場のチャンスに応えるために生まれるイニシアティブである。2つ目は，**世界市場創発型**である。現地国以外の市場のチャンスを感知したり，刺激を受けたりすることで生まれるイニシアティブである。3つ目は，**内部市場創発型**で，多国籍企業の内部市場が契機となって生じるイニシアティブである。4つ目は，**ハイブリッド創発型**で，世界市場創発型と内部市場創発型の2つの要素の混合によって生じるイニシアティブである。これらのイニシアティブは，海外子会社が多国籍企業全体に大きな貢献を果たす戦略的リーダーやCOEへと成長する原動力になることが知られている (Birkinshaw [1997]，Birkinshaw and Hood [1998])。

親会社は，海外子会社の飛躍を促すために，自らはサポート役に徹し，海外子会社にイニシアティブが発生しやすいように，現地市場，世界市場，あるいは内部市場とアクセス可能な環境を整えることが，重要になるだろう。

やはり海外子会社は難しい存在である。しかし，この困難を果敢に克服した多国籍企業が海外子会社特有の強みを享受できるのである。

EXERCISE

① 日本の自動車産業における多国籍企業の海外子会社を数社選び，資本所有形態を調べなさい。異なる資本所有形態の海外子会社を比較し，事業と立地する環境にどのような違いがあるのか分析しなさい。
② 在日外資系企業の中から，日本市場で活躍していると考えられる企業を1社見つけなさい。そこで，本国にはないオリジナルの製品・サービスが誕生しているかどうか調べなさい。

読書案内　　　　　　　　　　　　　　　　　　　　　　Bookguide

吉原英樹［1992］『富士ゼロックスの奇跡——なぜ Xerox(ゼロックス) を超えられたか』東洋経済新報社。

　本章でも触れた，富士ゼロックスが成長していく過程が詳細に記述されている。海外子会社としての富士ゼロックスの立場や日本人社長をはじめとする海外子会社のメンバーの奮闘ぶりが生き生きと描かれており，読み進めていくにつれて，本章で述べた海外子会社ならではの特殊性を実感できるだろう。

多田和美［2014］『グローバル製品開発戦略——日本コカ・コーラ社の成功と日本ペプシコ社の撤退』有斐閣。

　同じ環境に同時期に立地しながら，日本コカ・コーラ社はグループ最大の海外製品開発拠点へと成長を遂げ，日本ペプシコ社は業績不振により事実上日本市場から撤退した。上書では，両社の比較分析を通じて，海外子会社の成長をいかに促進させるかを論じている。

引用・参照文献　　　　　　　　　　　　　　　　　　　Reference

Bartlett, C. A., and Ghoshal, S. [1989] *Managing Across Borders: The Transnational Solution*, Harvard Business School Press.（バートレット，C. A. = ゴシャール，S.〔吉原英樹監訳〕［1990］『地球市場時代の企業戦略——トランスナショナル・マネジメントの構築』日本経済新聞社。）

Birkinshaw, J. [1997] "Entrepreneurship in multinational corporations: The characteristics of subsidiary initiatives," *Strategic Management Journal*, vol. 18, no. 3, pp. 207-229.

Birkinshaw, J., and Hood, N. [1998] "Multinational subsidiary evolution: Capability and charter change in foreign-owned subsidiary companies," *Academy of Management Review*, vol. 23, no. 4, pp. 773-795.

Frost, T. S., Birkinshaw, J. M., and Ensign, P. C. [2002] "Centers of excellence in multinational corporations," *Strategic Management Journal*, vol. 23, no. 11, pp. 997-1018.

Makino, S., and Beamish, P. W. [1998] "Performance and survival of joint ventures with non-conventional ownership structures," *Journal of International Business Studies*, vol. 29, no. 4, pp. 797-818.

Stopford, J. M., and Wells, L. T., Jr. [1972] *Managing the Multinational Enterprise: Organization of the Firm and Ownership of the Subsidiaries*,

Longman.（ストップフォード，J. M.＝ヴェルズ，L. T.〔山崎清訳〕［1976］『多国籍企業の組織と所有政策——グローバル構造を超えて』ダイヤモンド社。）

浅川和宏［2003］『グローバル経営入門』日本経済新聞社。

住友スリーエム株式会社編［1982］『住友スリーエム 20 年史——1960-1980』住友スリーエム。

スリーエムジャパングループ「イノベーションの系譜——3M ジャパングループの 50 年」(http://www.mmm.co.jp/corporate/pdf/innovation50th.pdf，2015 年 3 月 6 日閲覧)。

スリーエムジャパングループ「会社案内」(http://www.mmm.co.jp/corporate/pdf/corporateprofile.pdf，2015 年 3 月 6 日閲覧)。

『日本経済新聞』2001 年 3 月 6 日；2014 年 9 月 6 日。

富士ゼロックス「経営の歩み」(http://www.fujixerox.co.jp/company/profile/history/corporate.html，2015 年 3 月 6 日閲覧)。

吉原英樹編［2002］『国際経営論への招待』有斐閣。

第 2 部

国際経営の実践

PART 2

CHAPTER
7 国際マーケティング
8 ものづくりの国際拠点展開
9 研究開発の国際化
10 国際的な人的資源管理
11 国際パートナーシップ
12

CHAPTER

第 **7** 章

国際マーケティング

エースコックベトナムと「Hao Hao」
出所）同社提供。

KEYWORD

市場機会の発見（リサーチ，R）　セグメンテーション（S）　セグメント　ターゲティング（T）　ポジショニング（P）　マーケティング・ミックス（MM）　実行（I）　4P　製品政策　価格政策　販売促進政策　流通チャネル政策　制御（コントロール，C）　標準化　適応化

1 マーケティングとは何か

　本章扉頁の写真は，エースコックのベトナム拠点「エースコックベトナム」の外観と，同社がベトナムで販売している「Hao Hao」である。2000年に発売された Hao Hao は，ベトナム市場で大ヒットし，現在ベトナムで消費される即席麺のうち3食に1食は Hao Hao である。エースコックベトナムの販売実績は，この即席麺のおかげで10年間に約10倍に拡大した。同社は，ライバル企業がひしめく日本ではシェア7.9％・業界5位の企業だが（『日経産業新聞』2014年7月28日），ベトナムでは58％のシェア（2012年度，同社提供資料より）を占める圧倒的なトップ企業である。なぜ日本企業のエースコックが，ベトナムでこのような成功を収めることができたのだろうか。そこには，同社の国際マーケティングが背景にあったと考えられる。本章では，同社の事例を取り上げながら，国際マーケティングについて解説する。

　はじめに，マーケティングとは何かを確認しておこう。マーケティングの代表的な定義に，AMA（アメリカ・マーケティング協会）のものがある。AMA は，マーケティングを，「顧客や依頼人，パートナー，さらには広く社会全体にとって価値のある提供物を創造し，伝達し，届け，交換するための活動であり，一連の制度およびプロセスのことである」と定義している。

　このように，マーケティングが活動，制度，プロセスであるなら，それはどのようなものだろうか。実際に，マーケティングにはどのような活動や制度があり，それはどのような流れ（プロセス）で進むのだろうか。それらは，一般に，マーケティング・マネジメント・プロセスとして，図7.1のように表される。マーケティングは，まず**市場機会の発見**（リサーチ，R）から始まる。それから，類似したニーズを持つ人々の集団に市場をグループ分けする。このことを，**セグメンテーション**（S）と呼び，分割した1つ1つを**セグメント**と呼ぶ。ここでは，いかに自社独自のユニークなセグメンテーションを行うかも大切である。そして，この中から自社の戦略や経営資源に適合するように，どのセグメントを標的とするかを決めることを**ターゲティング**（T）という。ターゲッ

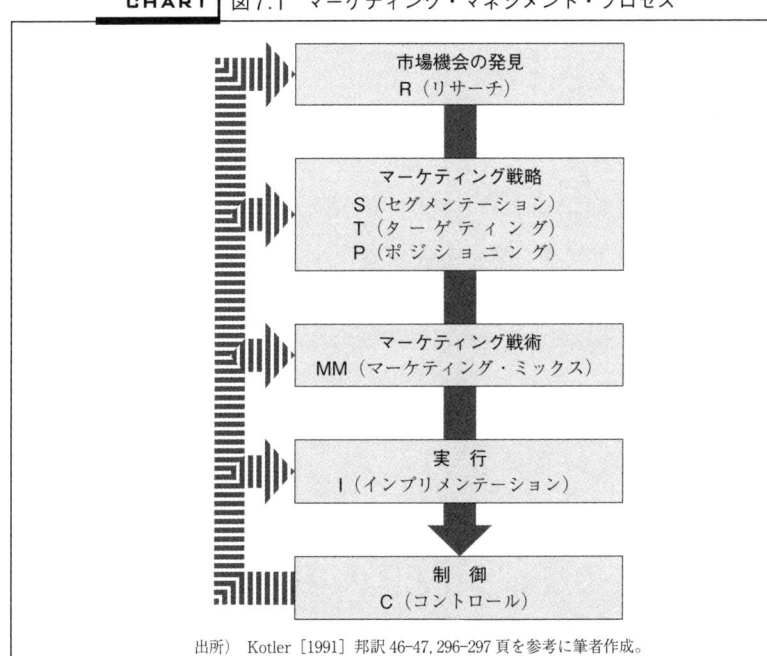

CHART 図7.1 マーケティング・マネジメント・プロセス

```
市場機会の発見
R（リサーチ）
      ↓
マーケティング戦略
S（セグメンテーション）
T（ターゲティング）
P（ポジショニング）
      ↓
マーケティング戦術
MM（マーケティング・ミックス）
      ↓
実　行
I（インプリメンテーション）
      ↓
制　御
C（コントロール）
```

出所）Kotler [1991] 邦訳 46-47, 296-297 頁を参考に筆者作成。

トとしたセグメントを構成する顧客が自社の製品を選択するように，製品コンセプトや流通・販売促進計画などを策定することが**ポジショニング**（P）である。以上のSTPをまとめて，マーケティング戦略と呼ぶ。

次に，ターゲット・セグメントに対して，**マーケティング・ミックス**（MM）を策定し，**実行**（I）する。マーケティング・ミックスとは，製品（product）政策，価格（price）政策，販売促進（promotion）政策，流通チャネル（place）政策で構成される。それぞれの頭文字にPがつくため，マーケティング・ミックスは4Pとも呼ばれる。

製品政策では，製品コンセプト，製品ライン，ブランド，パッケージなどを計画し，どのように実践するのかを考える。**価格政策**では，価格設定，市場の需要動向と価格との対応，競争相手との価格面での差別化などが検討される。**販売促進政策**には，広告内容および媒体の選択，販売員の訓練・活動内容，陳列，サンプル，実演販売，各種イベントなどの決定が含まれる。**流通チャネル政策**では，流通チャネル構造の選択あるいは構築（広い拡大チャネルか，それと

も限定的なチャネルとするのか），物流などの決定が含まれる。

　このマーケティング・ミックスでは，①ターゲットとする顧客とマーケティング・ミックスの各要素とが適合していることと，②マーケティング・ミックスの各要素同士に矛盾がないことが，重要である（和田・恩蔵・三浦 [2012]）。たとえば，日中に働くビジネスパーソンをターゲットとしているのに，昼間にテレビ CM を流す販売促進政策では意味がない。また，カジュアルな日常衣料品には，高額な価格設定よりも抑えめの価格帯のほうが望ましいだろう。これは，製品政策と価格政策の適合の例である。

　最後に，以上のマーケティング戦略（STP）とマーケティング戦術（MM）を実行した結果を受けて，調査のあり方や戦略と戦術あるいは実行面の見直しと改善を行う。このことを，制御（コントロール，C）と呼ぶ。

2　国際マーケティングと国内マーケティングの違い

複雑さと多様性

　マーケティング活動の流れ自体は，国際マーケティングも国内マーケティングも同じである。しかし，国境を越えて行われる国際マーケティングでは，マーケティング活動そのものがいっそう複雑で難しいものとなる。図7.2を見てもらいたい。

　企業が行うマーケティング・マネジメント・プロセスは，本国の環境，すなわち本国の競争構造，経済状況，政治的要因の影響を受ける。国際マーケティングでは，さらに海外の経済状況，競争圧力，技術水準，流通構造，地理的条件，文化的要因，政治的要因という，海外の環境からも影響を受ける。通常，企業が自社の思いのままにこれらの環境を動かすことはできない。このような統制不能な二重の環境に囲まれてマーケティング活動を遂行しなくてはならないため，国際マーケティングは，国内マーケティングと比べてさらに複雑かつ多様なものとなるのである。

　冒頭で紹介した，エースコックのベトナムにおける国際マーケティングを考

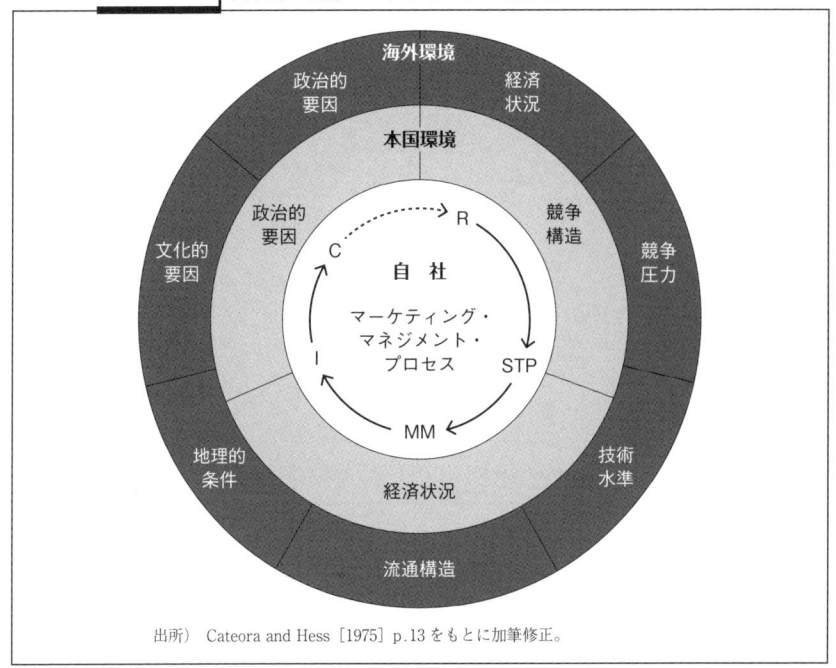

CHART 図7.2 国際マーケティングの概念図

```
           海外環境
      政治的         経済
      要因          状況
         本国環境
   政治的              競争
   要因    ┌─ R      構造
   文化的  C     ↓    競争
   要因    自 社      圧力
          マーケティング・
          マネジメント・
          プロセス
          I    ↑ STP
          └ MM
   地理的              技術
   条件               水準
         経済状況
           流通構造
```

出所）Cateora and Hess［1975］p.13 をもとに加筆修正。

えてみてもらいたい。日本の実質 GDP 成長率が年 1.5 % であるのに対して，ベトナムは 5.4 % である（2013 年現在）。ベトナムは経済成長が見込まれる新興国として大きな注目を浴びているが，少子高齢化が進む日本では飛躍的な経済成長は期待できないといわれている。日本市場では，日清食品などのさらに大手のメーカー各社が存在し激しい競争を展開しているが，ベトナムではエースコックが最大手である。こう考えると，エースコックにとってベトナムは魅力的な国のようである。しかし，日本とベトナムでは政治情勢は異なるし，ベトナムは食品製造に関する技術水準は日本よりも低く，流通構造も日本とはまったく異なっている。同社は，ベトナムでの国際マーケティングに際し，既存の国内のマーケティングとはまったく異なる対応に迫られたに違いない。

標準化と適応化の問題

　さらに，国際マーケティングには，マーケティング活動を標準化すべきか，それとも適応化すべきか，それをどこまで標準化あるいは適応化すべきかとい

CHART　表7.1　自動車の購買動機に関する各国の特徴

自動車の購入に際して，何を重視するか	安全性 値ごろ感	ステイタス 大きさ パワー	デザイン スタイル ファッション	速力 大きさ 技術 デザイン
国　名	オランダ シンガポール スウェーデン デンマーク ノルウェー	米　国 英　国 インド オーストラリア カナダ ジャマイカ ホンコン ニュージーランド マレーシア	韓　国 グァテマラ スペイン タ　イ ポルトガル	イタリア オーストリア ヴェネズエラ ギリシャ スイス ドイツ 日　本 メキシコ パキスタン ベルギー

出所）Mooij［1998］p.147 および Kotabe and Helsen［2008］邦訳95頁を参考に筆者作成。

う問題が，つねに伴う。この点も，国内マーケティングにはない，国際マーケティングならではの特徴である。

　標準化とは，第5章で見た「グローバル統合」に類似する概念で，文字通りマーケティング活動を世界各国で標準化することである。一方，**適応化**は，「ローカル適応」とほぼ同じ意味を持ち，マーケティング活動を現地環境に合わせることである（▶第5章第1節）。

　かつて，世界の人々のニーズは共通化しつつあり，いずれ世界市場は1つにグローバル化するという見方があった。しかし，市場のグローバル化が進む一方で，各国ごとの相違も依然として色濃く残っている。たとえば，自動車市場を考えてみよう。先進国だけでなく新興国の経済も発展し，これまで自動車を購入できなかった人々も購入できるようになってきた。一見，自動車に求められる機能（走行性能，安全性能など）は各国に共通しているように見える。しかし，じつは国によって自動車に求める要素はさまざまである。表7.1は，自動車の購買動機を各国で比較したものである。自動車の購買動機を世界的に見ると，大きくは4つに分けることができ，それぞれが見事に異なっているのがわかるだろう。たしかに市場のグローバル化は進んでいるが，その一方で，各国のニーズの相違は依然として存在しているのである。

標準化のメリット

それでは，国際マーケティングは標準化すべきなのだろうか，それとも適応化すべきなのだろうか。それぞれのメリットを考えてみよう。

マーケティング活動の標準化には，主に次の4つのメリットが考えられる。第1に，標準化すると大きくコストを節約できる。世界各国で共通の製品を，同じような流通網を構築あるいは活用して，同じようなプロモーションを通じて同じ価格帯で販売すると，国内に市場を限定した場合とは比べものにならない大量生産が可能になりやすく，かつ各国ごとにマーケティング・ミックスを修正する必要が乏しくなる。そのため，金銭・時間などの面で大きなコストの節約が期待できる。

第2に，標準化によって，世界各国の顧客と一貫した関係を築くことが容易になる。世界中で同じマーケティング・ミックスを導入することで，たとえ顧客が海外へ出たとしても，これまでの安心感や信頼感があるために一貫性のある関係を構築しやすくなる。第3に，各国で同じマーケティング・ミックスを導入するのだから，その計画やその後の統制も容易になる。第4に，優れたマーケティング・アイデアや人材は，一国内にとどめずに世界的に活用すべきであるという考え方である。いったんマーケティング活動を標準化すれば目標が明確になり，進むべき道とその結果への評価も明瞭になるため，アイデアを導出しやすくなる。方向性が1つに向かい，アイデアが散漫になるリスクも抑えることができる（Buzzell［1968］）。

標準化の限界

しかしながら，表7.2のように，こうした標準化には多種多様な障害がある。市場特性，産業条件，マーケティング制度，法的規制などは（表7.2の最左列を参照），各国でさまざまである。それが，製品デザイン，価格決定，流通，プロモーション，ブランド，パッケージングといったマーケティング活動の諸要素（表7.2の最上行）の標準化の障害となる。

たとえば，経済発展段階は各国で異なるため，世界中で同じような価格で販売するのは難しい。また，各国の市場で，その製品がライフサイクルのどのよ

CHART 表7.2 標準化に対する障害の例

標準化制限要因	マーケティング活動の諸要素	製品デザイン	価格決定	流通	プロモーション,ブランド,パッケージング
市場特性	物理的環境	気候,製品の使用条件		顧客の移動性	媒体との距離,気候
	経済発展段階	所得水準,労働コストと資本コストの関係	所得水準	消費者の買い物パターン	経済性を上回る便利さの必要度,購買量
	文化的要因	慣習・伝統,外国商品に対する姿勢	取引態度	消費者の買い物パターン	言語など
産業条件	各市場の製品ライフサイクルの段階	製品差別化の程度	需要弾力性	販路の利用可能性,特定ブランドに対する希望	製品に関する知識と経験
	競争	品質水準	現地コスト,代替品の価格	競争企業の販売の統制	競争企業の支出・メッセージ
マーケティング制度	流通システム	販路の利用可能性	一般のマージン	販路の数と種類	セルフサービスの普及の程度
	広告媒体と代理店			流通促進に対する効果	媒体の利用可能性,コスト,重複度
法的規制		各種規制,基準などの法制度			

出所) Buzzell [1968] 邦訳385頁より抜粋および加筆修正。

うな位置づけにあるかは異なる可能性が高く,競争状況にも相違があるだろう。ある国では成長期にある製品も,別のある国ではすでに成熟期に入っているかもしれない。そうなると,価格設定も同様にするわけにはいかないし,プロモーションにどれだけ注力すべきかも異なってくる。各国の流通システムの成熟度合いや広告媒体の利用可能性,あるいは代理店のあり方といったマーケティング制度もさまざまである。当たり前のことであるが,各国の環境はそれぞれ異なる。それゆえに,マーケティングの標準化は,実現したくてもできるとは限らないのである。

適応化のメリットと限界

以上の標準化の阻害要因は,そのまま適応化を促進する要因となる。マーケティング活動は,企業の経営活動の中で最も顧客に接近する1つである。各国

の①市場特性，②産業条件，③マーケティング制度，④法的規制（表7.2の最左列）などに合わせて，マーケティング活動を適応化すれば，消費者のニーズへのよりきめ細かな対応が可能になる。適応化したマーケティングと標準化したマーケティングを比較すれば，どちらが消費者に選ばれるかは明白だろう。消費者は，価格や入手可能性などの諸条件が同じであれば，よりきめ細かに自分たちのニーズに適応した製品・サービスを選択するだろう。メリットは適応化にももちろんある。

　かといって，何もかも適応化すればよいわけではない。多国籍企業の国際マーケティングが，各国に適応化した個別のマーケティング活動の寄せ集めに過ぎないのであれば，それは極論をいえば国際マーケティングではなく国内マーケティングの集合体になってしまう。国ごとにマーケティングを修正することは容易ではない。一連のマーケティング・プロセスの1つ1つの修正とその間の調整が必要になり，多大なコストがかかることは明白である。結果として，国境を越えてマーケティング活動を展開することで得られるメリットは乏しくなり，むしろコストがかさむ結果になってしまうだろう。

　このように，標準化と適応化には，それぞれメリットもあれば，デメリットもある。国際マーケティングでは，標準化と適応化のいずれかを選択するのではなく，両者のバランスをとることが重要視されている。

　それでは，エースコックはベトナムで標準化と適応化のどちらを選択したのだろうか。あるいは，どのように両者のバランスをとっているのだろうか。エースコックベトナムは，「味はベトナム流」「営業スタイルは，日本流を取り入れつつベトナム流」というポリシーで，同国でのマーケティングを実践している。同社は，製品の中核となる味覚に関しては，ベトナムの消費者に合わせるためにベトナム人従業員に企画から開発までのすべてを任せた。したがって，製品政策では適応化を徹底した。他方，販売促進活動では，標準化と適応化をミックスさせた。ベトナムの流通構造や商習慣に合わせて小規模小売店を中心に営業を行い，そこへ日本流の1軒1軒地道に訪問する営業手法を取り入れている。

　実際，多くの企業は，標準化と適応化のどちらか1つを選択するわけではない。エースコックのように，マーケティングの各プロセス，自社の経営資源，

現地市場の要所要所を見極めて，標準化と適応化のバランスを保っているのである。

3 国際マーケティングのプロセス

続いて，マーケティング・マネジメント・プロセスの各段階を順に取り上げ，国際マーケティングでは何が求められるかを議論しよう。

市場機会の発見

先述の通り，マーケティング・マネジメント・プロセスは，市場機会の発見（R）から始まる。そして，国際マーケティングにおいては，国境横断的なマーケティング調査が行われる。そこでは，事業環境，市場の潜在的可能性，社会インフラ等を調査し，①海外に進出すべきかどうか，②どの国の市場に参入するかという，2つの意思決定が行われる。

①の海外進出の是非を検討する際には，図7.2で見たように，海外のみならず本国の環境も考慮する必要がある。たとえば，今後本国市場の成長が見込めないのであれば，ある程度のリスクを覚悟して思い切って海外へ進出する決断も必要になるかもしれない。②の進出国を選択する際には，多国籍企業全体の売上高のうちどれくらいを海外で得るのか，少数の国に進出するのか，それとも多数の国に進出するのか，あるいはどのようなタイプの国に進出するのかを考慮する。さらに，競争を優位に進めることができるかどうか，ライバルの脅威は大きいのか小さいのか，すなわちチャンスとリスクを見極める必要もある。

マーケティング戦略

市場機会を発見して進出国を決定すると，セグメンテーション（S），ターゲティング（T），ポジショニング（P）という，マーケティング戦略のプロセスへと移る。

市場セグメンテーションでは，ⅰ地理的要因（地域，都市規模，人口密度，気候など），ⅱ人口統計的要因（年齢，性別，所得，教育など），ⅲ心理的要因（ライ

CHART 図7.3　国際マーケティングにおけるセグメンテーションとポジショニング

	世界共通セグメント	国別セグメント
単一ポジショニング	全世界共通型（標準化）	国別共通型
多元的ポジショニング	全世界差別化型	各国差別化型（適応化）

(出所) Kotabe and Helsen [2008] 邦訳192頁をもとに加筆修正。

フスタイル，価値観など），ⅳ行動的要因（求める便益，使用頻度など）といった基準を用いる。この点は，国内マーケティングも同様である。ただし，複数の国に進出する国際マーケティングの場合は，各国共通の単一セグメントにターゲティングするのか，それとも国ごと（市場ごと）に異なるセグメントにターゲティングするのかという観点も必要になる。こうした，セグメンテーションとターゲティングを経て，製品コンセプトを策定するポジショニングを行う。その際には，世界で同一のポジショニングを行うのか，それとも国ごとにポジショニングを変更するのかを選択することになる。この点も国際マーケティングならではの選択である。

　以上の一連のSTPをまとめたのが，図7.3である。国際マーケティング戦略（STP）は，大きくは次の4タイプに分けられる。第1は，世界共通のセグメントを標的に（ターゲティング），同じく世界共通の単一の製品コンセプトを策定，すなわちポジショニングを行う，全世界共通型である。第2は，各国別々のセグメントにターゲティングして，ポジショニングは各国で共通化する，国別共通型である。第3は，世界共通のセグメントにターゲティングした上で，ポジショニングは各国別にする，全世界差別化型である。第4は，各国別のセグメントにターゲティングし，ポジショニングも各国別に策定する，各国差別

化型である。

　単一ポジショニングは，ポジショニングにおける標準化ともいえる。ターゲットとする消費者のニーズが世界中で似ており，購買パターンも似ている場合に有効になりやすい。他方，多元的ポジショニングは，ポジショニングにおける適応化であろう。単一ポジショニングとは逆の場合，つまりターゲットとする消費者のニーズや購買パターンが国や市場によって異なる場合には，こちらのほうが有効になるだろう。

　エースコックは，1990年代初めより東南アジア各国で市場機会を発見するためにリサーチを進めていた。その結果，今後の人口増加と経済成長が見込め，さらに自社の優れた生産技術で競争を有利に進めやすいベトナムへの進出を決断した。ちなみに，競争の激しい日本市場では，同社は，焦点を絞ったセグメンテーションやターゲティングに取り組み，それに合わせてユニークなポジショニングをすることが多い。たとえば，中学生から大学生くらいまでの食べ盛りの男性をターゲットに，業界ではじめて食べごたえと容量の多さを全面的な製品コンセプトとした「スーパーカップ1.5倍」という即席麺を販売している。

　しかし，ベトナムでは，ベトナム人全般の味の好みと所得水準を重視したセグメンテーションを実施し，中間所得者層という幅広い層へのターゲティングを行った。手ごろな価格で，年齢層や性別を問わず多くのベトナム人に受け入れられるという製品コンセプトで，ベトナム市場独自のポジショニングを策定した。したがって，同社は各国差別化型のSTPを実践したといえるだろう。

マーケティング・ミックスの実行

　マーケティング戦略を決定すると，今度はマーケティング・ミックスを実践することになる。

　製品政策では，製品に関して多様な検討がなされるが，とくに国際マーケティングでは，①既存の本国向けの製品をそのまま導入するのか，それとも②既存製品を現地に合わせて改良するのか，③まったく新しい製品を開発するのか，という選択が重要になる。

　第1の，既存製品をそのまま導入する場合は，新たな開発コストがいらず，

| CHART | 図7.4　新製品開発のプロセス |

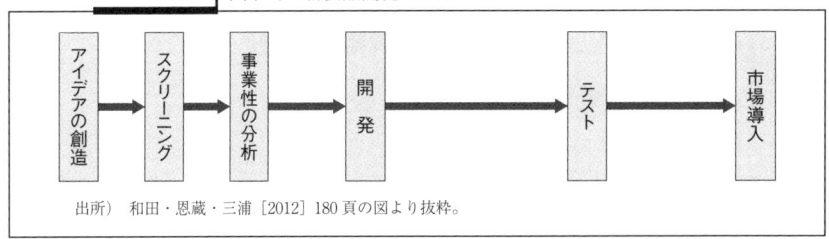

アイデアの創造 → スクリーニング → 事業性の分析 → 開発 → テスト → 市場導入

出所）和田・恩藏・三浦［2012］180頁の図より抜粋。

従来のプロモーションを活用しやすいため，マーケティング・ミックス間の調整も容易である。ただし，それが消費者に受け入れられなかったら結局意味はないというリスクもある。第2の，製品を現地向けに改良する場合は，どこをどの程度改良するのか，そしてその費用対効果がどのようなものになるのかを，慎重に見極める必要がある。第3の，新製品を開発する場合は，その国のニーズをうまく反映することができれば大きな効果が見込めるが，開発には多大な費用や時間を要する。というのも，新製品の開発には，図7.4に示すような複雑かつ不確実なプロセスを伴うからである。

　新製品開発は，アイデアの創造からスタートする。アイデアの源泉としては，自社の営業マンや製造部員，R&D部員といった社内の人々だけではなく，消費者，取引先，競争企業など社外の人々・組織も重要である。次に，自社のマーケティング戦略（STP）に基づいてアイデアを取捨選択する，スクリーニングを行う。続いて，選ばれたアイデアを製品コンセプトまで落とし込んで，事業性を分析する。そして，コンセプトをもとにプロトタイプ（試作品）を作成する。このプロトタイプが完成すると，今度は社内の実験室や実際の市場でテストする。この段階をクリアした製品だけが，実際に市場に導入されるのである。

　このようなプロセスを考えると，新製品開発が，既存製品の導入や改良と比べて困難な取組みであることがわかるだろう。しかも，これまで市場に導入され，ある程度の成果を収めた既存製品に比べて，新製品が成功するかどうかは未知数である。これが，国境を越えた他国向けの新製品開発の場合，さらに不確実なものになるのはいうまでもない。だが，そうしたリスクを乗り越え，新製品開発に成功すれば，エースコックがHao Haoで確立したような現地での高い競争力を得られる可能性もある。そのため，海外子会社が新製品開発に乗

Column ⓬　日本コカ・コーラの製品開発と競争優位獲得

　日本の清涼飲料市場でトップの売上高を誇るのは，米国コカ・コーラ社の子会社である日本コカ・コーラ社である。サントリー，キリン，あるいは外資のペプシコなど，多数の有力なライバルがいる中で同社が成功したのは，ヒット商品を多数開発できたからであった。同社は 1957 年に設立され（57 年時点の社名は日本飲料工業株式会社，58 年に現社名へ変更），コーラを主力製品として事業を開始するが，当時は日本国内での業界団体による反コカ・コーラ運動や，政府による販売規制などもあって，うまく事業を伸ばすことができなかった。

　そこで同社は，1970 年代から思い切った戦略転換を図る。それまで米国の親会社から派遣されていた米国人社長ではなく，日本人を社長とし，また，日本子会社側にマーケティング活動に対する大幅な権限を与えたのである。これを受けて，日本コカ・コーラ社は，日本市場に合った製品開発を開始する。同社は，米国本社と時には衝突し，時には技術的な支援を受けながら，米国にはない新しいタイプの商品を生み出していった。その成果が，現在も同社の中核商品となっている，缶コーヒー「ジョージア」や，スポーツ飲料「アクエリアス」である。これらの商品のヒットによって，日本コカ・コーラは日本市場でトップの地位に立つことができた。あくまでコーラにこだわり，現地に合わせた飲料を展開しなかったペプシコ社が日本から撤退した（現在，ペプシコーラはサントリーグループが販売している）こととは，対照的な結果であろう。

　日本コカ・コーラの成功から学べることは多い。第 1 には，海外子会社が現地で成功するためには，現地市場に合わせた新製品開発が非常に有効だということである。第 2 に，海外子会社が現地で製品開発を行うためには，本社側は技術などの支援を行いつつも，海外子会社に権限を与える。そして，海外子会社が主導して，現地のニーズを汲み取った商品コンセプトを生み出していく必要があるということである（多田［2014］）。

り出せるだけの力をつけたならば，果敢にチャレンジすることも必要となるだろう（Column ⓬）。

　次に，国際マーケティングにおける価格政策では，次の 3 つの観点を考慮する必要がある。①世界各国共通の価格設定，②各国の市場に適合した価格設定，③各国のコストに合わせた価格設定である。一見すると①もしくは②のいずれかの問題のようだが，じつは③の観点も大切である。関税や為替レート，さら

には生産・輸送・流通にかかる国境を越えて生じるコストを考慮して，価格設定を行う必要があるからである。

　販売促進政策においては，製品政策と同様に，既存のプロモーションを用いるのか，それに改良を加えるのか，それとも新たなプロモーションを開発するのかといった選択を要する点が，国際マーケティングならではの特徴である。

　最後に，流通チャネル政策においては，①進出先の国内の流通チャネルを考慮するとともに，②国相互間の流通チャネルを考慮する必要がある。中間業者と小売店の規模と数，それらが果たす役割は，国によってさまざまである。この多様性に配慮するとともに，時には多様性を活用し，国境を越えた流通チャネルを構築することも必要になってくる。

　エースコックは，製品政策では，Hao Hao などベトナム市場専用の新製品を開発し，味もベトナム人従業員に任せて現地に合わせることを徹底した。Hao Hao の成功は，ベトナム人の味覚に合わせた「トムチュアカイ味」（酸っぱくて辛い味）を実現したことだといわれているのである。価格政策については，ベトナム人の所得水準を考慮し，朝食に即席麺を食べる習慣を持つベトナム人が買いやすい価格を設定した。そして，販売促進と流通チャネル政策では，ベトナム流を基本に日本流をミックスさせている。小規模小売店が主流のベトナムの流通構造に合わせて1店1店を訪問し販路を拡大した一方で，営業スタイルは上述したように日本流をミックスしている。

国際マーケティングにおける「制御」の大切さ

　以上のマーケティング・ミックスを実行（I）した結果，さまざまなことが判明するだろう。失敗することもあれば思いがけない成功にも巡り合うこともあるかもしれない。最後に，マーケティング・プロセスの最終段階である「制御」（C）が，ことに国際マーケティングでは重要となることを強調して締めくくろう。

　マーケティング活動は非常に難しい。たとえば即席麺分野では，日本国内だけで年間数百もの新商品が投入されるが，そのうち成功する製品はわずかに数個である。国際マーケティングでは，その困難さはいっそう増す。異なる文化・経済・社会環境のもとでは，ヒット商品を生み出すことがはるかに難しく

なることは想像にかたくないだろう。

　それゆえ，国際マーケティングでは，実行後に現地でのマーケティング活動がうまく遂行されているか，うまくいっていないならばどのように修正するかといった，マーケティング・プロセスの最後の段階すなわち「制御」が，とても重要になる。緻密な状況分析とマーケティング策の修正が，成功をたぐり寄せるのである。現在，ベトナム市場で成功しているエースコックだが，同社も進出当初は苦戦していた。同社は当初，日本流の味付けや商品案を使う「標準化型」に近いマーケティング策を実行していたが，ベトナム市場ではそれがうまく作用しなかったのである。これに気づいた同社は，これまでのマーケティング・ミックス，とくに製品政策を見直す。前述したように，「味はベトナムに」というポリシーを確立し，開発を思い切ってベトナム人従業員に任せた。その結果誕生したのが，同社の飛躍の原動力となった Hao Hao なのである。ここまで述べてきたエースコックのマーケティング策は，最初からうまく練られていたわけではなく，現地での経験を通じて，修正に修正を重ねた上でできあがったものである。この意味で，一連のマーケティングの各プロセスをしっかり制御したことが，エースコックの国際マーケティングの成功の秘訣だったといえるであろう。

EXERCISE

① 以下の企業名から好きな企業を選択し，その企業の国内のマーケティング・ミックスと国際的なマーケティング・ミックスを調査し，双方の共通点と相違点を考察しなさい。その際，なぜ共通しているのか，なぜ相違しているのかという理由も分析しなさい。

　　　　マクドナルド，モスバーガー，アップル，ソニー，花王，P&G

② 日本の飲料メーカーが緑茶飲料をカンボジアで販売するための，マーケティング・プロセスを立案しなさい。その際，図7.2を参考に，日本とカンボジアの環境も調査し分析した上で，立案しなさい。

読書案内 | Bookguide

諸上茂登［2012］『国際マーケティング論の系譜と新展開』同文舘出版。
　国際マーケティングの理論をしっかり学ぶことができる好著。国際マーケティングの古典的な研究から，新興国市場の開拓や環境配慮型のマーケティングに関する最新の研究まで，体系的にまとめられている。

大石芳裕編［2009］『日本企業のグローバル・マーケティング』白桃書房。
　10社の日本企業のグローバル・マーケティングの事例を，①標準化，②適合化，さらには両者の長所を生かそうとする③複合化という，3つの視点から分析した良書。日本企業のグローバル・マーケティングにおける奮闘ぶりも生き生きと描かれている。

引用・参照文献 | Reference

AMA "Definition of Marketing," (https://www.ama.org/AboutAMA/Pages/Definition-of-Marketing.aspx，2015年3月14日閲覧)．

Buzzell, R. D. [1968] "Can you standardize multinational marketing?" *Harvard Business Review*, vol. 46, no. 6, pp. 102–113.（藤井健訳「多国籍マーケティングは標準化できるか」，J. C. ベーカー = J. K. ライアンズ，Jr. = D. G. ハワード編〔中島潤・首藤信彦・安室憲一・鈴木典比古・江夏健一監訳〕［1990］『国際ビジネス・クラシックス』文眞堂，第20章．）

Cateora, P. R., and Hess, J. M. [1975] *International Marketing, 3rd ed.*, Richard D. Irwin.

Douglas, S. P., and Craig, C. S. [1995] *Global Marketing Strategy*, McGraw-Hill.

Kotabe, M., and Helsen, K. [2008] *Global Marketing Management, 4th ed.*, Wiley & Sons.（小田部正明 = ヘルセン，K.〔栗木契監訳〕［2010］『国際マーケティング』碩学舎．）

Kotler, P. [1991] *Marketing Management: Analysis, Planning, Implementation, and Control, 7th ed.*, Prentice-Hall.（コトラー，P.〔小坂恕・疋田聰・三村優美子訳〕［1996］『マーケティング・マネジメント——持続的成長の開発と戦略展開 第7版』プレジデント社．）

Kotler, P. [1999] *Kotler on Marketing: How to Create, Win, and Dominate Markets*, Free Press.（コトラー，P.〔木村達也訳〕［2000］『コトラーの戦略的マーケティング——いかに市場を創造し，攻略し，支配するか』ダイヤモンド社．）

Levitt, T. [1983] "The globalization of markets," *Harvard Business Review*, vol. 61, no. 3, pp. 92–102.

Mooij, M. de [1998] *Global Marketing and Advertising: Understanding Cultural Paradoxes*, Sage Publications.

多田和美［2014］『グローバル製品開発戦略――日本コカ・コーラ社の成功と日本ペプシコ社の撤退』有斐閣。

『日経産業新聞』2014 年 7 月 28 日。

古川一郎・守口剛・阿部誠［2011］『マーケティング・サイエンス入門――市場対応の科学的マネジメント 新版』有斐閣。

諸上茂登・藤沢武史［2004］『グローバル・マーケティング 第 2 版』中央経済社。

和田充夫・恩蔵直人・三浦俊彦［2012］『マーケティング戦略 第 4 版』有斐閣。

CHAPTER

第 8 章

ものづくりの国際拠点展開

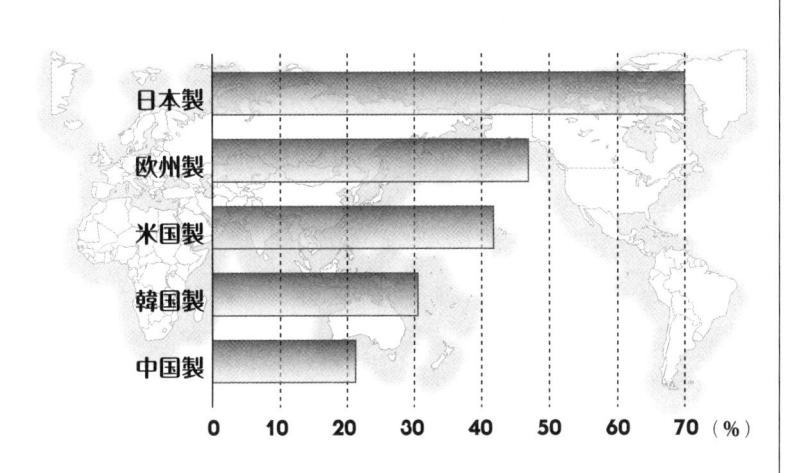

	割合 (%)
日本製	約70
欧州製	約47
米国製	約42
韓国製	約30
中国製	約22

「高品質な製品」と聞いて，世界の消費者はどの国で生産されたものだと考えるか？

注) 複数回答可。
出所) 博報堂［2009］「注目される世界の新興市場・14 都市の『日本製品』に対するイメージ調査」より。

KEYWORD

ものづくり　フィージビリティ・スタディ（FS）　知識移転　育成計画　国際生産ネットワーク　集中配置　分散配置　規模の経済　学習効果　地域対応力　リスク分散　本国中心型　本国・海外分業型　海外中心型　本国・海外重複高度化型

1 「ものづくり」

　トヨタ自動車は，年間約 1000 万台の自動車を生産・販売する，世界トップシェアの自動車メーカーである（2013 年度実績，以下同）。約 25 兆円に達する売上高は国内企業最大で，世界でもトップ 10 に入る。世界 160 カ国で事業を行い，ハイブリッド車「プリウス」に代表される環境性能の高さから，各地で高いブランド評価を勝ち得ている。まさに日本を代表する企業だといえよう。

　トヨタの競争力の源泉は，トヨタ生産方式（Toyota production system, TPS）という独自の生産手法にある。TPS について，かいつまんで説明するならば，それは「効率性と多品種・変量での生産を両立した生産方式」である。従来，生産現場では，効率性（コストがかからないよう無駄なく作ること）と生産の柔軟性（生産量・生産品目の変化に円滑に対応すること）との両立は困難であった。効率性を追求するなら，少ない品種を多量に作ったほうがよいが，それでは売れ行きを追い越して作りすぎてしまう可能性があるほか，多様な顧客ニーズに対応した多品種生産もできない。一方で，売れ行きに応じて生産量を調整したり，多品種生産をしようとするならば，効率性を犠牲にしなければならなかった。これに対し，トヨタ生産方式では，さまざまな加工技能や部品組付けに対応したワーカー「多能工」による品目・生産量に合わせた柔軟な作業内容の変更，変動する需要に応じて生産品目・生産数量を調節できる「かんばん」などと呼ばれる仕かけ，継続的に品質・コスト競争力を上昇させていく「カイゼン」などを組み合わせて，多品種・変量で生産しつつも，効率性の犠牲を最小限に抑えているのである（ウォマック＝ルース＝ジョーンズ［1990］）。

　近年のトヨタの成功は，TPS というもともと国内工場にのみあった強みを，海外生産を拡大するとともに積極的に海外移転したことからきている。TPS を導入すれば，コストや品質，需要変化への対応力などの面において，高い競争力を得ることができる。そこでトヨタは，1980 年代以降海外生産拠点設立の動きを活発化させるとともに，TPS の海外移転を精力的に行うようになった。図 8.1 から，トヨタの売上高と海外生産拠点の増加傾向がおおむね連動し

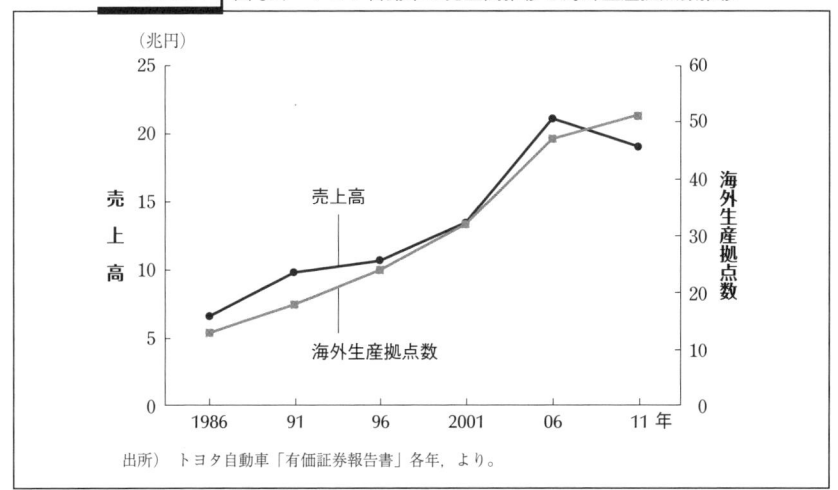

CHART 図8.1 トヨタ自動車の売上高推移と海外生産拠点数推移

(兆円) 売上高 / 海外生産拠点数
1986, 91, 96, 2001, 06, 11年

(出所) トヨタ自動車「有価証券報告書」各年,より。

ており，設立した工場が高い競争力を発揮し，海外市場の獲得に貢献したことが窺えるであろう。

　トヨタのみならず，日本では多くの製造業企業が独自の手法を構築しており，近年ではそれを活用した生産活動を，とくに「ものづくり」と呼んだりもする。20世紀，日本経済は大きな発展を遂げたが，その背景には，トヨタ生産方式を代表とするものづくりの力があったとされる（▶第3章 Column ❽）。そしてまた近年も，トヨタを筆頭に，村田製作所やダイキンなど，ものづくりの強みを活かして活躍している企業は多い。一方で，ものづくりの強みを活かし切れずに業績を悪化させている企業も多数存在する。いずれにしても，日本の製造業企業が国際展開を考えるときには，自分たちにしかない「ものづくりの強み」が，うまく活きるようにしなければならない。これが，本章で追求していくテーマである。

1 「ものづくり」 ● 133

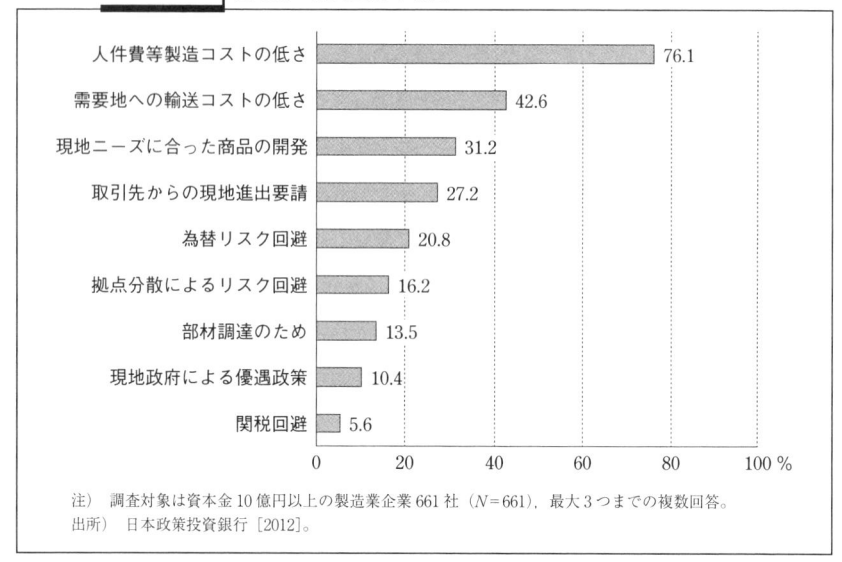

CHART 図 8.2　海外生産の理由

項目	%
人件費等製造コストの低さ	76.1
需要地への輸送コストの低さ	42.6
現地ニーズに合った商品の開発	31.2
取引先からの現地進出要請	27.2
為替リスク回避	20.8
拠点分散によるリスク回避	16.2
部材調達のため	13.5
現地政府による優遇政策	10.4
関税回避	5.6

注）　調査対象は資本金10億円以上の製造業企業661社（$N=661$），最大3つまでの複数回答。
出所）　日本政策投資銀行［2012］。

② 単独海外生産拠点の設立・運営

なぜ海外生産をするのか

　本節ではまず，1つの海外生産拠点を設立・運営していくときに，それぞれのタイミングで何を考慮しなければならないかを議論する。設立にあたって，まず検討しなければならないのは，海外でものづくりを行おうとする狙いを明確にすることである。図8.2は実際に日本の大手製造業企業がどのような理由で海外生産をしているのかについてアンケート調査を行った結果であるが，ここからは，第1に製造や輸送のコスト低減が，第2に現地ニーズを吸い上げて商品に反映させることが，海外で生産活動をする場合の主な狙いとなっていることがわかる。これに加えて，現地政府や取引先からの要請や誘致，為替等の地域リスク回避といった要因が絡んでいることも指摘できる。これらの要素を総合的に判断して，コスト競争力や商品魅力度の向上のために現地進出が望ましいと考えられた場合に，拠点設立は実行されるべきだといえるだろう。

CHART 表8.1 海外生産拠点設立のフィージビリティ・スタディ 調査項目(例)

- ○ **製品市場**
  生産拠点から消費地への輸送コスト・時間。
  補修やメンテナンス，サービス等の顧客対応の容易さ。
  顧客情報収集の容易さ。
- ○ **労働市場と技術力**
  マネジャー，製品技術者，生産技術者，ワーカーの質・量の充実度，人件費の安さ。
  労働者の定着率はよいか。
  労使関係，組合の状況，ストライキの頻度や激しさ。
- ○ **部材調達**
  安く原材料にアクセスできるか。
  優れた部材生産企業があるか。
  部材の輸入が認可されているか，関税率は低いか。
- ○ **現地政府，法制度，インフラ，対日関係**
  政府認可が下りるか。
  税制優遇・輸出優遇等の有無。
  土地・建物・電気・水の取得・借用可能性。
  対日関係は良好か。
- ○ **現地の社会・文化・気候**
  本国との社会・文化ギャップがもたらしうる潜在的課題。
  災害やテロ，犯罪に巻き込まれる可能性。

設立先選定──フィージビリティ・スタディ（FS）

　次に考えるべきことは，具体的にどの国・地域に生産拠点を設立するかであるが，生産拠点の場合にも，一般の海外直接投資における基本理論が応用可能である。つまり，自社の企業優位性と立地優位性とを最善につなぎ合わせることができる場所へと進出を行うのが望ましい，ということになる（◉第2章第3節）。これを実践する手法として，実務の世界では**フィージビリティ・スタディ**（feasibility study, FS）と呼ばれる進出先選定の調査が利用される。このFSは，①進出先の製品市場環境，②労働市場と技術力，③部材調達の利便性，④政府・法制度，⑤社会・文化・気候といった，生産拠点進出にかかわる必要事項を総合的に調査し，狙った品質，コスト，スピードで製品を作ることができるかを検討するものである（表8.1）。FSはまさしく，「自社の優位性を移転させ，立地の優位性とつなぐ」というFDI理論を，実務レベルで具体化したものと評価できる。

　生産拠点進出時には，これらの膨大な情報を複数の候補地について収集し，

総合的に判断して，国，地域，そして進出先を絞っていく。進出先を誤れば，狙ったような品質やコストでの生産ができず，企業競争力が著しく損なわれる可能性があるため，進出先の判断はきわめて慎重に行われるべきである。

なお，海外生産においては近年，自社が投資して工場を設立するだけではなく，海外にすでにある現地の企業に生産を委託するという「委託生産」が採用されることが多いということを，指摘しておきたい。委託生産は，ASEAN や中国を中心とした新興国企業が担当している。他社に生産を委託することになるため，自社が国内で培ってきたものづくり能力の移転は限定的な内容にとどまるが，生産拠点設立のための投資負担がなく，委託契約が結ばれればすぐに大規模生産を開始してもらえるため，より容易・スピーディに海外生産を行える。このため，近年では海外企業による生産技術面でのキャッチアップが進んだ電機業界を中心に，委託生産の利用が進んでいる（▶第 11 章）。

海外生産拠点の立上げ

進出先が決まったら，次のステップは生産拠点設立である。このステップで大切になるのは，本国からの生産ノウハウや技術の移転である。工場は，単にお金を投じて建物を作り，人を集めれば運用可能になるわけではない。工場が高い競争力をもって運用されるためには，生産活動に必要な技術・技能を現地従業員が学ぶ必要があるし，TPS のようなものづくりの手法も本国から海外へと移転しなければならない。一般に，こうした技術・技能や管理運営の手法・ノウハウ等をまとめて知識と呼び，各国拠点間でそうした技術等を移転することを知識移転（knowledge transfer）という。

知識には，移転しやすいものと移転しにくいものとがある。知識の移転しにくさの判定基準には，一例として，「文章化しにくい」「対面でもうまく教えるのが難しい」「知識自体が複雑である」「知識が新しいものである」「移転実績が少ない」という 5 項目などがある（Kogut and Zander ［1993］）。これらの条件を満たすほど移転が困難になり，移転のために多くの人員・投資・時間・仕組みを用意する必要が出てくるのである。

最も容易な知識移転の方法は，知識を設備，部品，材料，ソフトウェアなどに体化させてしまうことである。何らかの具体的なモノやソフトウェアに知識

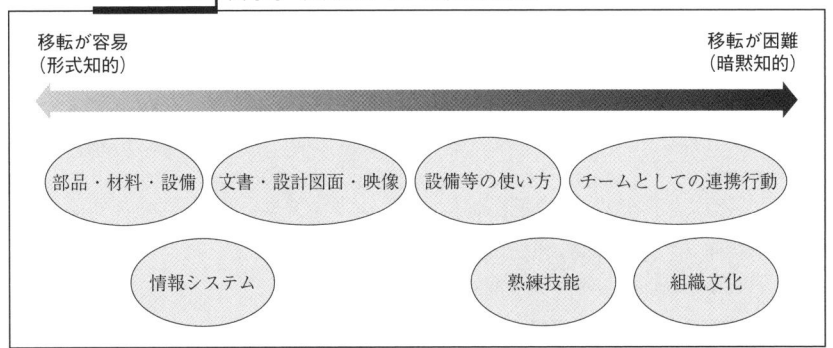

CHART 図8.3 知識のタイプと移転困難性

```
移転が容易                                          移転が困難
(形式知的)                                         (暗黙知的)
←─────────────────────────────────────────→

   部品・材料・設備   文書・設計図面・映像   設備等の使い方   チームとしての連携行動

        情報システム                    熟練技能         組織文化
```

を組み込んでしまえば，それを本国から現地へと輸出さえすれば知識移転が完了するからである。モノや情報システムに体化できない知識は，文書や図面，映像，メールや電話，直接対話，指導訓練といった方法で，本国拠点から海外拠点に移転する。このとき，文書や映像情報，設計図面など「見ればわかる」「読めばわかる」状態にされた知識を形式知と呼び，熟練を必要とする技能や，TPSのような複雑な組織運営ノウハウ，あるいは組織文化など，個人や組織が体得していて明文化できない知識を暗黙知と呼ぶ。知識移転においては，暗黙知的であるほど伝えることも教わることも難しくなるので，移転が困難になる（図8.3）。

　一般に，熟練技能や高度な生産ノウハウ，組織文化といった暗黙知は，競合他社の模倣が困難であるため，社内でも移転が難しい分，移転に成功すれば有力な海外拠点の優位性の源泉となりうる。とりわけ日本企業においては，国内の暗黙知的なものづくりノウハウが国際競争力を支えていることから，マザー工場システムなどの仕組みを用意し，国内のノウハウを移転する取組みがさかんに行われている（**Column ⓭**）。

　近年では，国際競争への対応のため，暗黙知的な自社のものづくりの強みを，文書や映像情報にして，すなわち形式知化して，スピーディに海外移転をすることが注目されている。たとえばトヨタでは，マザー工場のサポート機関として2003年よりグローバル・プロダクション・センター（GPC）を設置し，ここでトヨタ流のものづくり技能の文書化や教育ツールのための映像マニュアルづくり，海外拠点指導員の育成を行っている。従来のトヨタではものづくりの

> ### Column ⓭　マザー工場システム
>
> 　近年，日本企業の生産拠点国際展開において，「マザー工場システム」が大きな注目を集めている。この仕組みは，ものづくりの能力に長けた国内生産拠点をマザー（母）工場とし，まだ能力が十分でない海外生産拠点を子工場として，母から子へ，技術移転や指導を行うというものである。より正確には，以下の3点がマザー工場の基本機能になる。
>
> （1）　技術移転――同工場で開発された製品・生産ラインを，そのままの形，あるいは現地向けに修正して，海外工場に移転する。
>
> （2）　技術指導――海外工場の生産・開発の能力構築のために，現地エンジニアやワーカーの技術・技能育成を行う。
>
> （3）　問題解決――海外工場の操業を定期的にチェックし，現地だけでは解決不能なトラブル発生時には解決に乗り出す。
>
> 　マザー工場システムは，この3つの活動を通じて，国内生産拠点の高いものづくり能力を活用しながら，海外生産拠点でローコスト・オペレーションを行い，高性能・高品質・低コストを同時達成しようとするのである。トヨタをはじめ，多くの日本企業がこのシステムを採用し，国内生産拠点を中心とした国際生産ネットワークを構築している。
>
> 　ただし，マザー工場システムには，本国の業務負荷が非常に高くなるという問題も存在している。マザー工場は，つねに世界最先端のものづくり能力を維持しながら，自拠点の業務をこなし，同時に海外拠点のサポートを行わねばならないからである。この問題は近年「兵站線の伸び」として認識されるようになり，海外拠点の自立化や，本国拠点における業務内容の見直しなどの対策がとられるようになっている（中川［2012a］）。

技能・技術を現場の熟練ワーカーやエンジニアのカン，コツ，ノウハウに頼る部分が大きく，それが海外拠点への知識移転の妨げとなっていたとの反省があり，トヨタ生産方式の強みを形式知化すべく取組みが進められているのである（徐［2012］）。

操業開始後の育成計画の重要性

　生産拠点の操業が開始された後には，本国側はその生産活動が順調に行われているかどうかを監視し，必要に応じて応援・指導を行う必要がある。応援と

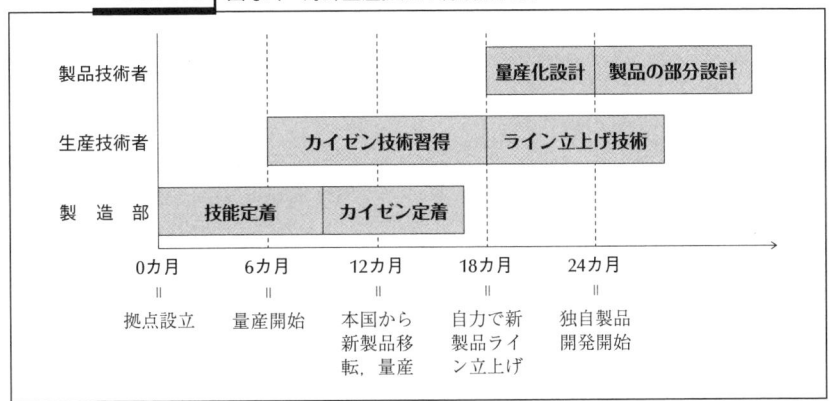

CHART 図8.4　海外生産拠点の育成計画例

	0カ月	6カ月	12カ月	18カ月	24カ月
製品技術者				量産化設計	製品の部分設計
生産技術者		カイゼン技術習得		ライン立上げ技術	
製造部	技能定着		カイゼン定着		
	‖	‖	‖	‖	‖
	拠点設立	量産開始	本国から新製品移転，量産	自力で新製品ライン立上げ	独自製品開発開始

は，本国人員が海外生産現場の業務に協力的に携わることを指し，指導とは，本国人員は実務には携わらず現地において従業員を育成訓練したり助言を行ったりすることを指す。

　ここで問題となることは，どの程度，本国側が応援・指導を行うかである。海外拠点の能力が未熟であれば応援・指導なしには成立しない。ある企業のタイのHDD工場では，海外拠点が依然としてものづくり能力が未熟であったにもかかわらず，本国が指導を打ち切ったために，生産性が低下してしまったという（大木［2009］）。ところが，本国からの応援・指導が手厚すぎると海外拠点が自立せず，いつまでも未熟なままで本国が応援・指導しなければならないというジレンマが存在するのである。

　そこで，海外生産拠点の操業開始後には，海外拠点の現在の能力や「本国への甘え」がないかどうかを見極めながら，海外拠点の育成と本国の応援・指導のあり方について中長期的な**育成計画**を立案・実行していくことが大切となる。たとえばある家電メーカーでは，新規工場設立時には，まず既存製品の生産からスタートし，ワーカーへの技能定着を第一歩とする。既存製品の生産が軌道に乗ると，次はワーカーおよび生産技術者にカイゼンの仕方を教え，定着させる。そして第3のステップでは，生産技術者の指導に中心を移し，日本側が製品設計した上での新規製品の生産準備・立上げ（新製品用の生産ラインの設計）能力を身につけさせていく。それができるようになると，次は製品技術者の育成へと焦点を移し，量産用の製品設計，さらには新製品開発へと，段階的に能

2　単独海外生産拠点の設立・運営　● 139

力を構築していく。こうした段階的な育成プランを，現場の能力を逐次チェックしながら，数年がかりで行っていくのである（図8.4）。

拠点の閉鎖

　生産拠点の場合，拠点経営がうまくいっている場合であっても，当該国で生産するメリットが小さくなった場合には，撤退することも重要な戦略的判断となる。より魅力的な立地へと生産拠点を移動すれば，いっそう競争力を高められる可能性があるためである。歴史的には，すでに1970年代に，日本企業が東アジア圏での撤退・再配置をする動きが見られた。当時の進出先としてはシンガポールや台湾，韓国などのアジアNIEsが主力であったが，アジアNIEsが経済成長し生産コストが高騰したため，ASEANや中国へと工場のシフトが起こったのである。洞口［1992］は日本企業の撤退を取り扱った数少ない研究であるが，同書では，原材料費や労働コストの増加といった現地コスト要件の変化が生産撤退につながっていたことが，明らかにされている。

3　国際生産ネットワーク

拠点の地理的配置——集中型か分散型か

　前節では単一生産拠点のマネジメントの問題を議論したが，本節では，企業が保有する複数の生産拠点による**国際生産ネットワーク**をどう構築すべきか，という問題を扱う。そもそも海外生産はグローバルでの市場ニーズに的確に（より低コストに，高品質に，短納期に）対応するために行われるが，世界のどこに，何カ所の拠点を設立して，その市場ニーズを満たすかということに対して，答えは無数にありうる。その際の基本的な発想は，少数の拠点で世界の市場ニーズを満たすという**集中配置**と，多数の拠点で少しずつ世界市場をカバーするという**分散配置**の，2通りの考え方である（表8.2）。企業は，この2つを基本形に，適当な集中度を選択することになる。以下で，それぞれの配置策にどのようなメリットが存在しているのかを整理してみよう。

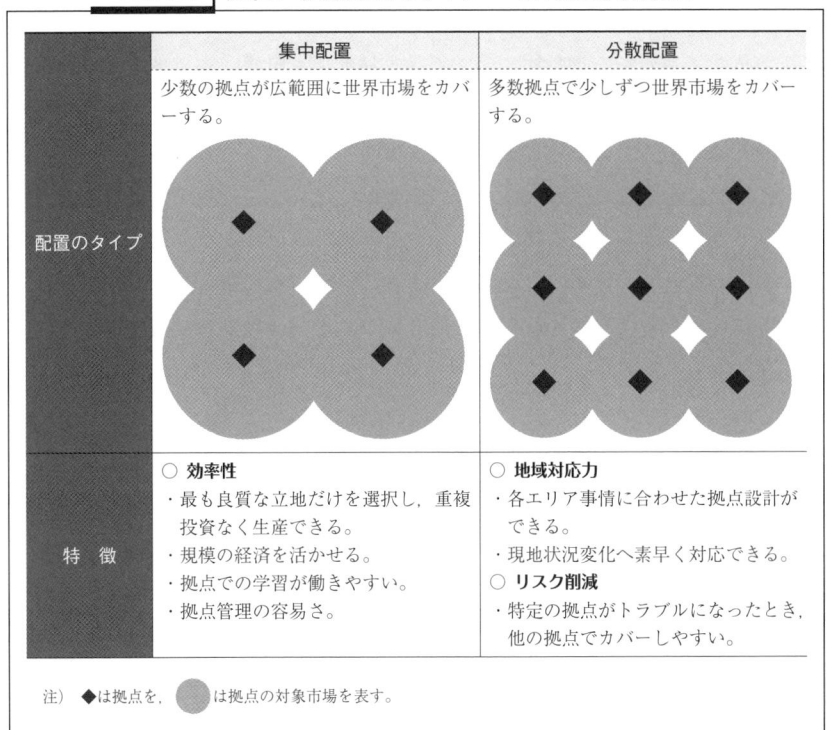

CHART 表8.2　拠点配置の2タイプ——集中配置と分散配置

	集中配置	分散配置
配置のタイプ	少数の拠点が広範囲に世界市場をカバーする。	多数拠点で少しずつ世界市場をカバーする。
特徴	○ **効率性** ・最も良質な立地だけを選択し，重複投資なく生産できる。 ・規模の経済を活かせる。 ・拠点での学習が働きやすい。 ・拠点管理の容易さ。	○ **地域対応力** ・各エリア事情に合わせた拠点設計ができる。 ・現地状況変化へ素早く対応できる。 ○ **リスク削減** ・特定の拠点がトラブルになったとき，他の拠点でカバーしやすい。

注)　◆は拠点を，●は拠点の対象市場を表す。

　集中配置型の生産ネットワークとは，少数の生産拠点で世界市場の需要を満たそうとするものである。したがって，集中配置は効率性に優れた国際配置と評価できる。集中配置の場合は，立地優位性と輸送コストに照らし，当該製品の生産・流通において費用・品質・納期のすべてに秀でた立地を厳選して生産拠点を建て，そこに投資や人材を集中させる。立地を分散させてしまうと，多数の国で重複して工場を建てなければならず，投資も分散させざるをえない。こうした理由から，集中配置は限りある資源を効率的に使った合理的な組織体制だと考えられる。

　集中配置は，重複投資を避けるだけでなく，規模の経済と学習効果によっても効率性を高めることができる。**規模の経済**とは，生産量を増大させることで1個当たりの生産コストが安くなる現象のことである。たとえば，工場運営の固定費（地代や電気代，設備費や管理部門の給与など，生産量にかかわらず一定の費用）が月1000万円だとして，月1万個生産したときには1個当たりの固定費

3　国際生産ネットワーク　● 141

は1000円/個だが，10万個生産すれば100円/個となり，コスト効率がより高まる。また，生産量を増やすことで部品・材料の大量購入が可能になり，部品メーカーへの交渉力が強くなって安く調達できるようにもなる。こうした規模の経済効果があるため，小規模の拠点を世界中に分散させるよりも，大規模拠点1カ所で生産したほうが，より安い費用で生産できるのである。しかも，生産拠点では，生産経験を蓄積していくことでコストダウンや品質改善が進むという**学習効果**が発生する。これを踏まえれば，特定の拠点に集中して生産経験を積ませられる集中配置のほうが，品質やコストの改善が速くなると考えられる。

さらに，集中配置には本社による拠点管理や応援・指導が容易になるといったメリットもある。世界中に多数の拠点を抱える場合，すべての拠点に手厚い支援を行おうとすれば本社の負荷が大きくなってしまう。その結果，末端の拠点までは目が行き届かなくなってしまったり，十分なサポートを行えなくなる可能性もある。そうした本国側の管理・監督の視点からも，集中配置は効率のよい生産ネットワーク形態だと考えることができる。

これに対し，分散配置は，文字通り世界の需要を多数の拠点で分担してカバーする生産ネットワーク形態で，個別エリアに合わせた地域対応力とリスク分散がメリットとなる。**地域対応力**とは，各国の異なる経済水準，市場特性，労働市場，法律，文化慣習，宗教に合わせて事業活動や製品などを修正できる能力のことである。分散配置を採用し，日本，米国，ドイツ，中国，タイ……と世界中に生産拠点を設置していけば，企業は各国の事業環境によりきめ細かく対応した拠点運営をすることができ，地域対応力は高まる。集中配置をとって少数の国で生産している場合には，そうした個別国の変化には対応しにくくなってしまう。また分散配置は，特定の拠点がトラブルに巻き込まれた場合に，近隣国での生産でカバーできるという意味で，**リスク分散**にも貢献する。為替やバブルといった経済的要因だけでなく，災害やテロ，戦争など，各国には固有のリスクが存在しており，企業は自社が活動する国のトラブルに巻き込まれる可能性をつねに抱えている。集中戦略を採用している場合，進出先国がトラブルに陥れば，企業は大きな打撃を受けることになる。一方，グローバルに分散配置していれば，個別国のトラブルからこうむるダメージを小さくすること

ができる（中川［2012b］）。

　以上のように，集中配置・分散配置はそれぞれに固有のメリットとデメリットを有している。企業は，集中配置の効率性・統制のしやすさと，分散配置の地域対応力・リスク分散とを天秤にかけ，そのバランスをとりながら配置戦略を考えなければならないのである。

拠点間の協業関係――日本企業の歴史と現状考察から

　世界的な生産ネットワーク構築における第 2 の考慮事項は，拠点間の協業である。ここでとくに重要となるのは，自社の技術的・戦略的な核となる生産拠点（多くの場合は本国生産拠点）と，その他の各生産拠点との関係を，どのようにつなぐか，である。とりわけ国内でものづくり能力を高度に発達させてきた日本企業にとっては，技術・技能に秀でるがオペレーション・コストの高い国内生産拠点と，低コストだが技能・技術力に劣る海外生産拠点を，どう結びつけるかが重要となる（Column ❸ も参照）。そこで，拠点間協業関係については，日本企業の本国・海外拠点関係を分析材料とし，その現状を紹介しながら，どのような拠点間関係が求められるかを議論する。

　図 8.5 は，2005 年から 10 年にかけて筆者らが大手日系製造業企業 33 社を対象に行った，本国拠点と主力海外拠点のものづくり能力の配分分析である。この図では，本国拠点と主力海外拠点のものづくり能力を，量産技能，生産技術，製品開発の 3 側面から検討し，8 段階で評価している。数値が高いほどものづくり能力が高いことを意味する。この図は，日本企業の本国拠点・海外拠点の結合関係が，4 パターン存在していることを示唆している。第 1 は，図の左上，本国にすべての事業機能を残し，海外は単純量産拠点のままとするパターン（**本国中心型**）である。第 2 は，図の中央にある，本国と海外にそれぞれ中程度のものづくり能力を残して分業するパターン（**本国・海外分業型**），第 3 は，本国のものづくり能力を絞り込んで海外への移管を大きく進めるパターン（**海外中心型**），そして第 4 は，図中央上から右上にある，本国の能力を維持しつつ海外の能力も高めているパターン（**本国・海外重複高度化型**）である。

　本国中心型は，上述の通り，本国にすべてのものづくり能力を集約し，海外は単純量産拠点のままとして高度な活動には携わらせない形である。このスタ

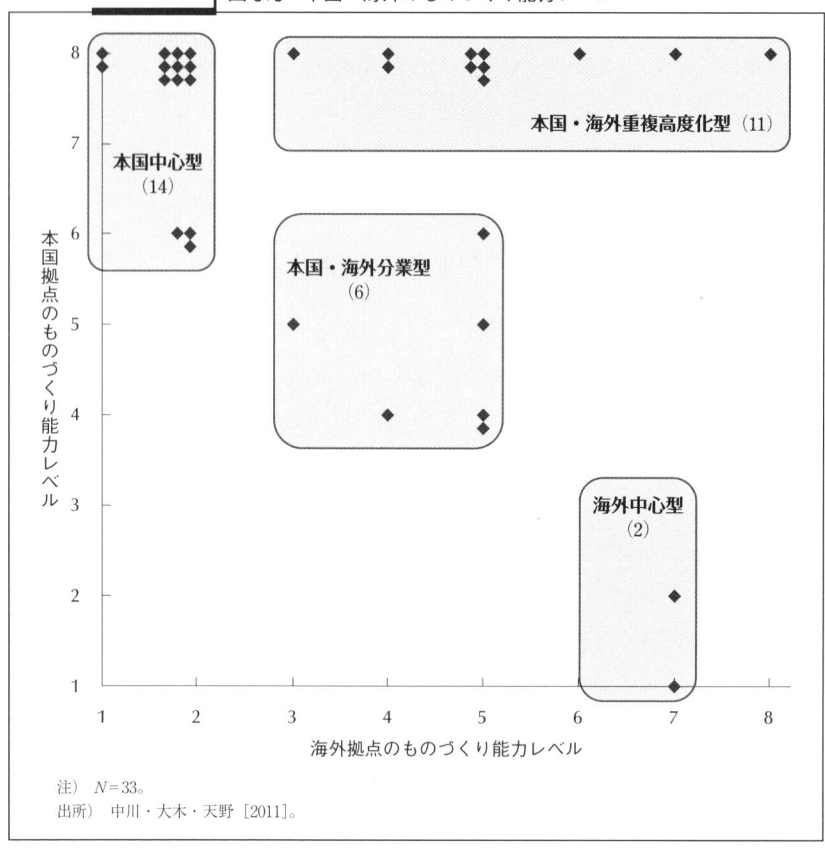

CHART 図8.5 本国・海外のものづくり能力レベル

(図：横軸「海外拠点のものづくり能力レベル」1〜8、縦軸「本国拠点のものづくり能力レベル」1〜8の散布図。4つのグループに分類されている。)

- 本国中心型（14）
- 本国・海外重複高度化型（11）
- 本国・海外分業型（6）
- 海外中心型（2）

注）　$N=33$。
出所）　中川・大木・天野［2011］。

イルは，海外拠点の能力がまだ十分でなかったり，あるいは本国で保持している技術が門外不出のものである場合に採用される。本国の技術力の保護・育成には適しているが，反面，海外拠点を十分に活用できていないアプローチといえる。

　本国・海外分業型は，コスト劣位等の理由で本国での生産やエンジニアリング活動を停止し，その分より安価で豊富な人員を雇える海外拠点の機能を充実させている形で，白物家電（洗濯機，冷蔵庫など）企業に多く見られる形態である。ただし，このスタイルをとっている企業は，日本のものづくり能力を完全放棄はしていない。先端品開発・生産などの自社のコアとなる技術は本国に残しており，本国でそれらの先端技術を更新しているのである。他のタイプと比

CHART 表8.3 本国・海外生産拠点間分業の形態

	本国中心型	本国・海外分業型	海外中心型	本国・海外重複高度化型
コスト競争力	中程度	高い	非常に高い	やや低い
	重複投資少ない。ただし海外のコスト競争力を十分に活かしていない。	重複投資少なく、かつ海外の低コスト競争力を活用できている。	重複が非常に少なく、ほとんどの活動をコスト競争力のある海外で行う。	本国・海外で機能重複があり、二重投資となっている。
本国拠点の技術発展能力	高い	やや低い	低い	高い
	本国に一式の技術・技能が維持されている。	本国でいくつかのものづくり活動を停止している。	本国にはものづくり能力があまり残されていない。	本国に一式の技術・技能が維持されている。
海外拠点の地域対応力	低い	中程度	高い	中〜高
	海外拠点には多くを求めず、現地資源は活用しない。	海外拠点の資源をある程度強化・活用している。	海外拠点の技術力を非常に強化し活用している。	海外拠点の技術力を中〜高程度に強化・活用している。

較した場合，本国・海外分業型は，本国拠点で先端技術の発展を図り，海外拠点ではコスト競争力を活かして大規模生産をするという，両方のメリットを活用する形だといえるだろう。

海外中心型は，本国での生産がもはや国際競争力を持ちえない場合である。靴などのアパレル製品やシンプルなプラスチック製品などでこの形がとられる。日本には，設計・デザイン部門や基礎研究開発だけが残されている。上記の本国・海外分業型がよりいっそう進んだ形だと評価できるだろう。

本国・海外重複高度化型は，本国拠点のものづくり機能を維持しながら，海外拠点の能力も強化している企業である。電子部品や機能性化学品などでよく見られる。依然として高コストの本国生産・開発を継続している上，本国と海外に同じく量産部門・生産技術・製品設計等の部門を持たせるので，コスト競争力としては前の3グループに比べて劣位になる。その反面，本国で技術開発から量産まで一連の技術を保持・発展させることができ，同時に海外拠点は現地状況に合わせた技術の修正変更を加えられるため，コストを犠牲にしつつも技術進歩と現地適応を達成できる形態と評価できる。

分析から導かれた4パターンの本国・海外子会社関係は，いずれも長短あり，どれかがベストというものではない。企業が置かれている状況に応じて，選択すべきことであろう。表8.3にそれぞれの特徴を整理しているが，これらの長

短を踏まえて,自社の事情に合わせ,最適な本国・海外拠点分業関係を構築しなければならないのである。

知識の維持・発展を考慮した国際ネットワークづくりの大切さ

　ここまで読み進めたならば,生産拠点の海外進出・国際ネットワーク構築の基本論理をおおむね理解してもらえたのではないかと思う。残る紙幅は少ないが,本章の締めくくりとして,生産拠点の国際展開においては,蓄積されてきたものづくりの強みが失われることを避け,さらに強化を図っていくことが,とても大切だということを強調しておきたい。各国拠点での分業が進めば,自社のものづくりの知識はおのずと世界に散らばっていくことになる。十分な注意を払って各拠点を育てていけば,ものづくりの競争力はいっそう高まるだろう。だが,ものづくりの維持発展に無頓着に運営したならば,いつの間にか過去から蓄積してきたものづくりの強みは失われてしまうかもしれない。とりわけ拠点の閉鎖や統合再編を行うときには,強みを喪失するリスクが大きくなる。いかに形ばかりエクセレントな国際生産ネットワークが構築できたとしても,そこにものづくりの知識が注入されていなければ,その生産ネットワークは機能しないだろう。世界中に分散していく生産拠点ネットワークを,知識の視点も含めて管理運営していくことが,明日のものづくりを拓くのである。

EXERCISE

① 日本の製造業企業を1社選び,生産拠点がどのような立地になっているか調べなさい。各国の生産拠点は,どのような理由,どのような役割で,そこに設置されているのかを考察しなさい。さらに,世界地図上に広がる生産ネットワーク全体を俯瞰したとき,そこにどのような特徴が見られるかを議論してみよう。
② マザー工場制を採用している会社を1社見つけよう。その会社は,国内マザー工場にどのような役割を期待しているのかを調べなさい。

読書案内　　　　　　　　　　　　　　　　　　　　　　　　Bookguide

　藤本隆宏［2004］『日本のもの造り哲学』日本経済新聞社。

日本企業の国内におけるものづくりがどのようなもので，いかなる点が秀でていたのか，また，それが日本企業の経営においてどのような意味を持つのかが，説明されている。

中川功一［2012］「マザー工場，兵站線の伸び，自立した青年たち」MMRC Discussion Paper Series, no. 400 (http://merc.e.u-tokyo.ac.jp/mmrc/dp/pdf/MMRC400_2012.pdf)。

日系製造業の国際化と，その支えとなったマザー工場制，そしてマザー工場制がもたらした近年の問題「兵站線の伸び」について，ダイキン工業を事例に議論している。

引用・参照文献　　　　　　　　　　　　　　　　　　　　　Reference

Kogut, B., and Zander, U. [1993] "Knowledge of the firm and the evolutionary theory of the multinational corporation," *Journal of International Business Studies*, vol. 24, no. 4, pp. 625-645.

ウォマック，J. P. = ルース，D. = ジョーンズ，D. T.（沢田博訳）［1990］『リーン生産方式が，世界の自動車産業をこう変える。――最強の日本車メーカーを欧米が追い越す日』経済界。

大木清弘［2009］「国際機能別分業下における海外子会社の能力構築――日系HDDメーカーの事例研究」『国際ビジネス研究』第1巻第1号，19-34頁。

徐寧教［2012］「マザー工場制の変化と海外工場――トヨタ自動車のグローバル生産センターとインドトヨタを事例に」MMRC Discussion Paper Series, no. 398。

中川功一［2012a］「マザー工場，兵站線の伸び，自立した青年たち」MMRC Discussion Paper Series, no. 400。

中川功一［2012b］「グローバル分散拠点配置の競争優位」『国際ビジネス研究』第4巻第2号，63-78頁。

中川功一・大木清弘・天野倫文［2011］「日本企業の東アジア圏研究開発配置――実態及びその論理の探究」『国際ビジネス研究』第3巻第1号，49-61頁。

日本政策投資銀行産業調査部［2012］「特別アンケート 企業行動に関する意識調査結果 2012年6月」。

洞口治夫［1992］『日本企業の海外直接投資――アジアへの進出と撤退』東京大学出版会。

CHAPTER 9

第 9 章

研究開発の国際化

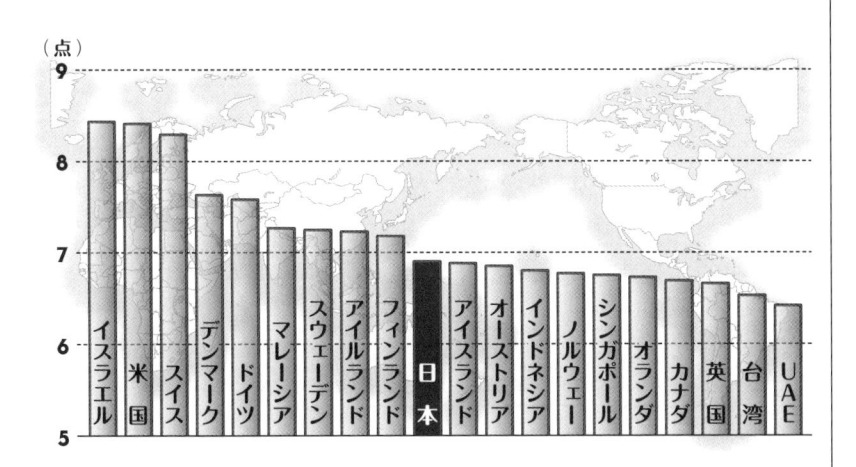

(点)
グラフ: イスラエル、米国、スイス、デンマーク、ドイツ、マレーシア、スウェーデン、アイルランド、フィンランド、**日本**、アイスランド、オーストリア、インドネシア、ノルウェー、シンガポール、オランダ、カナダ、英国、台湾、UAE

「あなたの国の企業は，新製品や新サービスを生み出す能力が高いと思いますか？」という質問に対する世界各国の経営者の回答

注) IMD（International Institute for Management Development）による世界の4300名以上の経営者を対象とした調査結果。10点尺度。
出所) IMD, *The World Competitiveness Yearbook 2014*, p. 446 より一部掲載。

KEYWORD

需要要因　　ホームベース活用型（HBE型）　　知識クラスター　　供給要因
ホームベース補強型（HBA型）　　吸収能力　　自律性　　統制　　情報の粘着性

1 研究開発の国際化の動向

本章は，なぜ企業が海外で研究開発（research and development，R&D）を行うのか，そして研究開発の国際化のメリットを引き出すにはどのようなマネジメントが求められるのか，という問題について検討する。

多くの企業は，新製品やそれにつながる新たな知識を得るために，研究開発を行っている。たとえば，人々の病気の治療に貢献する医薬品は，製薬企業の研究開発によって生み出される。その研究開発の内容は複雑である。まず，効果的な新薬のもととなる化合物の探索から始まり，その化学的・生物学的特徴や安全性の評価が行われる。続いて，製剤方法の研究が進められ，薬効や安全性の確認試験が行われる。その後，各国政府の製造販売承認を取得して，はじめて新薬として市場に導入される。探索された化合物が新薬として世に出る確率はきわめて低く，研究開発期間も10年以上に及ぶ。しかし，ひとたび成功すれば，それは世界中の患者の治療に貢献し，企業に膨大な利益をもたらすことになる。

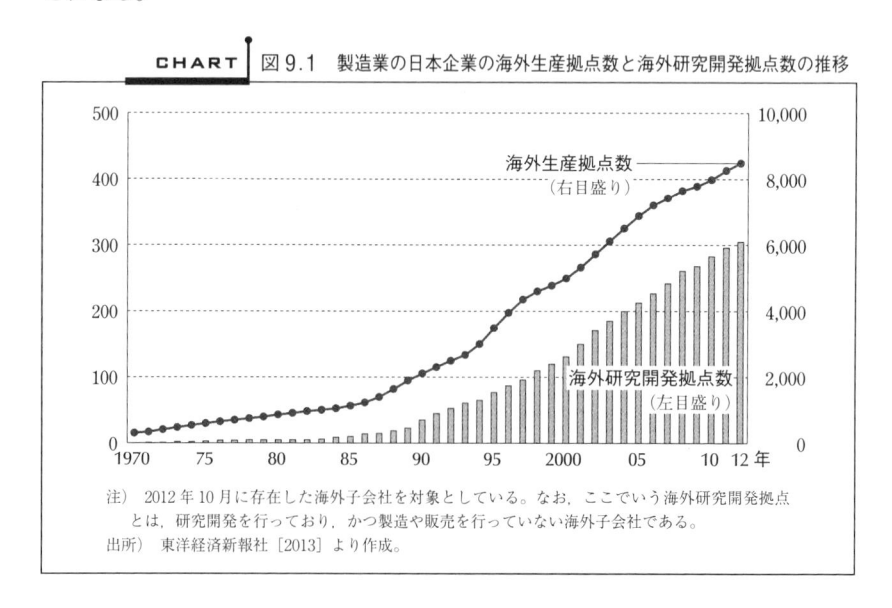

CHART 図9.1 製造業の日本企業の海外生産拠点数と海外研究開発拠点数の推移

注）2012年10月に存在した海外子会社を対象としている。なお，ここでいう海外研究開発拠点とは，研究開発を行っており，かつ製造や販売を行っていない海外子会社である。
出所）東洋経済新報社［2013］より作成。

CHART 図9.2 製造業の日本企業による海外研究開発拠点の立地

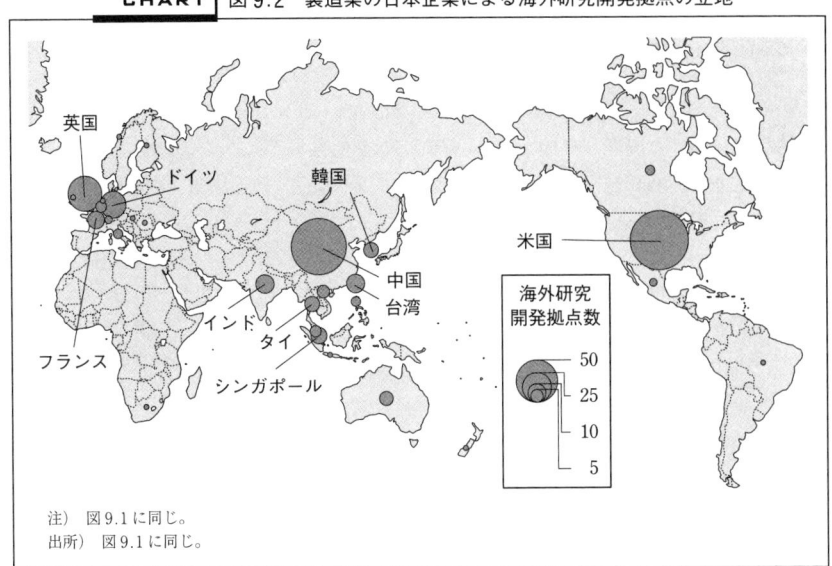

（地図：英国、ドイツ、フランス、韓国、中国、インド、タイ、台湾、シンガポール、米国に海外研究開発拠点の立地を示す円がプロットされている。凡例：海外研究開発拠点数 50／25／10／5）

注) 図9.1に同じ。
出所) 図9.1に同じ。

　研究開発は企業にとって長期的な成長の原動力となる重要な活動である。その一方で，マーケティングや生産と比べると，短期的には商業的成果を望みにくく，また海外では行われにくい活動といわれてきた。たとえ海外で実施されるとしても，本国の拠点が生み出した優位性となる技術を海外市場にうまく移転することを目的として，海外生産拠点内で行われるケースが多かった。しかし，近年では，本国の優位性のみに立脚せず，新たな優位性を生み出すことに焦点を当てて海外研究開発拠点を設立するケースも見られる。

　たとえば，日本のある電気機器企業は米国のプリンストンに基礎研究を行う拠点を設立している。また，ある化粧品企業は中国の北京市で現地市場向けの製品開発を行っている。これらは決して特殊なケースではない。海外生産拠点の数には遠く及ばないものの，研究開発を行う海外拠点数は増加し続けているのである（図9.1）。

　立地する国にも目を向けてみよう。図9.2から，海外研究開発拠点の立地について，どのような特徴を見出すことができるだろうか。

　まず，海外研究開発拠点が一部の国に集中していることが見て取れる。米国や英国，そして中国には，多くの研究開発拠点が立地している。その一方，南米やアフリカ大陸には海外研究開発拠点はほとんど存在していない。

1　研究開発の国際化の動向

> **Column ⓮　研究開発の分類**
>
> 　研究開発とは，科学的な発見を探求する研究（research）と，製品化や事業化を念頭に置いた開発（development）の両方を含む言葉である。一般的には，「基礎研究」「応用研究」そして「開発」の，3つに分類される（総務省統計局『科学技術研究調査報告』）。
> 　「基礎研究」とは，特定の商業目的を持たず，新しい科学的な知識を得るための理論的および実験的な研究を意味する。また，「応用研究」とは，基礎研究によって発見された知識の実用化を模索する研究である。
> 　これに対し，「開発」とは，事業化や商品化を前提とした，新製品の設計や試作，実験などを意味する。開発では，基礎研究や応用研究から得られた知識を製品や製法に組み込む際に直面する技術的問題を解消することが求められる（下図）。一般的に，開発は，基礎研究と応用研究とは機能的に異なるものとして見られる。また，多くの場合，基礎研究や応用研究は本社直属の中央研究所や研究開発本部が担当するのに対して，開発は事業部の中で行われている。
> 　なお本章では，多国籍企業による研究開発の国際化の一般的な論点を取り上げ，日本企業の生産活動と製品開発のかかわりについて踏み込んだ議論はしない。その詳細は，しかるべき専門書（藤本［2001］など）を参照してもらいたい。
>
> 　　　図　研究開発の分類
>
> 　　基礎研究　→　応用研究　→　開発
>
> 　　（注）　矢印は知識の流れを示す。
> 　　（出所）　藤本［2001］167 頁より一部抜粋。

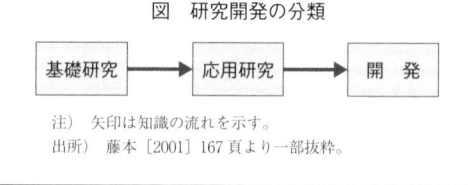

　第2に，海外研究開発拠点が立地する国の多くは，市場規模が比較的大きい。最も多くの拠点が立地している米国や中国は，その代表例である。

　第3に，特定の技術分野で優位性を持つ国に，多くの研究開発拠点が立地している。米国の西海岸地区は情報通信分野の先端研究をリードしているし，英国であれば製薬・バイオ分野において強みを持っている。

　では，なぜこのような国で日本企業は研究開発を行うのだろうか。本国ではなく，あえて海外市場に研究開発拠点を設立するのは，研究開発の国際化がそれだけ魅力的な要素を持つからにほかならない。

2 国際研究開発の動機と役割

需要要因と HBE 型

　研究開発の国際化を検討する企業にとって，まず考えるべきなのは，なぜ海外に研究開発拠点を設立するのかという点である。主な動機は2つある（Kuemmerle［1999］）。

　第1の動機は，各国市場における需要の特性にうまく対応するためである。企業が海外市場で現地適応を進めるには，現地の消費者が持つ特有の需要に適応した製品を開発して投入する必要がある。これは国際研究開発の中でも，主に開発の現地化にかかわっており，海外市場の需要に注目するという意味で，**需要要因**と呼ばれる。

　多くの製品サービスには，各国で共通に機能する部分と，現地における消費者の生活環境に深く根差した部分がある。乗用車であれば，コア部品そのものは各国で共通に機能するとしても，外観や内装のデザイン，またエアコンの性能などは各国の消費者の使用環境によって好みが異なる。

　とりわけ日常生活に密着した消費財産業では，国ごとの違いが顕著に表れる。たとえば，国の地理的な特徴から利用できる水の性質が違えば，同じ石鹼や洗剤を利用しても，それらの機能は異なってしまう。あるいは，国民の多くが信仰する宗教上の理由から，食品では特定の原材料を利用できない場合もある。

　このような各国の需要の違いに適応する製品を作り上げるには，ターゲットとする海外市場の消費者の生活空間における特徴を知り，そこで得た情報を新製品の開発段階から盛り込んでいく必要がある。たとえば，パナソニックは上海に中国生活研究センターを設け，中国人の日常生活における家電製品の利用方法の調査およびニーズの発掘に取り組んでいる。

　海外市場で研究開発拠点を運営していれば，当該市場の需要について得た情報を迅速に現地の製品開発チームに伝達しやすく，市場予測の精度の向上が見込める。現地市場のニーズを汲み取り，それに適応した製品を素早く作り上げ

るには，現地市場の消費者と地理的に近い場所で製品の開発を行うことが有効なのである。

　こうした現地市場の需要特性への対応を目的とする海外研究開発拠点を，**ホームベース活用型**（home base exploiting，以下 HBE 型）という。HBE 型の拠点は，企業の本国拠点から優位性のある技術を導入し，現地市場向けに研究開発を行う役割を担う。また，HBE 型の拠点による製品開発や技術開発では，現地市場向けの活動を行う社内の他部門との連携が重要となる。現地市場の顧客との接点となるマーケティング部門と情報を共有していれば，顧客のニーズに沿った製品の開発を進めやすい。生産部門との連携をうまくとれば，製造上の要請を念頭に置いて製品の設計を行うことができ，リードタイムの短縮や開発コストの抑制を望める。こうした連携の重要性から，HBE 型の拠点のリーダーには，多国籍企業の部門間で広い人的ネットワークを持つことが求められる。

供給要因と HBA 型

　第 2 の動機は，海外市場において本国では入手困難な知識や技術といった情報としての経営資源を吸収し，新たな優位性の構築を目指すことである。各研究分野において突出した研究成果を生み出す研究者や技術者が集中する場所が，必ずしも本国にあるとは限らない。たとえば，情報通信やバイオ技術，そして医療機器といった先端技術分野では，米国のシリコンバレーやボストン都市圏に，高い研究能力を持つ研究者が多く集中している。香水を含む化粧品類分野では，世界の都市の中でもフランスのパリに優れた発明者やデザイナーが集まっている。

　高度な研究成果を生み出す研究開発拠点や大学，そして政府の研究機関が集中する地理的な空間を，**知識クラスター**と呼ぶことにしよう。海外に点在する知識クラスターにおいて，突出した研究成果を生み出す人材から貴重な知識やノウハウを吸収するには，現地に研究拠点を設立し，頻繁に交流を行うことが有効な手段となる（Column ⓯）。これは，国際研究開発の中でも，研究のグローバル化と強く関連しており，各国の知識クラスターにおける研究組織や高度人材の供給に注目するという点から，**供給要因**と呼ばれる。

Column ⓯　発明活動の場所から見る現代の知識クラスター

　世界の各国・各地域において，知識クラスターはどこにあるのだろうか。ここで，国際的な特許協力条約のもとで出願された特許出願者の住所がどこにあるのかを見てみよう。特許は研究開発の成果の1つに過ぎないが，それが発明された場所を調べることで，知識クラスターの場所を探る手がかりにはなる。

　下図から，米国の西海岸のカリフォルニア州や東海岸，ドイツのバイエルン州を含む欧州，そしてアジアでは日本の関東や韓国のソウル都市部，中国の広東省に，国際特許の出願者が集中していることがわかるだろう。これらは程度の差こそあるものの，現代の知識クラスターと呼べる地域である。

　ただし，これらの知識クラスターの場所は，時代とともに変化するということに注意する必要がある。現在の台湾の新竹市は，半導体や情報通信機器分野に強みを持つ地域と見なせる。その地域の技術的基盤は，1980年以降に米国で教育を受け，シリコンバレーで研究経験を持つ多くの研究者やエンジニアが移動することで形成されてきた。インドのバンガロールでも，情報技術分野において同様の現象が観察されている（Saxenian [2006]）。

　高度な知識や優れた研究経験を持つ人材の国際的な移動に伴って，先端的知識は流動化し，新たな知識クラスターが形成されていく。だとすれば，現時点の世界の知識クラスターが未来永劫，その魅力を維持できるのかはわからない。将来性を持つ知識クラスターを選別することも，海外研究開発拠点の立地においては重要な検討事項となるのである。

図　世界各地における国際特許出願者の分布

注）　各地域における●の大きさは，2009年の国際特許の出願者数を示す。
出所）　OECD "Regional Innovation Mapper" より掲載。

もちろん，情報通信技術の発展により，私たちは海外で生み出された知識にも，容易にアクセスできるようになったように思える。しかし，インターネットを介して得られるのは，文書化された研究成果などの表面的な情報にとどまってしまう。知識には，それを創造した人物との直接的な交流によってしか伝わらない部分もある。海外の知識クラスターから文書や図表のみでは表現できない暗黙知的な知識やノウハウを吸収しようとする場合，本国において情報通信を活用し，臨時的な訪問を行うだけでは不十分である。また，バイオ技術などの先端技術分野では，技術発展の速度が目覚ましく，知識クラスターにおける研究者同士で先端技術にかかわる知識が還流している。海外の知識クラスターにおける研究者のコミュニティと強いネットワークを構築し，先端の知識を社内に流入させるには，当該クラスターと近接する場所に研究開発拠点を設立し，積極的な人的交流を行うことが有効な手段になるのである。

　このような目的に沿って設立される海外研究開発拠点は，**ホームベース補強型**（home base augmenting，以下 HBA 型）の拠点と呼ばれる。HBA 型の拠点は，企業が本国において構築した優位性を補強し，拡大させる役割を担う。また，HBA 型の拠点による研究成果は，多国籍企業の技術基盤への長期的な貢献が強く意識されるため，知識クラスターにおいて現地の研究組織と人的交流を行い，優れた人材を引きつけることが重要になる。したがって，ターゲットとする技術分野の先端研究の動向を十分に理解でき，現地の研究者のコミュニティから高く評価されていることがリーダーの要件となる。

その他の動機

　ホスト国政府による規制や要請に応じる形で，海外研究開発拠点を設立する場合もある。各国の政府が定める医薬品の安全基準や，乗用車の安全規格は必ずしも一致しない。各国政府による製品の規制や基準に自社製品を適合させるため，医薬品であれば臨床試験を現地で行う必要があるし，乗用車や電気機器でも安全規格に適合させる開発や検査が求められる。

　また，ホスト国にとって，外資系企業の参入は新たな雇用を生み出すだけでなく，外資系企業が持つ技術やノウハウが現地企業に普及し，国内企業の生産性を向上させるチャンスにもなる。そのため，しばしばホスト国の政府は外資

系企業に対し，生産拠点の設立条件として研究開発拠点の設立や先端技術の移転を求める。外資系企業に対し研究開発にかかわる人件費の助成などのインセンティブを設けて，誘致を促進する場合もある。

3 海外研究開発拠点の立地選択

海外研究開発拠点の運営目的が定まれば，次に検討するべき点は，どのような地域に海外研究開発拠点を設立するかという立地の選択である。もちろん，海外研究開発の動機によって，重要な立地要因は異なってくる。

立地選択の例

まずは，主に供給要因とかかわる HBA 型の拠点の立地から考えてみよう。

NEC は，1988 年にニュージャージー州のプリンストンに基礎研究所を設立した。その立地として，当初はマサチューセッツ州ボストンやカリフォルニア州パロアルトも候補にあがっていた。プリンストンが最終的に選択されたのは，IBM の研究所やベル研究所，SRI インターナショナルの研究所（旧デビッドサーノフ研究所）などの優秀な研究組織だけでなく，プリンストン大学やコロンビア大学と隣接しており，他の地域よりも共同研究の機会が豊富に期待できたためである。また，研究所の初代所長として，現地の研究組織との交流を促すために，現地研究者のコミュニティと強いつながりを持っていた電気工学の博士が登用された。この所長の米国における人的なネットワークは，優秀な現地研究者の採用を大いに促進した（Kuemmerle and Kobayashi [1998]）。

また，日本の製薬企業であるエーザイは，1989 年にマサチューセッツ州のアンドーバーにボストン研究所の研究棟を設立した。この立地の選択では，先端医療機関が近隣に集まっていることだけでなく，化合物研究を行っているハーバード大学やマサチューセッツ工科大学との研究者同士の交流を促進する地理的な近接性が重視された。ボストン研究所では，現地の研究組織との人的交流を活性化するため，ハーバード大学の有機化合物分野の教授をアドバイザーとして招いている。

これらの2つの海外研究開発拠点の立地選択において共通するのは，現地企業の研究所や現地の大学との地理的な近接性が重視されたことである。
　次に，現地市場向けの製品開発に注力するHBE型の拠点の立地についても検討してみよう。化粧品を扱う資生堂は，中国の北京市に研究センターを有しており，中国市場向けのブランドの開発に取り組んでいる。中国は日本と比べて人口が圧倒的に多く，化粧品市場の潜在性は高い。しかし，日本市場向けに開発した製品が中国でそのまま受け入れられるとは限らない。化粧品はその商品価値が世界共通の基準で評価されるというよりも，各国の現地消費者から主観的に評価されやすい製品である。国ごとに気候はもちろん，国民の肌の水分や皮脂量は異なっており，また化粧意識そのものも所得水準によって変わる。そのため，各国の文化的な特徴を反映した製品を現地市場で開発することが重要になる。
　また，自動車企業である日産自動車は，2006年に広州において技術センターを設立している。広州の技術センターは，日本の親会社から自動車の基本技術や設計方法の移転を受け，中国の現地消費者の好みに合わせて内装やデザインの開発を行っている。その立地選択では，外資系企業や現地の自動車部品の供給業者が集まっていること，また日産のエンジン組立工場や車両生産工場と近接していることが重視された。
　これらの2つの立地選択では，現地市場の規模や成長性，そして部品や材料の入手のしやすさが立地選択の決め手となっていることがわかるだろう。

立地選択の要因

　以上の例に見られた立地選択の要因を踏まえて，海外研究開発拠点の立地を選択する際に，何に注目すればよいかを整理しよう。
　第1に，「現地企業の研究組織の集積」があげられる。とくに，海外の知識クラスターから先端的知識の吸収に取り組むHBA型の拠点の立地では，この要因を強く意識する必要がある。ただし，競合他社の研究組織がひしめく知識クラスターを立地の候補として検討する場合，自社の知識が流出するリスクも考慮しなければならない。
　第2に，「現地の大学や政府の研究組織の集積」へも，HBA型の拠点の立地

選択においては，目を向ける必要がある。長期的な基礎研究に取り組む大学や政府の研究組織が密集する場所では，競合他社の集積と比べて知識の流出リスクは低い。

第3に，「市場規模」と「成長性」があげられる。本国の研究開発拠点から技術を導入し，現地市場向けの製品を開発するHBE型の拠点を設立する場合，その設立と運営の費用に見合うだけの巨大な市場規模や高い成長性が求められる。

第4に，「社内の他拠点との距離」に注目する必要がある。現地市場向けの製品開発を行うHBE型の拠点では，生産やマーケティングの活動を行う拠点との情報共有や連携が欠かせない。社内の他拠点と地理的に近接し，互いに連携をとりやすい立地が望ましい。

第5に，「部品や材料の供給業者の集積」も重要な検討事項となる。海外市場での製品開発において現地の材料や部品を用いる場合，供給業者が集まっている地域ほど，開発段階から供給業者との調整や連携がとりやすい。

また，HBA型の拠点かHBE型の拠点かを問わず，現地の研究者と技術者の給与水準や研究施設の費用などといった「投入要素の費用」，そして「知的財産権保護の程度」も，考慮すべき点である。インドや中国に代表される新興国では，高等教育を受けたエンジニアや研究者の数が増加している。これらの新興国は，概して先進国よりも投入要素の費用が低いため，研究開発の費用を下げたい企業にとって魅力的な立地に見える。しかし，新興国では知的財産権保護の制度が先進国ほど整備されていない場合が多い。そのため，研究開発の費用削減を意識して新興国への立地を検討する場合，知識の流出のリスクも考慮する必要がある。

本国への集中化

もちろん，多国籍企業の技術戦略には，海外での研究開発活動をそもそも選択肢に入れず，あえて本国で集中して行うという方針もある。とくに，研究開発は海外で行うことのリスクや本国に集中させることのメリットから，生産やマーケティングと比べて，海外へ移管されにくい。では，研究開発拠点を海外に設立せず，むしろ本国に集中させることのメリットとは何だろうか。

まず，研究開発拠点を本国に集中させる場合，海外に分散させる場合と比べて，①本国に立地する生産部門やマーケティング部門と，製品開発の段階から連携と調整を行いやすいことがあげられる。また，②限られた研究開発拠点に対して，研究機器や実験設備，そして研究開発の主体である研究者や技術者への大規模な投資が可能になり，研究開発における規模の経済を追求できる。さらに，③日本などの先進国では，品質に対する要求水準の高い消費者や優れた供給業者とのコミュニケーションが促進されるし，社内の研究者間でのコミュニケーションも同一言語によって円滑化できる。そして，④海外の競合他社に対する自社の知識とノウハウの流出を防ぎ，その保護を通じて自社独自の競争優位性を維持しやすくなる（Terpstra［1977］）。

　これらのメリットから，企業は研究開発を本国において，自前で集中的に行う傾向を持つ。とくに，本国が企業のコア技術分野において技術的に優位性を持っている場合，本国に集中させるメリットは大きく，逆に海外で研究開発を行うメリットは小さく感じるだろう。

　しかし，本国に研究開発を集中させることのデメリットも考えられる。研究開発を本国に集中させれば，本国市場の需要動向にはうまく対応しやすいものの，海外市場の需要の特性に対して迅速に対応するのは，やはり難しくなる。また，本国の需要の特殊性に研究開発方針を合わせた結果として，世界の需要動向に沿わない製品開発へと特化してしまう可能性もある。さらに，世界における先端的知識の集中化と流動化が進む環境では，各国の知識クラスターから先端研究の知識を十分に吸収するのが困難になってしまう。

4. 海外研究開発拠点のマネジメント

　ここまで，海外研究開発拠点の動機や立地について論じてきたが，以下では海外研究開発拠点のマネジメントについて検討する。

対外的・対内的交流と吸収能力

　海外研究開発拠点の運営において考えるべき点は，各拠点が対象とする技術

分野での知識基盤を形成しつつ，どのような研究組織との交流を進めていくかということである。

どのような海外研究開発拠点でも，外部組織といっさいの交流を断ち，当該拠点のスタッフのみで完結して優れた研究開発成果を生み出せるということは，ほとんどない。HBE 型の拠点であれば，海外市場の需要の特性に対応する製品を開発するために，本国拠点からコア技術を導入したり，現地の部品や材料の供給業者との連携をとることが重要になる。また，HBA 型の拠点ならば，知識クラスターの研究者コミュニティから先端的な知識を吸収するために，現地の研究組織との人的交流を積極的に進める必要がある。海外研究開発拠点にとって，多国籍企業内部の拠点間での対内的交流と，立地国における現地企業や研究組織との対外的交流は，知識を流入するための重要なチャネルなのである。

しかし，自らが持たない知識を外部組織から導入することで補おうとすると，**吸収能力**の欠如によって，導入した知識をうまく活用できないという問題にも直面する。

吸収能力とは，企業の外部において潜在的な価値のある知識を見出し，それを社内に吸収して，さらに商業化につなげる能力のことをいう（Cohen and Levinthal［1990］）。研究開発拠点の吸収能力は，当該拠点の研究開発チームが多様な情報を認知するだけの幅広い知識基盤を持つかどうかにかかっている。それは，関連分野の研究開発の経験を積むことによって養われる。高い吸収能力を持つ研究開発チームであれば，製品化に至っていない技術を他の研究組織から導入した際に，製品化につなげる工夫を凝らし，改善案を提起することができる。同様に，導入した製造装置や機械に改良を加え，生産性を引き上げることもできる。外部から導入した知識をうまく吸収し，改善を加え，新たな商業化に結びつけるには，自前の知識基盤に基づいた吸収能力を地道に構築していくことが欠かせないのである。

このことは，海外研究開発拠点の運営を困難にする。一般的に，研究開発はマーケティングや生産と比べて，短期的な商業的成果を望みにくい。海外拠点の吸収能力は継続的な研究開発活動を行うことで形成されていくが，長い間，商業的成果が上がらなければ，多国籍企業の他部門から不満が生じかねない

(浅川［2003］)。このような状況下で海外拠点の吸収能力を高めるために継続的な投資を行うには，当該拠点による研究開発の重要性に対する，長期的な視点に立った経営トップの理解と支持が欠かせない。

自律性と統制

次に，多国籍企業の全社的視点から見た際の問題を取り上げよう。まず，本社側から検討する必要のある点として，**自律性**と**統制**のバランスがあげられる（浅川［2011］)。この問題は，本社が海外研究開発拠点に対して，どれほど自由に運営上の意思決定を行う権限を与えるかということにかかわっている。具体的には，①研究プロジェクトの選定，②研究者の業績評価，③人材の採用，④昇進の決定，⑤研究成果の発表，⑥他社や社内の他拠点の研究者の一時的な受入れ，そして⑦予算の使用などの意思決定における権限をあげることができる。

海外研究開発拠点が創造的で独自性のある研究活動を行うためには，自律性が欠かせない。海外拠点が組織外部の研究機関や現地企業との交流を迅速に進めていくには，本社の統制のもとで本国における意思決定を仰いでいるよりも，自律性を持った拠点による素早い行動が求められる。

また，研究開発の主体である研究者や技術者の特性も，生産やマーケティングなどの活動とは異なって，強い自律性を求める要因となる。企業が求める商業的な意味での成果だけでなく，科学的な発見に強い関心を持つ研究者は，雇用主である企業という組織の境界を越えて，研究者同士での人的交流を行う傾向を持つ。とくに先端的知識を創造する知識クラスターの内部では，企業の境界を越えた人的交流が頻繁に行われ，突出した知識創造に必要な知識や経営資源の共有を促進している。本社による強い統制のもとでは，海外拠点は組織外部の研究者のコミュニティと人的交流を円滑に行えず，知識クラスターから先端の知識を流入するのは難しい。自由な研究環境を望む有力な現地研究者が辞めてしまう場合もある。海外拠点にとって，ある程度の自律性は，創造的活動を行うために必要な要件なのである。

しかし，海外研究開発拠点が本社から完全な自律性を付与され，統制とは無縁の状態になれば，多国籍企業としての一貫性は損なわれてしまう。たとえば，食品やヘアケア製品などの日用品を扱い，約180カ国でビジネスを行うユニ

リーバは，1990年代後半，各国に立地する海外拠点を，自律性を重視して運営していた。ところが各国の拠点がそれぞれ独自の製品開発を行った結果，製品の内容はほとんど同じにもかかわらず製品名やパッケージが異なる製品が乱立し，経営資源の重複投資というコスト面での無駄が生じてしまった。

　このような問題を避けるため，一般的に多国籍企業の海外拠点は，本社による統制を少なからず受ける。とくに，本国からの技術移転を促進することを主な役割とする海外拠点であれば，本社による統制の重要性は大きい。海外拠点において，本国から送られた，企業全体の方針や拠点の役割を認識した海外駐在員のマネジャーや技術指導者が，本社主導による統制や情報の共有を支える。統制された海外拠点では，社内での生産やマーケティングなど他部門との連携も行いやすい。

　ただし，上述した通り，海外拠点がHBA型の役割を担い，本国からの技術移転の促進にとどまらず，独自の研究開発に注力する場合，本社による統制は当該拠点の創造性を抑制してしまう要因にもなりうる。そのため本社は，各海外研究開発拠点の役割と能力の変化を把握し，それに応じた自律性と統制のバランスをとることが求められるのである（▶第7章Column⓬）。

海外研究開発拠点による知識移転

　海外研究開発拠点は，その運営が進んだ段階では，本国では入手が困難な現地市場の需要特性に関する暗黙知的な知識や，知識クラスターから流入する先端的技術を蓄積する。こうした技術や知識は，多国籍企業にとって有益なものであれば，本国や他国の拠点へ移転し，全社的に共有することが望ましい。ここで重要な問題となるのが，多国籍企業の社内における知識移転の方法である（▶第8章第2節）。

　最も単純な知識移転の方法は，海外研究開発拠点が生み出した知識そのものを，メモやレポートに示して，他の拠点へ移転することである。しかし，現地市場における消費者の習慣や好みなどの需要特性に関する知識は，微妙なニュアンスを含む場合，メモやレポートによってすべてを表現できるとは限らない。海外拠点において蓄積された現地市場の需要特性に関する知識や，他国で生み出された研究成果を，本国拠点や他の海外拠点に移転するのは容易ではないの

である。

こうした知識移転の難しさや移転にかかる費用は，**情報の粘着性**と呼ばれる（von Hippel [1994]）。情報の粘着性が低いことは，その情報を容易に他人に伝えられることを意味し，逆に粘着性が高いことは，移転が難しくなることを意味する。情報の粘着性に影響する要因としては，次の3つがあげられる。

1つ目の要因は，「情報そのものの性質」である。文字や数字だけでは簡単に表現できない知識や，文脈に依存する要素を多く含んだ知識ほど，移転は困難になる。2つ目は，「移転する情報の量」である。たくさんの知識を移転しようとする場合，単純で限られた知識を伝える場合よりも労力や時間がかかる。3つ目は，「移転に従事する組織間の関係」である。知識移転の受け手側が，移転される知識を利用するために必要な関連知識やスキルを持っていない場合や，送り手側からの知識移転に対して高いモチベーションを持たない場合，また互いに文脈を共有していない場合などには，移転は困難になる。これらの要因により，多国籍企業の社内において知識の共有が十分に行われない場合がある。

ソフトウェア開発における短めのコードなど，文字や数字で客観的に表現できる知識であれば，情報そのものの性質や情報の量から見て情報の粘着性が低いため，メールやレポートによって効率的に移転することができる。では，文字や数字では表現しにくい知識を膨大に移転する必要がある場合，どのような移転方法が求められるのだろうか。

近年の多国籍企業における製品開発チームでは，海外拠点が現地市場で入手した知識を新製品プロジェクトに導入するために，①海外拠点のマネジャーを参加させるケース，②海外拠点での駐在経験を持つメンバーを参加させるケース，また③海外拠点のマネジャーと頻繁なコミュニケーションをとるというケースが見られる（Subramaniam and Venkatraman [2001]）。メールやレポートでは移転するのが困難な海外市場の需要特性に関する知識を，当該知識を持つマネジャーとの対面交流を含む方法で，製品開発に導入するというわけである。

もちろん，国境を越えて研究開発拠点間で頻繁に連絡をとり，長期の訪問や会合を行うには，膨大な時間と労力がかかる。そのため，多国籍企業の本国と海外の研究開発拠点間における知識移転の促進を重視するとしても，やみくも

に対面交流を行うわけにはいかない。多国籍企業の研究開発拠点のマネジャーには，情報の粘着性を下げられるよう，拠点間における移転が検討されている知識の属性を考慮した上で，効率的な知識移転の手段を選択することが，求められるのである（椙山［2009］）。

5 まとめ

　ここまで，研究開発の国際化にかかわるいくつかのマネジメントのポイントについて論じてきた。研究開発の国際化は，古典的な海外直接投資の理論（▶第2章）が想定していた，本国の優位性に立脚した海外展開を促進する手段となる。同時に，自社に欠けており，本国では入手しがたい新たな知識の流入を促し，優位性を拡張する手段になる可能性も秘めている。

　しかし，単純に研究開発を国際化させても，無条件に新たな知識が流入し，優れた製品が生み出され，結果として研究開発成果が高まるわけではない。本国からの知識の移転を円滑化し，その一方で世界各地からの新たな知識の流入を促進するには，企業ごとに，国際研究開発の目的を反映したマネジメントが求められるのである。

EXERCISE

① 日本企業は欧米の多国籍企業よりも研究開発を本国に集中させる傾向があり，しばしば国際研究開発の進展が遅れているといわれる。日本企業が研究開発を本国に集中させる原因と，そのメリットとデメリットについて考えなさい。

② 海外研究開発に積極的に取り組んでいる日本企業は，①主にどのような産業の企業なのか，また②日本企業による海外研究開発は北米やアジア，また欧州のどの地域で主に行われているのかを，データを調べてまとめなさい。そのデータを踏まえて，日本企業は今後，研究開発をどのような国や地域で進めていくと思うかを議論しなさい。なお，経済産業省の『海外事業活動基本調査』（各年版）には，日本企業の海外事業活動の動向が統計資料としてまとめられており，海外研

究開発の状況も簡潔に示されている。

読書案内　Bookguide

浅川和宏［2011］『グローバル R&D マネジメント』慶應義塾大学出版会。
　日本企業による海外研究開発のマネジメントについて，組織，戦略，環境の 3 点に関し，事例に基づいて分析を行った研究書。

引用・参照文献　Reference

Cohen, W. M., and Levinthal, D. A. [1990] "Absorptive capacity: A new perspective on learning and innovation," *Administrative Science Quarterly*, vol. 35, no. 1, pp. 128–152.

Kuemmerle, W. [1999] "Foreign direct investment in industrial research in the pharmaceutical and electronics industries: Results from a survey of multinational firms," *Research Policy*, vol. 28, no. 2–3, pp. 179–193.

Kuemmerle, W., and Kobayashi, K. [1998] "NEC: A new R&D site in Princeton," Harvard Business School Case, product number: 898027-PDF-ENG.

OECD "Regional Innovation Mapper," (http://www.oecd-berlin.de/oecdwash/innovationmapper/).

Saxenian, A. [2006] *The New Argonauts: Regional Advantage in a Global Economy*, Harvard University Press.（サクセニアン，A.〔星野岳穂・本山康之監訳，酒井泰介訳〕[2008]『最新・経済地理学――グローバル経済と地域の優位性』日経 BP 社。）

Subramaniam, M., and Venkatraman, N. [2001] "Determinants of transnational new product development capability: Testing the influence of transferring and deploying tacit overseas knowledge," *Strategic Management Journal*, vol. 22, no. 4, pp. 359–378.

Terpstra, V. [1977] "International product policy: The role of foreign R&D," *Columbia Journal of World Business*, vol. 12, no. 4, pp. 24–32.

von Hippel, E. [1994] "'Sticky information' and the locus of problem solving: Implications for innovation," *Management Science*, vol. 40, no. 4, pp. 429–439.

浅川和宏［2003］『グローバル経営入門』日本経済新聞社。

浅川和宏［2011］『グローバル R&D マネジメント』慶應義塾大学出版会。

椙山泰生［2009］『グローバル戦略の進化——日本企業のトランスナショナル化プロセス』有斐閣。
総務省統計局編『科学技術研究調査報告』各年版。
東洋経済新報社［2013］『海外進出企業総覧 2013 年版 CD-ROM』。
藤本隆宏［2001］『生産マネジメント入門 II　生産資源・技術管理編』日本経済新聞社。

CHAPTER

第 **10** 章

国際的な人的資源管理

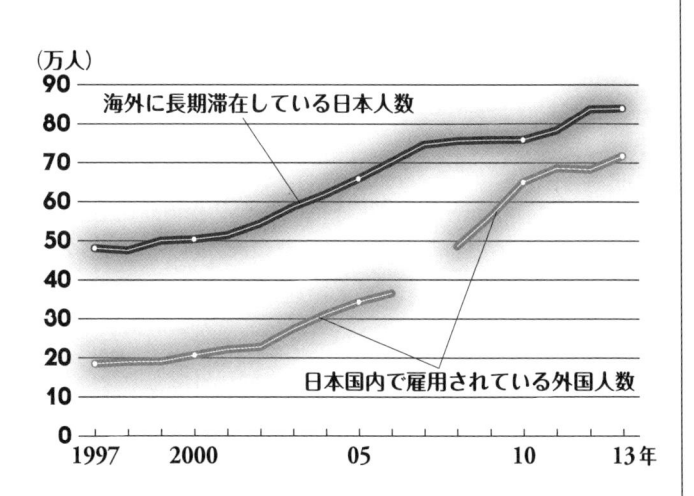

海外に長期滞在している日本人と日本国内で働く外国人

(万人)
海外に長期滞在している日本人数
日本国内で雇用されている外国人数
1997　2000　　05　　　10　　13年

注) 2007年から法律が変わり，外国人雇用状況の届け出が義務づけられたため，同年の外国人雇用者数が欠損値となっている。
出所) 日本人数は外務省「海外在留邦人数調査統計」，外国人数は厚生労働省「外国人雇用状況報告（平成 9～18 年）」「外国人雇用状況の届出状況について（平成 20～25 年）」より。

KEYWORD

国際人的資源管理（IHRM）　expatriate（海外駐在員）　EPRG プロファイル　知識移転　現地子会社のコントロール　学習　repatriate（海外帰任者）　内なる国際化　ジョブ・ホッピング　ダイバーシティ

1 グローバル人材の時代

　近年の日本では,「グローバル人材」の必要性が強調されている（▶第1章 Column❶）。では,海外の最前線で働く日本の多国籍企業の人材とは,どのような人たちなのだろうか。

　まずは,近年増加傾向にある,海外で活躍する日本人をあげることができる（本章扉頁の図）。日本企業のノウハウを海外で活用するために,日本人が海外へ出張,または海外子会社に駐在して働いているのである。海外で働く日本人は,言語,文化,慣習が違う中で働かなければならない分,より厳しい環境で働いているといえる。

　こうした厳しい環境で働ける日本人の素質として真っ先にあげられるのは「語学力」だろう。実際,現在は企業もTOEICのような英語のスコアを重視している。社内公用語を英語に決めた楽天では,TOEICの点数が一定のスコアに達しない学生は採用しないという。

　しかし,海外で活躍するためには,語学以外に必要な能力もあるだろう。多国籍企業はそうした能力を特定し,将来の海外マネジャー候補を選抜し,教育しなければならない。さらに,彼・彼女らが海外に行ったら,彼らの仕事や生活をフォローしなければならない。また,彼らを帰国後にどのように処遇すべきかについても考える必要がある。多国籍企業になった以上,国内だけで事業を行っていたときとは異なる人事施策を考えなければならないのである。

　一方,多国籍企業である以上,日本人だけを雇うわけではない。進出先で,あるいは日本国内で,海外国籍の人材を雇うことになる。現実に日本国内で働く海外国籍人材が増えていることは,扉頁の図で見た通りである。彼らに十分に力を発揮してもらうためには,彼らが望む給与体系を設定し,彼らのモチベーションを上げなければならない。そのためには,たとえば,日本的な年功賃金ではなく,成果に連動する給与体系が求められるかもしれない。

　さらに考えなければならないのは,彼らのキャリアである。現状,日本企業の海外子会社の多くには,日本人がマネジメント層として入り込んでいる。現

地国籍人材を海外子会社で出世させるには，こうした日本人を彼らで置き換えていかなければならない。さらには，彼らを日本の本社に連れてきて，一緒に働いてもらう，場合によっては社長になってもらうということも考えられる（▶第12章第1節）。海外に進出したことで，異なる国籍の人材に対する人事施策も考えなければならなくなるのである。

以上のような，国際的な人材の採用・育成・活用にかかわるマネジメントは，**国際人的資源管理**（international human resource management, IHRM）と呼ばれ，前章までに取り上げた多国籍企業の活動の基盤となっている。そこで本章では，国際人的資源管理について，日本企業が抱えている問題点にも触れながら説明していく。

2 企業の国際化と国際人的資源管理

はじめに，国際人的資源管理が必要となる背景を理解するために，企業の国際化の発展段階（▶第4章第3節）と，そこにおける人的資源管理について議論しよう。

まず，国内市場だけで事業展開し，輸出もしていないドメスティック企業の場合，海外との接点はほとんどない。唯一あるとすれば，原材料や製品を海外から輸入する場合である。この場合，海外の業者と接点を持ちうるが，通常は商社などが仲介するため，海外との直接の接点はないことが多い。そのため，こうした企業の人的資源管理に国際的な側面は必要ない。

次に，輸出を行う段階である。ここでも，国内の輸出商社を介するならば，国際的な人的資源管理は必要ない。もし商社を通さず，海外の業者に直接輸出する場合は，本社の国際業務部門の担当者が折衝することが多い。この際には，条件の交渉や契約書の作成などを行うが，海外ビジネス事情や現地市場に関する深い知識は不要である。そのため，海外について深い知識を持っていない一部の担当者が，海外とやりとりするにとどまる。また，海外に拠点を設けるわけではないため，海外国籍の人材を雇うとしても少人数である。

やがて，輸出だけでなく，現地で直接販売子会社をつくって販売する，もし

くは海外工場をつくって現地生産を始める段階になる。こうなると，本社にも海外子会社にも，より海外に詳しい人材が必要になってくる。本社側では，現地事情に詳しく，海外現地スタッフとのコミュニケーション能力のある人材，とりわけ海外子会社で働く expatriate（**海外駐在員**，海外派遣者，海外派遣社員）が必要となる。一方，現地子会社側でも，海外駐在員に加えて，現地採用の現地従業員が必要となる。現地従業員に対しては，本社の技術やノウハウを教育しなければならないが，本社のやり方を押しつけるのではなく，その国に合わせたマネジメントも必要である。さらに，海外子会社の役割が大きくなってくれば，現地従業員にも徐々に高度な役割が求められるようになる。

　この段階になると国際人的資源管理は一気に複雑さを増す。まず，本社側では海外駐在員に関するマネジメントが重要な課題となる。海外駐在員の育成，サポート，キャリアなどは，国際人的資源管理ならではの重要な課題である。また一方で，現地従業員の育成・活用も重要な課題になる。後述するが，とくに日本企業の場合は，現地従業員の活用が遅れているといわれているため，海外国籍の人材をいかに扱うかが重要なポイントになってくる。

　さらに国際化が進展すれば，本社と海外子会社の関係は限りなく対等な関係になる。そうなると，本社か海外子会社かを問わず，グローバルな視野で物事を考えられる人材が必要になる。そうした優秀な人材が国籍に関係なく国境を越えて，適材適所で働くのである。この段階になると，そうした人材を育てるための教育システム，人材を評価するシステムが求められる。たとえば，「どの国の人材でもこの試験にパスすればあるポストにつける」という世界共通の試験制度をつくれば，国籍を問わずそのポストに適した人材を配置することができる。

　このように，国際化が進展するほど，国内だけで活動を行っているときにはなかった課題を解決しなければならなくなる。以下では，さまざまな国籍の人材を，国境を越えて活用しなければならない「海外子会社設立以降」をイメージして，議論を展開していこう。

3 国際人的資源管理の前提
▶ パールミュッターのEPRGプロファイル

では，文化的に異なる多国籍の人材をどのように管理していけばよいのだろうか。この点を議論したのがパールミュッターである。彼は国際化の基準となる経営志向のパターンを提示し，多国籍企業がどのような経営志向をとるかによって，人事体系も異なってくることを明らかにした。その経営志向とは「ethnocentric」「polycentric」「regiocentric」「geocentric」の4つで，**EPRGプロファイル**と呼ばれる（Heenan and Perlmutter［1979］）。

ethnocentric（本国志向型）

本社主導により主要な意思決定が行われ，海外子会社には重要な役割が与えられない経営志向のことである。「本国中心主義」とも呼ばれる。ここでは，本国のやり方，管理基準が海外に適用される。そのため，海外子会社の主要ポストは本国人材（parent-country national, PCN）で占められ，現地従業員は限定的な役割しか与えられない。

日本企業は，本国志向型の典型例としてあげられることが多い。日本企業は

CHART 表10.1　Kopp［1994a］における海外駐在員の割合の比較

（単位：%）

		米国企業 ($N=20$)	欧州企業 ($N=21$)	日本企業 ($N=26$)
海外子会社の トップ・マネジャーの 国籍	本国人材	31	48	74
	現地国籍人材	49	44	26
	第三国籍人材	18	8	0.2

注）　1. ここにおけるトップ・マネジャーとは，カントリー・マネジャーかその国の社長（Country Manager, or President of the overseas operation）を指している。
　　 2. Kopp［1994a］は日本企業に対してサブサンプルを加えた分析も行っているが，ここではメインサンプルの結果を記す。
出所）　Kopp［1994a］pp.586-587をもとに筆者作成。

欧米企業よりも，海外子会社のマネジメント層に日本人を使う傾向が強いことが，いくつかの研究で明らかになっているのである。表10.1は，そうした研究が明らかにしたデータの1つである（Kopp［1994a］）。そして，こうした本国志向型のマネジメントをとっていることが，日本企業の弱みになっている可能性が，いくつかの研究で指摘されている（Kopp［1994b］，吉原［1996］）。

polycentric（現地志向型）

　現地のことは現地が一番よく知っているということを前提に，現地のマネジメントは現地スタッフに任せる考え方である。そのため，海外子会社の主要ポストは現地国籍人材（host-country nationals，HCN）に担われる。オペレーション上の意思決定は現地子会社に権限委譲されるため，本国のやり方・管理基準は最低限適用されるにとどまり，それぞれの国のやり方が優先される。ただし，財務・研究開発などの重要な意思決定は，本社主導のままである。欧米企業によく見られる経営志向である。

　この段階は，海外の人材の積極的な活用を行っているという意味で，本国志向型よりも進んでいると考えられる。しかし，各国ごとに別々という考えのため，それぞれの拠点間のつながりが重視されているわけではない。

regiocentric（地域志向型）

　polycentricと次に述べるgeocentricの間に位置する経営志向で，各国ローカルとグローバルの中間である地域（リージョン）規模を基準とする経営志向である。近隣諸国を束ねた地域単位で環境を捉えるため，地域ごとに最適な人事基準などのルールを設け，そうしたルールに基づいて，人材も地域内を中心に交流させる。地域を越えたつながりもなくはないが，地域は地域ごとの特色を出すことが認められているのである。

　こうした取組みは，近年，一部の日本企業で見られるようになってきている。たとえばトヨタは，北米，欧州，中国などに地域本部をつくり，地域内の人材交流などを促進している（▶第4章第4節）。

geocentric（世界志向型）

　各拠点が相互に複雑に依存し合い，本社と海外子会社が協調している状況である。ここでは，普遍的かつ現地的な経営管理基準が適用され，本社も海外子会社もすべてを束ねるようなルールができている。そのため，人材の登用についても世界中からベストな人材を起用する。ある国で，PCN でも HCN でもなく，第三国国籍人材（third-country national, TCN）が活用される可能性もあれば，本社に PCN 以外の人材が活用されることもある。

　この志向のもとでは，適材適所の人材配置が目指され，グローバルに展開することによって得られる多様な人材の強みを最大限活かすことが求められる。これは，多国籍企業内部に労働市場ができていて，その中で各拠点が「あの人材がほしい」と人材の移動を求めているような状況といえる。ただし，そうした人材移動を行うためには，どの国の人材でも評価できるような評価基準，そうした基準に引き上げる教育などが必要とされる。GE など一部の先進的な企業は，これに近い体制をとっているが，この志向にまで至るのは難しい。

　パールミュッターは，E→P→R→G と発展していくことを想定しつつも，これらの順番通りに発展しないケースもありうること，場合によっては逆行する可能性があることも，示唆していた。また，最も進んでいるといわれる G の状態が，つねに理想的な状況かどうかも実証はされていない。とはいえ，EPRG の各志向において典型とされた国際人的資源管理を参考にすれば，現実のある企業がどの段階にあるかを把握することはできる。この点において，EPRG プロファイルはいまだに有用な分析ツールであるといえるだろう。

4 海外駐在員のマネジメント

　それでは，実際に働く人材をどのようにマネジメントすべきなのだろうか。ここでは，海外駐在員と現地従業員の2つに分けて議論していこう。まず本節では，主に本国から海外子会社に派遣される海外駐在員のマネジメントから，

考えていく。

海外駐在員の役割

　海外駐在員とは，本社等から送られた海外子会社への出向者のことである。海外子会社を設立した際，多くの場合，現地に海外駐在員が送られる。一般に海外駐在員は，**知識移転**，**現地子会社のコントロール**，**学習**の３つの役割を担う。

　１つ目は，知識移転の役割である（▶第 **8** 章第 ② 節・第 **9** 章第 ④ 節）。海外駐在員が派遣されることによって，移転元の組織が持っていた技術・知識・ノウハウを円滑に移転することができるのである。たとえば，海外工場に品質保証担当として赴任する日本人海外駐在員は，日本本国が認める品質で製品が製造できているかを管理する。本国側の品質基準に関する情報や品質上昇のためのノウハウを持つその人がいることで，安定した品質による製造が可能になる。実際，日本企業の製造拠点の場合，品質保証，工程技術（生産技術）などといった技術にかかわる分野については，日本人駐在員が指導者もしくはマネジャーとして活躍しているケースが多い。

　２つ目は，コントロールの役割である（▶第 **4** 章第 ④ 節）。まず，海外駐在員が現地組織にいることで，現地に御目付役ができることになり，財務的な管理がしやすくなる。経理の役職の人間が海外駐在員のままで，現地国籍人材に取って代わらないケースは，この財務的な管理のためである。加えて，海外駐在員の存在によって本社が海外子会社と円滑にコミュニケーションできるため，派遣元からマネジメントのコントロールが利きやすくなる。さらに，海外駐在員が現地にいることで，海外子会社の目的を企業全体のそれと合わせることができる。

　３つ目は，学習の役割である。上記２つは海外子会社に関する役割だったが，これは全社に関する役割である。まず，海外駐在員によって海外子会社が持つ知識をそれ以外の拠点に移転することが容易になる。とくに近年は，海外子会社が持つ知識や技術といった優位性への注目が集まっているが，これらを組織全体で共有する際に，海外駐在員が重要となる。さらに，海外子会社で経験を積むことで，人材として成長できる。たとえば，海外子会社での経験から，さ

まざまな文化からよい取組みを集める能力が鍛えられる。実際，近年の日本企業の中には，教育のため早くに海外勤務経験を積ませるところもある。

海外駐在員の派遣マネジメント

　海外駐在員は，異文化の地で働かなければならないため，国内でビジネスを行うよりも難しい立場に置かれる。そのため，派遣前，派遣中，帰国後のそれぞれの時期において，海外駐在員を適切にマネジメントすることが求められる。

　まず，派遣前には，海外駐在員となる人材の選抜とその育成を考えなければならない。選抜の際には，当人の仕事のスキル，コミュニケーション・スキル，リーダーシップ・スキル，社交スキルなどが考慮される。

　このとき，海外駐在員の選抜基準をどうすべきかは，日本企業にとって悩みの種である。よく用いられる基準としては，「英語力がある」「海外経験がある」「日本で華々しい業績を上げている」「将来の幹部候補として見込みがある」などをあげることができる。しかし，語学力や海外経験があっても，仕事ができるとは限らない。また，日本で華々しい業績を上げていても，現地では通用しないかもしれない。海外駐在員として成功するかどうかの適性を予測することは難しく，適性のない人間が選ばれ，与えられた仕事を果たせずに帰国してしまうことも多々あるのである。

　次に，育成の面では，現地の言語，文化，仕事の引継ぎなどについて，十分な教育を行うことが望ましい。しかし，急に海外駐在が決定するケースも少なくない。決定から数週間で海外に駐在を命じられる場合，十分な育成時間を与えることができない。さらに，小さな企業であれば，自社で教育プログラムを用意できない場合もある。しかし，現地の言語や文化を理解するだけの時間を与えてから海外駐在員を派遣している企業のほうが，現地従業員とのコミュニケーションや現地市場の把握の面で，強みを持っているといわれている。

　派遣中は，海外駐在員の現地生活をサポートすることが求められる。派遣当初は，本人の高い意欲と現地の歓迎ムードから問題は起きづらいが，しばらくすると，現地人とのコミュニケーションの問題や現地文化へのカルチャー・ショックから，現地への適応が難しくなる場合がある。このようなときには，海外駐在員は当然のこと，その家族までをも含めたサポートを行う必要がある。

また，海外駐在員の成果を明確に評価することも，彼らのモチベーションを上げるために必要である。

そして，帰国後は，海外派遣を終えた社員，すなわちrepatriate（海外帰任者）が，本国に適応できるようにサポートする必要がある。過度に海外に適応した人材は，本国に適応する際に抵抗を見せ，本国の人間と対立する場合もある。また，海外帰任者が，本国と海外の仕事は別と考えて，海外で培ったスキルを利用しなくなることもある。さらに，海外に派遣された人材のポストが本国にないために，ずっと本国に戻れないこともある。

豊富な海外経験を持つ海外帰任者を活用できないことは，本人はもちろん，企業としても損失である。こうした問題を防ぐためには，彼らのスキルを活かせる仕事やポストを用意する必要がある。また，本国に帰任する前に，本国の現在の状況を伝えたり，次の仕事の話をしたりすることが，帰国後の帰任者の満足度を上げるという研究もある（内藤［2011］）。

海外駐在員の失敗

海外駐在員の失敗とは，海外駐在員が当初期待された役割を果たせないことであり，派遣当初の目的を達成できずに帰国したかどうかなどで測られる。そのような失敗をもたらすものとして，国の要因，企業の要因，個人や家族の要因がある。

国の要因としては，相手先国の文化がある。相手先国の文化と自国の文化がかけ離れているとき，もしくは相手先国の文化が他国を排除するようなものであれば，その国に適応することは難しくなり，海外駐在員の活動が妨げられる。食事・宗教・気候・風習などは，現場では非常に重要な問題である。そのため，日本企業向けの工業団地では，日本料理店があるかどうかが，工業団地の魅力の1つとして「真面目に」考えられている。

企業の要因としては，駐在員の目的の明確化，駐在員の活動のサポート，駐在員の昇進・報酬といったインセンティブの明確化が重要となる。そのような体制をとらなければ，海外駐在員のモチベーションは低下してしまう。海外赴任を島流し，もしくはバカンスのように位置づけている企業の海外駐在員に，高いパフォーマンスは期待できない。

Column ⓰　海外駐在員の実態

　現地に派遣された海外駐在員は，現地でどのような働き方をしているのだろうか。

　日本企業の場合，海外駐在員の仕事は，「本国で培った技術（製造技術，製品技術，管理技術等）の現地での発揮または移転」「日本本社とのコミュニケーション」「現地にいる日系の顧客やサプライヤーとのコミュニケーション」が多い。しかし，実際の働き方は個人によって異なっている。

　たとえば，海外駐在員として派遣されたにもかかわらず，本社に戻ることのみを考えている海外駐在員もいる。こうした駐在員は本社のポイントを稼ぐことだけを考えるため，本社の方針を現地に押しつけ，現地の社会に溶け込むことをしない。具体的には，現地の会社には週2～3回程度しか出社せず，もっぱら日本人同士のゴルフやパーティに勤しみ，本国への出張があれば「い」の一番に帰国する。現地のマネジャー層がある程度成熟すると，現地のオペレーションは彼らに任せられるため，こうした仕事の仕方でも何とかなってしまう。こうした駐在員は当然，現地の従業員から不満を持たれやすい。

　逆に，現地に溶け込もうと努力する海外駐在員もいる。自らを現地で稼がせていただいている人間であると考え，現地を理解しようと努力する。たとえば，工場などの現場やイベントに顔を出して従業員とコミュニケーションをとったり，休日も地元の街などに出かけて地域と触れ合ったりする。現地の言語の習得にも積極的である。こうした海外駐在員は現地従業員からも受け入れられやすく，また，現地の経験を通じて新たな気づきを得ることもできる。

　しかし，ただ現地に溶け込もうとするだけでは不十分である。単純に現地のことを理解するだけであれば，現地従業員には敵わない。また，海外駐在員は本社からのコントロールの役割をも担っているため，海外子会社の意見だけを聞く現地の代弁者になっても，多国籍企業全体の効率性を下げるだけである。よって，海外駐在員は，本社と海外子会社をつなぐ存在であることを理解し，本社の意見を現地に，現地の意見を本社に伝えられるよう，努力する必要がある。そのためには，本国と現地の両方と活発なコミュニケーションをとり続け，両者の意図を理解した上で，両者の意見をうまく折衷させる存在になることが望ましい。

　最後に，個人や家族の要因がある。当然，個人の能力，モチベーション，コミュニケーション能力がなければ，海外駐在員として成功することは難しい。

しかし，それのみならず，家族が現地社会に適応することも必要で，これができない結果，海外駐在員も帰国せざるをえなくなる場合もある。そのため，「単身赴任の海外駐在員のほうが，失敗率が低い」という傾向も指摘されている。

　企業には，以上の要因を理解して，海外駐在員の失敗を防ぐことが求められる。海外駐在員には，準備段階の教育費，派遣時・派遣後の補償費等，現地従業員数人分のコストを要するため，海外駐在員の失敗を抑えることは重要なマネジメント課題である。

　ただ一方で，海外駐在員人材の枯渇という問題も生じている。海外拠点が拡大すればするほど，必要とされる海外駐在員も増えていく。とくに近年の日本企業の場合，海外ビジネスの拡大スピードに，人材の教育が追いついていないケースが多い。そのため，産官学から，グローバル人材の育成を求める声が強まっているのである。

　こうしたコストや人材の枯渇の問題に対する1つの解決策として，欧州企業では，出張者や短期派遣者の活用が検討されている。マネジャーを頻繁に出張させる，もしくは短期間派遣することで，駐在によるコストや人材の問題を解決しようとしているのである。しかし，頻繁な海外移動はマネジャーの負担となるため，また別の問題を抱えているともいえよう。

5　現地従業員のマネジメント

　次に，海外駐在員のカウンターパートにあたる，現地従業員（現地国籍人材，現地人材）のマネジメントについて考えてみよう。

海外駐在員への依存の問題点

　海外駐在員に過度に依存すると，現地従業員の不満を招くことがありうる。海外子会社の重要なポストの多くが海外駐在員で占められ，本国が海外子会社の主要な意思決定の権限を握っている場合，現地従業員は十分な権限が与えられず，いわれた仕事をただこなすだけになってしまう。それが現地従業員のモ

チベーションに大きな影響を与える。

　海外駐在員が重要なポストを占めることの問題として，まず，海外駐在員と現地従業員の間のコミュニケーションや待遇のギャップがあげられる。現地従業員は，海外駐在員で構成されるマネジメント層に対して，「十分な情報を伝えてくれない」「意思決定に参加させてくれない」「給与や待遇が違いすぎる」といった不満を持つことがある。また，3～5年程度で帰国する駐在員上司とは，強い信頼関係を築くことも難しい。これらの不満がモチベーション低下につながれば，現地従業員のコミットメントを引き出せないだろう。

　海外駐在員の使用は，さらに，現地従業員のキャリアに影響を与え，現地従業員の獲得・育成・維持にも問題を生じさせる。海外駐在員が現地従業員のポストを占めてしまえば，現地従業員にキャリアを積ませて育成することが難しくなる。このようなキャリアへの見通しの暗さが現地従業員の不満につながり，人材の維持・獲得を難しくする可能性があるのである（▶第12章第1節）。

現地人材の活用のメリット

　以上では，現地人材（現地従業員）を活用しないと現地人材のモチベーションが下がるから活用すべきであるという，消極的な側面を議論してきた。しかし，現地人材の活用にはメリットもあり，ゆえに積極的に活用すべきであるという側面がある。とくに大きなメリットは，現地人材が現地市場・現地経済・現地文化に深く精通していることである。

　たとえば，現地市場に精通していることから，現地のニーズを捉えた製品開発が行いやすくなる。パナソニックの家電部門は中国市場において，市場調査の多くを中国人に任せている。現地のニーズは現地人材が一番よくわかっているため，そうしたニーズ情報を得ることでヒット製品を生みやすくなるからである。また，現地経済に精通していれば，理想的な取引相手（顧客，パートナー，サプライヤー）を探しやすいし，規制を考える政府等とパイプをつくることも容易になるだろう。現地文化に精通していれば，採用制度や雇用制度を考えるときに，現地人材を惹きつけるような制度を考えられる可能性も高まるだろう。

　このように，現地人材が持つ強みを利用することは，海外子会社の強みにつながりうるのである。そのようにして現地拠点が能力を高めていけば，やがて

グローバル市場にも貢献できる海外子会社になれる可能性があるといえよう。

現地人材を活用する組織体制

ここまで，現地人材を活用する必要性について議論してきた。最後に，現地人材を活用するための組織体制について説明しよう。

現地人材を活用するためには，まず，現地人材が求める人事システムを現地につくるべきである。たとえば，海外子会社では，日本的な年功賃金よりも成果主義的な賃金が望まれることが多い。人事システムの現地適応は，現地人材を活用するための前提である。

その上で海外駐在員の問題を考えなければならない。とりわけ日本企業はいまだに，海外駐在員を多用する傾向が欧米企業と比較して強い。海外駐在員を減らし，現地人材を活用することが，今後の日本企業の課題であろう。そのためには，駐在員の後継となりうるような人材を育成し評価するためのプログラムを，企業として備えておく必要がある（Column ⓱）。

また，本国本社に現地人材を派遣するという「内なる国際化」を目指すことも有用であるとされている（吉原［1996］）。本国人材だけでなく，現地人材をも，本国をはじめとするさまざまな国に派遣できる体制をつくるのである。このようなキャリアが用意されれば，現地人材のモチベーションは上がり，彼らのスキル構築やスキルの発揮を促進できる。そのためには，彼らを評価するための新たな基準，キャリアパス，給与体系等を構築していく必要があるだろう。

ただし，現地人材を活用することが自己目的化してはいけない。現地人材を活用することは目的ではなく，企業が強くなるための手段の1つである。そのため，状況によっては海外駐在員が必要とされる局面もあるし，現地人材を活用すれば必ずパフォーマンスが上がるわけでもない。また，現地人材に十分な能力があるからこそ現地化に価値があるのであって，単なる国籍の置換えには意味はない。一部の企業では，人材の現地化と海外子会社の成功を同一視しているところもあるが，そのような考えは止めたほうがよい。

> **Column ⑰　現地従業員はすぐ辞める？**
>
> 　多くの日本企業が海外子会社で苦労するのは，現地従業員の離職率の高さである。仕事を次々に転々とすることを，ジョブ・ホッピングというが，現地従業員はジョブ・ホッピングを好む傾向にある。とくに日本企業は，「給料が安い」「出世の機会が少ない」と現地で認識されていることが多く，他国の企業に人材を引き抜かれやすい。「終身雇用」を前提に従業員を育成してきた日本企業の場合，育てても辞めてしまう現地従業員は悩みの種である。
>
> 　しかし，「海外の従業員はすぐに辞める」というステレオタイプなイメージを強く持ちすぎるのもよくない。「海外の人材は日本人よりも給料や出世の機会に貪欲である」というのは事実であっても，それでも辞めないで長期間勤務してくれる現地従業員は少なくない。
>
> 　たとえば，ジョブ・ホッピングが激しいといわれる中国にも，こうした従業員は見られる。実際に中国での経験の長い駐在員に話を聞くと，「中国人は，自分が心服しているボスがいたり，自分が学べる職場であったりすれば，そう簡単には辞めない」という。高い離職率から，お金や地位などに基づいて仕事を選んでいると思われがちな中国の従業員でも，その実態は人間関係や自らの成長を重視しているのである。
>
> 　また，現地の人材全員がジョブ・ホッピングを繰り返すとは限らない。ジョブ・ホッピングをしてキャリアを高める人は，ひと握りのエリートである。したがって，ジョブ・ホッピングを繰り返す人材は重視しないという選択をすることも考えられる。エリートよりは少し「劣る」かもしれないが，長期間日本企業に勤めてくれそうな人材を採用し，日本企業式でじっくりと教育するのである。実際，いくつかの日本企業の海外子会社には，日本企業に強い愛着を持ち，日本と現地の架け橋として長期に活躍している現地人材もいる。エリート人材の引止めに躍起にならず，こういう人材を大事にするということも，日本企業の国際人的資源管理の独自の方向としてありうるであろう。

6　グローバル化に向けた近年の議論

　最後に，多国籍企業がさらにグローバル化していくにあたって必要とされて

いる，近年の議論を紹介する。

ダイバーシティ経営

ダイバーシティとは，日本語に訳すと「多様性」である。性別・人種・民族・国籍などが異なるさまざまな人材を1つの組織としてまとめ上げ，活用することで，優位を得ていくことが，ダイバーシティ・マネジメントの目的である。

多国籍企業では，国の違いから生まれるダイバーシティを積極的に活かすことが求められる。とくに重要なのは，グローバルに展開することでもたらされる多様性から，学習することである。多様な市場での経験が，よりイノベーティブな製品の開発につながることもあれば，さまざまな国のマネジメント・プロセスの「いいとこどり」をすることで，より強固な組織体制をつくれる可能性もある。

多国籍企業だからこそ考えるべきダイバーシティとして最も一般的なのは，各国の文化である（▶第1章Column❷）。このような文化の違いをマネジメントしていくためには，2つの文化を橋渡しするインターフェースとなるような管理者を用意したり，それらを上回るような組織文化を社内に浸透させたりすることが重要となる（▶第4章Column⓫）。

ただし，国際的な文化の違いを克服するようなマネジメントを行ったことで，逆に国内の意識の差異のほうが大きくなってしまうケースもある。多国籍企業において，まず克服すべきは国ごとの差異であったとしても，必ずしもそれだけに注力すればよいわけではない。国ごとのダイバーシティだけでなく，同一国内のダイバーシティも忘れないように注意すべきである。

海外子会社の自律的な教育体制

これまでの日本企業では，海外子会社の教育は本国本社がサポートするというのが前提であった。しかし，近年は海外子会社の数が増え，さらにその多様性が増したため，本国拠点だけではサポートし切れなくなってきている。

そこで，本国からの海外子会社へのサポートを軽減するため，能力の高い海外子会社を他の海外子会社の教育係にするケースが現れてきている。たとえば

トヨタの場合，タイなどの高い能力を持った拠点が地域の「先生」となり，他の海外工場を指導している。本国工場は，タイなどの海外拠点の先生となる拠点を指導する，いわば「先生の先生」として位置づけられ，それ以外は海外子会社が自律的に教育を行えるような体制をとっているのである。

　また，ある企業では海外子会社が別の海外子会社を立ち上げるケースも見られる。ある電子部品メーカーでは，カンボジア拠点の立上げの際に，タイ拠点がマザー工場となり，カンボジアの従業員の OJT 等を行った。日本から指導するよりもタイが指導するほうが，物理的にも文化的にも近く，メリットが大きかったといえるだろう。

　このように，本国本社の負担を減らすために，現地が自律的な教育を行えるような体制を整えている企業が増えてきている。こうした場合，地域単位でネットワークを組み，情報交換をしているケースが多い。今まで本国本社が面倒を見すぎと批判されてきた日本企業は，こういった海外子会社同士で教育し合えるような体制の整備も，一方で考えなければならないだろう。

　以上のように，グローバル化の進展に合わせて国際人的資源管理の重要性は大きくなっている。グローバルな組織全体として戦略的に人的資源管理を考えていかなければ，多国籍企業として最高のパフォーマンスを発揮することは難しいといえよう。

EXERCISE

① あなたが海外駐在員として現地に派遣されるとしたら，事前にどのようなことを勉強し，現地ではどのようなことを心がけますか。
② 日本企業はどうして日本人海外駐在員を多用するのかを考えた上で，今後日本企業が現地人材を活用するために，まずどのような取組みが必要かを考えなさい。

読書案内　　　　　　　　　　　　　　　　　　　　　　Bookguide

　Black, J. S., Gregersen, H. B., Mendenhall, M. E., and Stroh, L. K. [1999] *Globalizing People through International Assignments*, Addison-Wesley.（ブラック，J. S. ＝ グレガーゼン，H. B. ＝ メンデンホー

ル，M. E.＝ストロー，L. K.〔白木三秀・永井裕久・梅澤隆監訳，国際ビジネスコミュニケーション協会翻訳協力〕［2001］『海外派遣とグローバルビジネス——異文化マネジメント戦略』白桃書房。）

　欧米の研究者が海外駐在員の問題について論じた著作。海外駐在員にどのような問題があるかが，ミニケースを交えて説明されている。海外駐在員の問題が日本企業だけでなく，世界共通の問題であることが理解できる。

Hofstede, G., Hofstede, G. J., and Minkof, M. [2010] *Cultures and Organizations: Software of the Mind, 3rd ed.*, McGraw-Hill.（ホフステード，G.＝ホフステード，G. J.＝ミンコフ，M.〔岩井八郎・岩井紀子訳〕［2013］『多文化世界——違いを学び未来への道を探る 原書第3版』有斐閣。）

　各国の文化の差を，5つの尺度から測定した研究。各国の文化の差をどのように捉えるべきかを考えたい人に読んでもらいたい。なお，ホフステードがつくり出したこれらの尺度は，文化の測定において最もポピュラーな尺度の1つである。

引用・参照文献　　　　　　　　　　　　　　　　　　　　　Reference

Heenan, D. A., and Perlmutter, H. V. [1979] *Multinational Organization Development: A Social Architectural Perspective*, Addison-Wesley.

Kopp, R. [1994a] "International human resource policies and practices in Japanese, European, and United States multinationals," *Human Resource Management*, vol. 33, no. 4, pp. 581–599.

Kopp, R. [1994b] *The Rice-paper Ceiling: Breaking through Japanese Corporate Culture*, Stone Bridge Press.

内藤陽子［2011］「組織再社会化における情報入手行為と組織適応——海外帰任者を対象としたモデルの構築と検証」『組織科学』第45巻第1号，93-110頁。

吉原英樹［1996］『未熟な国際経営』白桃書房。

CHAPTER

第 11 章

国際パートナーシップ

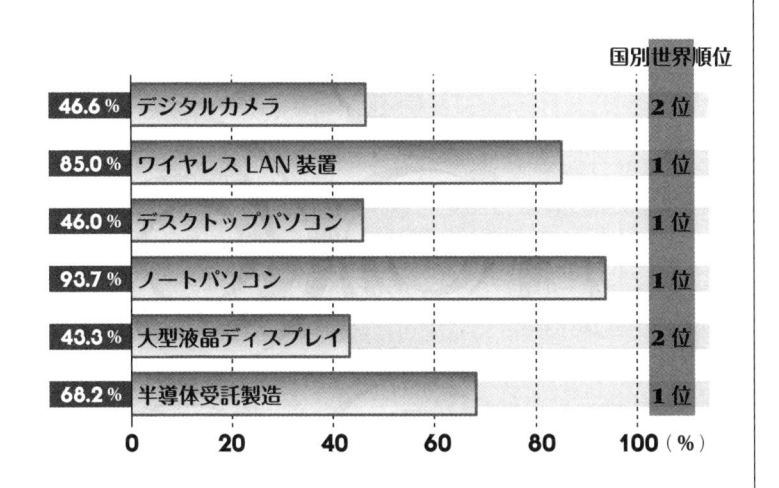

シェア	製品	国別世界順位
46.6%	デジタルカメラ	2位
85.0%	ワイヤレスLAN装置	1位
46.0%	デスクトップパソコン	1位
93.7%	ノートパソコン	1位
43.3%	大型液晶ディスプレイ	2位
68.2%	半導体受託製造	1位

世界市場に占める台湾企業の生産シェア（2010年）

出所）石原昇「新電子立国・台湾〜世界を制する受託製造モデル」『日経ビジネスオンライン』2011年10月27日。

KEYWORD

国際パートナーシップ　　オフショア開発　　ブリッジ人材　　総合商社
ビジネス・アーキテクチャ　　インテグラル型　　モジュラー型

1 鴻海とアップル

鴻海精密工業という会社を知っているだろうか。世界最大のPC生産企業であり、またアップル社のiPhoneやiPadを全量生産しているのも同社である。中国、インド、スロバキア、チェコ、メキシコ、ブラジルなど新興国に工場を有し、従業員は100万人、売上高は10兆円を超えるという、ソニーやパナソニックといった著名な電機企業を上回る規模を持つ巨大電子機器企業である（表11.1、図11.1）。これほどの大企業にもかかわらず、上記のソニーなどと比べて、鴻海は一般消費者にあまり知られていない。その知名度の低さの理由でもあり、そしてまた同社に成功をもたらした最大の理由でもあるのが、同社の特徴的な国際パートナーシップ戦略である。

鴻海は、最終消費者向けには、自社ブランドで商品を売ることはほとんどな

CHART 表11.1 鴻海精密工業の業績推移

	2008年度	09年度	10年度	11年度	12年度
連結売上高（百万円）	5,391,129	5,697,301	8,299,261	9,322,200	11,052,280
連結営業利益（百万円）	195,158	242,786	238,538	223,700	307,055

出所）鴻海精密工業公表会計資料より作成。

CHART 図11.1 日・韓・台の主要民生電機企業の連結売上高比較

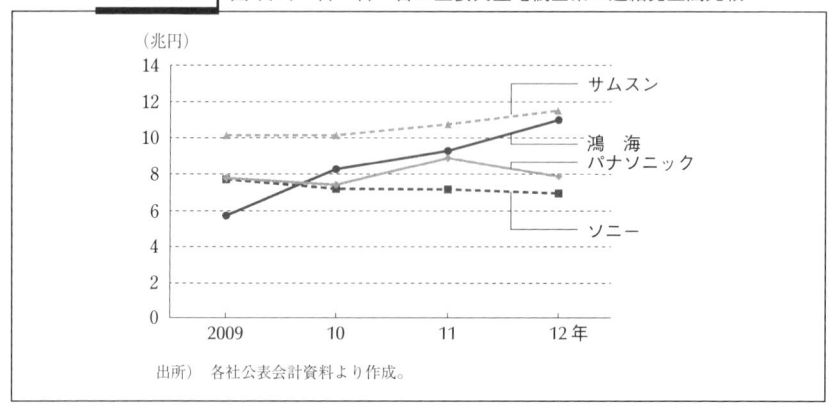

出所）各社公表会計資料より作成。

い。同社は，基本的に機器の生産だけに自社領域を絞り込み，世界中の電子機器企業が開発した製品の委託生産を請け負っているのである。現代のグローバル競争下では，後発の台湾企業が開発・生産・販売のすべてを手がけようとしても，既存の海外企業にはなかなか勝利できない。とりわけ先進国企業には技術力やブランド力，既存流通チャネルがあるから，開発・販売では太刀打ちできない。それならば，新興国のコスト優位性を活かせる生産に集中し，先進国の企業と競争するのではなく，協力関係を築こう——と発想したのである。こうして，開発・販売に長けた先進国企業と，大規模低コスト生産に秀でた新興国企業の**国際パートナーシップ**（企業間連携）でグローバル競争に勝ち残るという，鴻海の基本戦略ができあがる。鴻海はこの戦略のもとで，アップルやHPなどの先進国企業から生産を受託し，急速な成長を遂げてきた。一説には，世界のコンピュータや携帯電話の40％が鴻海製であるという。なお，生産だけに絞り込む企業のことを，電子機器業界ではとくにEMS（electric manufacturing service）と呼び，近年では鴻海のみならず多数のEMSが中国など新興国で精力的に活動している。

近年，こうした「世界各国の企業の強みをパートナーシップでつなぎ合わせる」という国際経営の手法が，よく採用されるようになってきた。従来は多くの企業が開発・生産・販売のすべてを自社で行っていたが，厳しい競争にさらされるグローバル産業では，自社の強みだけに絞り込むアプローチがとくに有効だったのである。スマートフォン産業でアップルのiPhoneが世界を席巻したのも，諸外国企業が自社開発・生産にこだわる中，生産は鴻海に任せ，自社は開発とマーケティングに資源を集中できたことに，理由の一端が見出せるのである。

❷ 直接投資モデルと国際パートナーシップ・モデル

かつて企業の国際化といえば，第2章で取り上げたような，直接投資によってできるだけ自社資源で展開していくアプローチが基本的な手法であった。だが近年は，鴻海の例に見たように，海外の企業と連携関係を構築することで自

CHART 図11.2 直接投資モデルと国際パートナーシップ・モデル

```
    直接投資モデル              国際パートナーシップ・モデル
        ‖                              ‖
 各国事業をすべて自社で行う。   各国事業をその各国の企業で分担する。

      ┌─────────┐              ┌─────────┐
      │  企業A   │              │  企業B   │
      │ ┌─────┐ │              │ ┌─────┐ │
      │ │K国事業│ │              │ │K国事業│ │
      │ └─────┘ │              │ └─────┘ │
      │    │    │              └─────────┘
      │ ┌─────┐ │              ┌─────────┐
      │ │L国事業│ │              │  企業C   │
      │ └─────┘ │              │ ┌─────┐ │
      │    │    │              │ │L国事業│ │
      │ ┌─────┐ │              │ └─────┘ │
      │ │M国事業│ │              └─────────┘
      │ └─────┘ │              ┌─────────┐
      └─────────┘              │  企業D   │
                               │ ┌─────┐ │
                               │ │M国事業│ │
                               │ └─────┘ │
                               └─────────┘
```

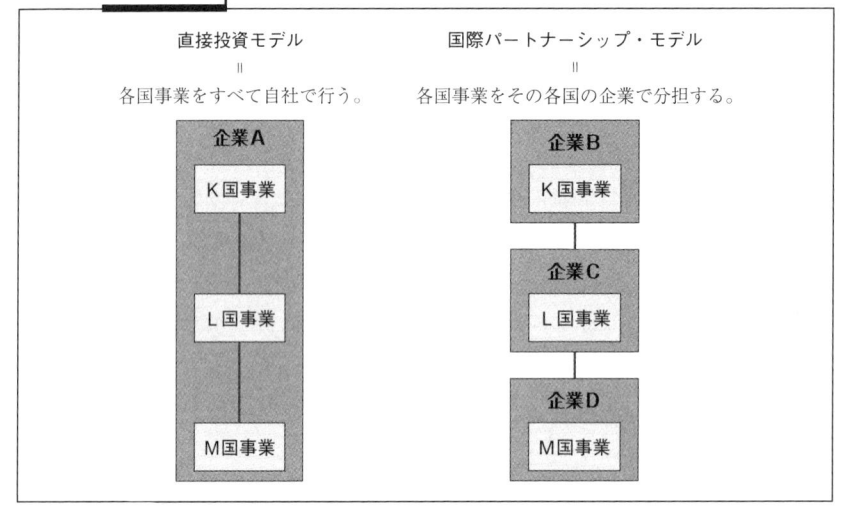

ら投資せずにグローバル競争に乗り出すやり方，すなわち国際パートナーシップが登場している。結果として，現在のグローバル競争環境下では，直接投資によって国際展開するモデルと国際パートナーシップ・モデルという2つのビジネス・モデルが，競争優位をめぐって激しく競争を繰り広げることとなっている（図11.2）。これからの国際経営を考えるとき，直接投資のみならず国際パートナーシップもまた視野に入れて，国際的な事業体制設計を行わなければならない。

　国際パートナーシップ・モデルのメリットとデメリットを議論しよう。まず，国際パートナーシップのメリットは，何よりも海外進出のコスト・リスクが小さく，かつスピーディに進出できることである。すでに現地パートナーが築いている経営組織や現地流通チャネル，あるいはブランド力などを活かして事業ができるため，直接投資の場合と比べて自社がすべき追加投資額は相対的に小さくて済むし，失敗のリスクも大きく下がる。しかも，パートナーシップを結べばすぐに当該国で事業が開始できるので，国際事業展開のスピードも速めることができる。たとえば，年間1000万台を発売するスマートフォンのための生産能力を確保しなければならないとしよう。もし新興国に自社工場をゼロからつくろうとすれば，それには多大な困難，コスト，リスク，時間を伴うことが容易に想像できよう。これに対し，すでに大規模な生産能力を有する企業に

生産を依頼すれば，はるかに速く，かつ低いコストとリスクで，スマートフォンの数量を揃えることができる。激化するグローバル競争の中で，国際パートナーシップ・モデルが広く採用されるようになっている理由はもっぱらここにある。

ただし，国際パートナーシップにはいくつかの問題があることも理解しなければならない。第1に，国際パートナーシップでは，直接投資の場合よりも必然的に開発・生産・販売といった活動間の連携が弱くなってしまうことである。企業が異なれば経営目的・戦略・組織体制も異なってくるから，いかに強固な関係が築けたと思っても，完全には海外パートナー企業と事業活動を統合することはできないし，またパートナー企業を自社の思い通りに操ることもできない。これに対し，同一資本傘下にあるならば，共通の経営目的・戦略・組織体制のもとで行動できるから，各国拠点間でより緊密な連携行動をとることができ，また各拠点を自社の思うままにコントロールすることができる。

国際パートナーシップの第2の問題は，海外事業で得られた利益を自社で占有できないことである。パートナー企業との連携で得られた利益は，当然パートナー企業との折半となるか，時には海外事業で得られた収益の大半がパートナー企業のものとなってしまうこともある。これに対し，海外事業に直接投資で進出した場合は，得た利益はすべて自社のものにすることができる。

国際パートナーシップの第3の問題は，海外事業での学習機会が限られてしまうことである。海外事業は基本的に現地パートナーに任せることになるから，自社はその国で事業経験を積むことができず，市場や技術の学習機会を逃してしまう可能性がある。海外での技術・知識・経営ノウハウの獲得が主たる目的である場合には，直接投資モデルによる国際化のほうが望ましいといえる。

3 国際パートナーシップの具体的形態

ここまでは，鴻海の事例に沿って「委託生産」というパートナーシップ形態を紹介してきたが，このほかにもさまざまな国際パートナーシップの形態が存在する。いくつか，代表的なものを紹介しよう。

オフショア開発──開発業務下流の海外委託

近年では生産のみならず、ソフトウェア産業を中心に開発業務の下流をローコスト国企業へ委託するようになってきている。このことを一般に、**オフショア開発**（offshore development）という。オフショアとは「沖」を意味する言葉で、海を渡って国外へ業務委託をすることからこう呼ばれる。この呼称はもともとソフトウェア産業で使われていたもので、北米企業がインド等の新興国企業へプログラミングの業務委託をしたのがその始まりとされる。なお、日本のソフトウェア産業では、中国や東南アジアがオフショア開発委託先に選ばれることが多いようである。ソフトウェア産業でオフショア開発が広まるのと前後して、製造業でも一部の開発業務が海外委託され始め、近年では開発業務の海外委託が一般にオフショア開発と呼ばれるようになってきた。オフショア開発される具体的な業務内容としては、ソフトウェア産業ではプログラミングや評価・検証作業が、製造業では設計図面の作成や評価・検証作業が多い。

オフショア開発を行う基本的な動機は、開発コストの低減である。中国やインドには、日本や米国と比べて、はるかにソフトウェア・エンジニア人口が多く、かつ人件費が安価である。開発費用の大半が人件費であるソフトウェア産業では、業務を海外に委託することで大幅なコストダウンが可能であり、また自社本国拠点の人材を上流の付加価値の高い業務に集中させることができる。

ただし、オフショア開発には特有の難しさもある。国をまたいで、地理的・文化的な隔たりのある2企業間で情報資産の受渡しをしなければならないことである。この受渡しのために、両国の言語や文化、商慣行に精通し、また製品やソフトウェアの技術についても理解のある**ブリッジ人材**が大切となる（梅澤[2007]）。

研究開発上流の外部委託化

研究開発の上流にあたる、新しい技術・知識を生み出す活動についても、国際パートナーシップ活用のトレンドが高まっている。基礎研究・応用研究・先行技術開発などと呼ばれる研究開発上流エリア（▶第9章 Column ⓘ）の活動は、従来は企業競争力の中核をなす技術的優位性を生み出す部分と考えられ、自社

内部だけで独自に行うべきものと考えられていた。しかし，変化の速い競争環境において，市場の求めに応じるすべての技術を社内だけで生み出すことが困難になりつつあること，またグローバルに科学技術力が分散化する中で，潜在的な価値を秘めた技術・知識が世界中に散らばって存在するようになったことから，1990年代半ばころより，社外から技術のタネを獲得しようという研究開発戦略が登場してきたのである（▶第12章第2節）。

こうした動きは，典型的にはシリコンバレーで観察される。シリコンバレーでは，IT・エレクトロニクス分野の大企業によるベンチャー企業買収が活発化している。北米において，株主から高い利益率を期待されている大企業は，自社でリスクの高い研究開発プロジェクトを多数抱えることができない。そこで彼らは，シリコンバレーで新規技術開発に取り組むベンチャー企業の中から，成功したものを買収することで，より低いリスクで新規技術を獲得するようになった。たとえばマイクロソフト社は，メール・サービスであるホットメールを主力事業の1つにしているが，これは1998年に当時設立わずか2年のホットメール社を買収したのがもとになっている。また，ルータやスイッチといったIT関連機器を生産・販売するシスコシステムズ社は，1995年ごろより外部

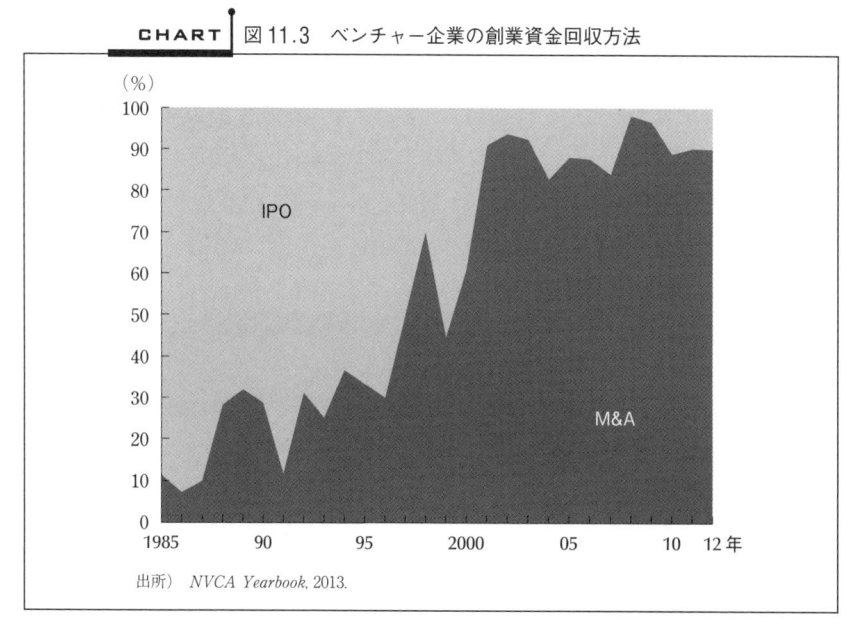

CHART 図11.3 ベンチャー企業の創業資金回収方法

出所）*NVCA Yearbook*, 2013.

から技術を調達する「A&D」(acquisition and development)という戦略を構想し，その後の5年間で数十社を買収して，ルータおよびスイッチの技術を盤石なものにしている。こうしたトレンドの中でベンチャー企業側も，自社で事業を成功させて株式公開（IPO）を目指すのではなく，大企業への売却を目標として，技術開発に専念するようになってきた（図11.3）。こうしてシリコンバレーでは，研究開発はベンチャー企業に任せ，大企業はそれを買収して次の事業を育てる，という連携関係が成立したのである（中川ほか［2014］）。

海外マーケティングおよび販売の委託

　文化も経済水準も大きく異なる海外市場の攻略は，非常に難しい。そのため，国際パートナーシップが大きく注目されるようになる以前から，販売活動については，現地企業と連携することが一般的な手法として利用されていた。具体的には，現地の卸売企業や小売企業と販売代理店契約（自社製品販売を委託する契約）を結ぶ，現地の広告代理店にマーケティング立案・実行を委託するといった方法である。日本でもこうした例は数多く，私たちの生活に根づいている各種製品が，じつは海外ブランドであるといったこともしばしばある。コーンスープで有名なクノールは，英国のユニリーバ社のブランドであるが，日本では味の素が1963年からライセンス供与を受けて生産・販売し，今や国内ブランドのように日本の家庭に浸透している。スコッチ・ウイスキーの世界的ブランド，ジョニー・ウォーカーも，英国ディアジオ社の製品だが，日本ではキリンビールが販売代理店として宣伝・販売を担当している。

　このほか，販売業務の外部委託先として注目すべきものとして，**総合商社**という業態がある。総合商社は，「ラーメンから航空機まで」といわれるように，多種多様な製品の輸出入を行う，日本で固有に発達した存在である。最大手である三菱商事の連結売上高は20兆円を超えているが，これはトヨタに匹敵する規模であり，同社は国内トップの売上げを誇る企業である。彼らは国内企業のさまざまな製品の海外輸出販売を受託し，世界中に販路を切り拓いていく役割を担う。また，海外企業の有望な製品にも目を付け，国内に輸入販売する。諸外国にはこのように輸出入を専門として多様な製品を取り扱う企業はなく，注目すべき業態である（田中［2012］）。

販売・マーケティング業務の委託に際しては，パートナー企業の選定が決定的に重要になる。販売パートナーに現地事業を拡大していけるだけの能力がなければ，いかに自社製品に競争力があろうとも，現地市場開拓はおぼつかない。そのため販売・マーケティング委託では，とりわけパートナー候補について，丹念に現地に足を運び，経営者の人物を見極め，拠点を視察するといった，査定評価活動が大切になる。

4. 国際パートナーシップの戦略的運用

何を委託し，何を自社でやるか

　これまで，さまざまな国際パートナーシップを紹介してきたが，何を海外企業に委託し，何を自社で行うかについては，自社の事業組織全体を俯瞰して判断する必要がある。今後，自社が何を手がけていくのかという事業戦略が大前

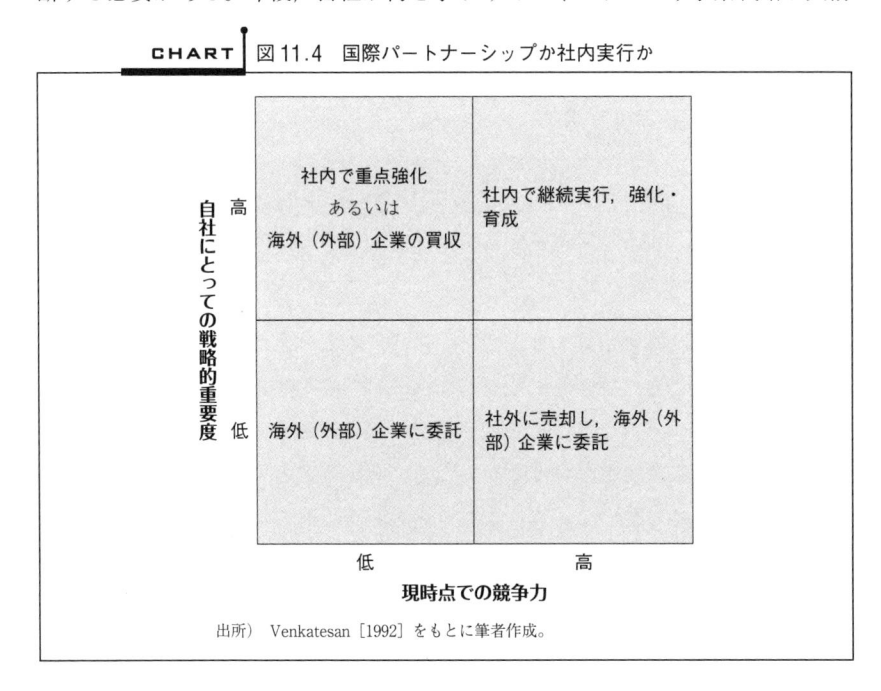

CHART　図11.4　国際パートナーシップか社内実行か

自社にとっての戦略的重要度	現時点での競争力：低	現時点での競争力：高
高	社内で重点強化 あるいは 海外（外部）企業の買収	社内で継続実行，強化・育成
低	海外（外部）企業に委託	社外に売却し，海外（外部）企業に委託

出所）　Venkatesan [1992] をもとに筆者作成。

> **Column ⓲ ビジネス・アーキテクチャと国際企業間分業関係**
>
> 　生産や販売，開発といった事業活動の相互関係構造のことを，ビジネス・アーキテクチャという。アーキテクチャとは，簡単にいえばモノや組織などの設計を指す言葉で，対象を「構成要素」と「構成要素間の関係性」で捉える考え方である。ビジネス・アーキテクチャでは，開発・生産・販売といったビジネスの「構成要素」の相互関係を考慮する。
>
> 　ビジネス・アーキテクチャは，構成要素間の相互関係の強弱によって，2タイプに分類できる。相互関係が強い状態を**インテグラル型**，相互関係が弱い状態を**モジュラー型**という。住宅建設業は，顧客の要望を聞きながら設計図面を書いていき，その図面に沿って一品ものの住宅が建設され，建設後も業者がアフターケアを徹底するという，開発・生産・営業・アフターサービスが強い相互関係を持つ，インテグラル型ビジネス・アーキテクチャの典型的な業界である。他方で，出版業界は，執筆者は原稿執筆に専念し，出版社はその発行を担い，中間流通にも専門業者（問屋）がおり，販売は独立の小売店（本屋）で行われるといったように，各種活動の独立性が高い，モジュラー型ビジネス・アーキテクチャとなっている。
>
> 　ビジネス・アーキテクチャのタイプと，国際的な企業間分業構造とには，適合関係が存在する。インテグラル型のときには一部の活動だけを切り出して海外委託することは難しく，1つの国ですべての活動がまとめて行われやすい。他方で，モジュラー型のときには一部の活動を切り出して海外委託しやすく，国際パートナーシップが積極的に活用される傾向がある。
>
> 　CDディスク産業では，こうしたビジネス・アーキテクチャの影響が如実に観察されている。CDディスク産業は，CDが生み出された1982年から90年代半

提にあり，その戦略に合致するように，社内でやるべきことと，海外企業に委託していくものとを，総合的に検討しなければならないのである。

　最も基本的かつ単純な，自社か他社委託かの判断基準は，該当の事業活動が，自社にとって将来的にどの程度重要になるかということと，自社が現時点でどの程度競争力を持っているかの，2つである（図11.4）。たとえば，国内工場での量産活動が現時点においても国際的に競争力を保持しており，かつ自社にとって国内生産が戦略的に重要であるならば，引き続き社内で継続実行し，育成・強化をし続ければよい。それに対し，もし国内量産活動がもはや国際競争

ばまでは，インテグラル型ビジネス・アーキテクチャの事業で，ディスクの開発・生産・販売は日本国内で相互に密な連携をとって行われていた。各社は，官公庁や大型コンピュータ・メーカーなどの大口顧客向けに独自開発したディスクを，少量・高付加価値品として販売していたのである。だが，1990年代後半にCDの技術が固定化されると，ビジネス・アーキテクチャはモジュラー化した。開発は日本企業が担当するが，生産では台湾の専業企業が勃興し，販売は米国系の大手流通業者が担うようになったのである（下図）。

その後，2000年ごろのDVD事業草創期に再び産業はインテグラル化し，開発・生産・販売が一体のものとして経営されて日本企業が競争優位を得たが，04年ごろになって再び開発・生産・販売がモジュラー化し，生産は台湾企業，販売では米系企業が成長した。このようにビジネス・アーキテクチャは，国際分業構造に強い影響を与え，ひいては企業の盛衰をももたらすのである（中川［2011］）。

図　CD・DVD業界におけるビジネス・アーキテクチャ変化の影響

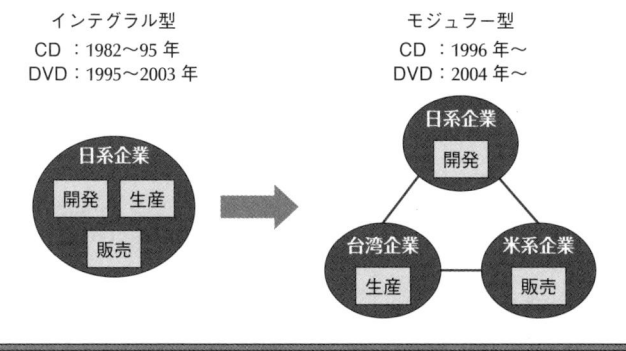

インテグラル型
CD：1982〜95年
DVD：1995〜2003年

モジュラー型
CD：1996年〜
DVD：2004年〜

力を持っておらず，かつ自社の今後の戦略展開においても自社生産をさほど重要視しないのであれば，海外企業とのパートナーシップを選択すればよいわけである。より難しいのは，当該活動が，競争力はあるが戦略的に重要でない，あるいは戦略的に重要であるのに競争力がない場合である。前者の場合は，企業としての事業転換を進めるべく，思い切って該当部門を高値で売却し，より戦略的に重要な領域への投資に回すのも策の1つとなるだろう。後者の場合は，社内で重点的に育成して競争力を高めるか，あるいは海外（外部）企業の買収を通じて弱点を補強するという手も有効になるだろう。

ただし，以上の枠組みでは，部門間の相互関係が考慮されていないことに注意すべきである。たとえば，仮に国内工場での量産活動が，単独では競争力がさほどなく，戦略的重要度も低いとしても，開発部門が新製品を開発するときに，国内工場から製造性やコストに関する情報を受け取ることで優れた製品が生み出されているとすれば，国内工場はとても重要な役割を果たしていることになる。そうした部門間での相互関係をも考慮して，各事業活動の委託判断を行う必要がある（Column ⓭）。

どの程度，委託するか

また，海外委託に際しては，生産や販売活動を「どの程度」委託するかというパートナーシップ活用の程度も，重要な検討事項となる。すべてを海外企業に委託する形から，一部のみを委託する形まで，単に国際パートナーシップといっても多様な選択肢がありうる。一般論としては，優れた海外委託先企業が存在するなら，できるだけ多くをその企業に委託することで，少ない自己投資で事業拡張を図ることができる。だが一方で，自社で手がける割合が大きいほど，当該活動についての経験を蓄積し，知識・技術・ノウハウを維持・獲得することができる。こうした理由から，外部企業に委託しつつも，自社に一定割合の当該事業活動を残し，知識や技術を維持しておくことが大切だとされている（武石 [2003]）。

ただし，中途半端な海外委託ではどちらのメリットも十分に獲得できず，結果として競争力を落とすともいわれている。携帯電話の生産を，アップルは完全に鴻海に委託してコスト・メリットを享受し，サムスンは完全自社生産でものづくりの強みを社内に保持している。これに対して日系企業は自社生産と海外委託の両方を併用していたが，このことが，委託生産のコスト・メリットを十分に享受できず，また自社工場投資の必要性が負担にもなって，財務成果に悪影響を与えたと指摘されている（神原 [2012]）。こうしたデメリットにも配慮しつつ，委託か自社か，将来を見越した事業領域の設定が求められるのである。

5 議論の必要性
▶ 委託を考えることは，企業のありようを考えること

　国際パートナーシップに関する議論の締めくくりとして，ここで強調しておきたいことは，適切な国際パートナーシップの形は，それぞれ異なってくるのが自然であり，唯一最善の答えはないということである。ある企業にとっては有効策であった国際パートナーシップが，他社にとっては大変な愚策となることも考えられうる。鴻海やアップルが成功事例だからといって，日系エレクトロニクス企業がそのどちらかをまねたとしても，成功は保証されない。

　読者のみなさんには，多くの国際パートナーシップの方法や考え方を理解した上で，個別企業の実情を踏まえ，その企業のあるべき国際パートナーシップの形はどのようなものか，実際に考える訓練をしてもらいたい。何を海外委託するかを決めることは，裏を返せば，何を自社に残すのかを決めるということでもある。つまり，国際パートナーシップ戦略を考えることは，自社のアイデンティティや強みは何なのかを考えることなのである。だからこそ，国際パートナーシップの形は，企業ごとに違っているべきであり，自分なりに検討を深める作業が大切となる。

　こうした考えから，本章にはあえて，こうすべきだという「結論」を書かないことにした。読者のみなさんには，ぜひ，自分なりに国際パートナーシップのあるべき形について考え，自分なりの「結論」を描いてみてもらいたい。

EXERCISE

　スマートフォンでは，アップルと鴻海が国際パートナーシップによって大きな成功を収めた。他方，日本のスマートフォン・メーカー（シャープ，ソニー，富士通など）は，開発・生産・販売をすべて自社で手がけているが，いずれも業績は芳しくない。

それならば日系企業も国際パートナーシップに乗り出せばよいということになりそうだが，話はそう簡単ではない。スマートフォン市場でアップルと並ぶ成功を収めている韓国のサムスンは，日本と同じく自社ですべてを手がけ，世界トップシェアを獲得しているのである。

　①日本メーカーの，何が問題なのだろうか。②日本と同じ事業構造にもかかわらず，サムスンはなぜ好調なのだろうか。③アップル，サムスンそれぞれに，どこか死角はあるのだろうか。そして④各日本企業が同産業で成功するためには，今後どうすべきだろうか。

　いずれも，「国際パートナーシップか，自社展開か」という見地から考察してみよう。

読書案内　　　　　　　　　　　　　　　　　　　　　　　Bookguide ●

ガワー，A.＝クスマノ，M. A.〔小林敏男監訳〕[2005]『プラットフォーム・リーダーシップ——イノベーションを導く新しい経営戦略』有斐閣。
　インテルの事例を中心に，国際パートナーシップを活用することで競争力を構築する手法である「プラットフォーム戦略」について解説したもの。現代のハイテク産業におけるパートナーシップの重要性と，そのマネジメント方法について，より深い理解が得られる。

中川功一・福地宏之・小阪玄次郎・秋池篤・小林美月・小林敏男[2014]「米国シリコンバレーの変容——ミクロ主体の行為の連鎖がもたらすエコシステムのマクロ構造変容」『日本経営学会誌』第34号，3-14頁。
　米国シリコンバレーのパートナーシップ・メカニズムが現在どのような形になっているか，それはどのように形成されたのかを議論している。国際パートナーシップの見地からのみならず，シリコンバレーの現在に興味がある人も，一読されるとよいだろう。

引用・参照文献　　　　　　　　　　　　　　　　　　　Reference ●

Venkatesan, R. [1992] "Strategic sourcing: To make or not to make," *Harvard Business Review*, vol. 70, no. 6, pp. 98-107.
梅澤隆[2007]「ソフトウエア産業における国際分業——日本と中国の事例」『国際ビジネス研究学会年報』第13号，1-19頁。
神原浩年[2012]「携帯電話端末業界における製造の外部委託——戦略的意思

決定による優位性の獲得」『赤門マネジメント・レビュー』第 11 巻第 7 号，425-464 頁。

武石彰［2003］『分業と競争――競争優位のアウトソーシング・マネジメント』有斐閣。

田中隆之［2012］『総合商社の研究――その源流，成立，展開』東洋経済新報社。

中川功一［2011］『技術革新のマネジメント――製品アーキテクチャによるアプローチ』有斐閣。

中川功一・福地宏之・小阪玄次郎・秋池篤・小林美月・小林敏男［2014］「米国シリコンバレーの変容――ミクロ主体の行為の連鎖がもたらすエコシステムのマクロ構造変容」『日本経営学会誌』第 34 号，3-14 頁。

CHAPTER

第12章

日本企業のさらなる国際化のために

● 私たちの国際化こそが求められている ●

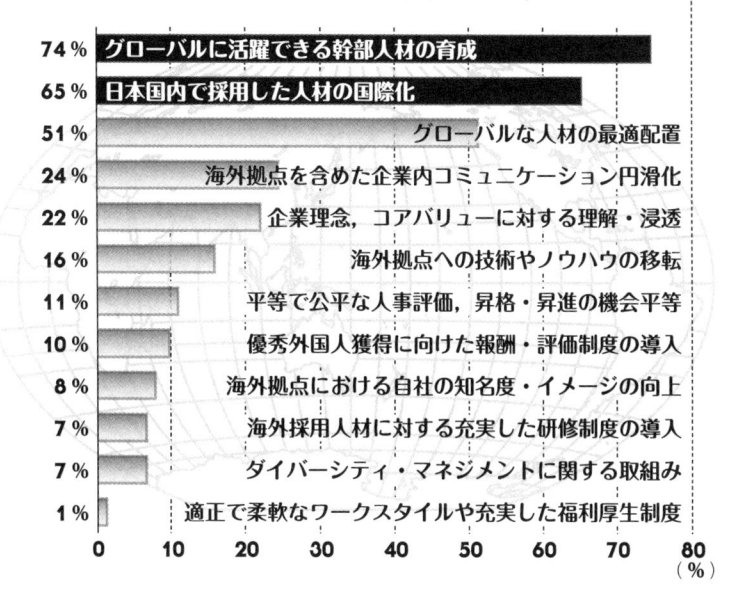

%	項目
74%	グローバルに活躍できる幹部人材の育成
65%	日本国内で採用した人材の国際化
51%	グローバルな人材の最適配置
24%	海外拠点を含めた企業内コミュニケーション円滑化
22%	企業理念，コアバリューに対する理解・浸透
16%	海外拠点への技術やノウハウの移転
11%	平等で公平な人事評価，昇格・昇進の機会平等
10%	優秀外国人獲得に向けた報酬・評価制度の導入
8%	海外拠点における自社の知名度・イメージの向上
7%	海外採用人材に対する充実した研修制度の導入
7%	ダイバーシティ・マネジメントに関する取組み
1%	適正で柔軟なワークスタイルや充実した福利厚生制度

日本企業が人材の国際化に向けてとくに重要だと考える分野

注) 海外拠点を持つ日本企業164社の回答結果（複数回答）。
出所) 日本生産性本部（委託元：経済産業省）[2011]「企業の人材マネジメントの国際化に関する調査報告書」71頁より作成。

KEYWORD

オープン・イノベーション　　CSR　　ボーン・グローバル企業　　多極化

1 未熟な国際化

　日本の国際経営研究の第一人者である吉原英樹は，海外での事業規模を急速に拡大していた 1990 年ごろの日本企業の実情を調査し，『未熟な国際経営』（吉原［1996］）と題する著作を発表している。この本は，日本企業は一見順調に海外進出を進めているようだが，本当の意味での企業の国際化はできていないと指摘している。この本で展開された日本企業の国際経営の課題を振り返ってみよう。

- 海外子会社において，社長をはじめとする経営幹部に依然として日本人が据え置かれている。
- 海外子会社でも，日本的な物の考え方や経営手法を変えない。
- 日本親会社側では，海外経験のある人材が少なく，国内事業だけで育ってきた経営幹部が多い。
- 多国籍企業であるにもかかわらず，日本語を重視し，英語あるいは現地語を使うことが少ない。

　吉原の調査から四半世紀が過ぎ，日本企業の海外進出がいっそう進展したことは，本書で紹介してきた通りである。だが，読者のみなさんは同時に，吉原の指摘が依然として日本企業の課題であり続けていることにも気づいたのではないだろうか。現地子会社の社長には日本人が置かれ，社内では日本語が使われ，日本の物の考え方で経営が行われる。21 世紀に入った今でも，日本企業の国際経営は依然「未熟」なままなのである。

　たしかに，日本企業の国際化が未熟なままであるのも致し方ない理由はある。日本は世界有数の経済大国であり，日本人を対象に，日本の考え方で，十分にビジネスができる。また，世界に進出したとしても，日本語で，日本の物の考え方で経営をすることが，価値を持つ場合もあるだろう（▶第 8 章）。世界でも数少ない，陸続きの国境がない国だという特殊事情を指摘する学者もいる。しかし，だからといって，グローバル化がいっそう進展する世界で，従来のやり方を変えるべき局面はいっそう増えてくるだろう。そこで，この最終章では，

「未熟さを乗り越えるために」をテーマに，近年の国際経営の新しい潮流をいくつか紹介しながら，日本企業のこれからを見据えた提言を行い，本書を締めくくることとしたい。

2 グローバルなオープン・イノベーション

　日本企業がより国際的に開かれた存在となるためには，海外の企業と積極的にかかわり，つながり合おうという姿勢が必要である。国際パートナーシップが海外展開のスピードアップや業務効率の改善に有効であることは前章で述べた通りだが（▶第 11 章），それに加えてここでは，海外の企業との連携の中から新しいものを生み出す運動，すなわちグローバルな**オープン・イノベーション**が，これから重要な意味を持つようになることを説明しよう。

　イノベーションとは，世の中になかった新しい商品やサービス，ビジネス・モデルなどを生み出すことである。従来は，競合に情報や技術をつかまれることを嫌って，イノベーションは一社完結で行われる傾向にあった。しかし近年では，他社が持つ自社にはない技術・知識をうまく活用することでイノベーションの可能性が高まるとして，他社と技術・知識を売買したりすることで，連携的にイノベーション活動を行う企業が増えつつある。これをオープン・イノベーションと呼ぶ（図 12.1）。オープン・イノベーションは，とりわけ多国籍企業によってグローバルに展開され始めている。

　グローバルなオープン・イノベーションに取り組む代表的な企業として，米国のプロクター・アンド・ギャンブル（以下，P&G）をあげることができる。P&Gは，「コネクト・アンド・デベロップ」というイノベーション戦略を掲げ，社外からの新たな知識の導入に取り組んでいる。実際に，同社が市場に導入する新製品の約 50 % は社外から導入した知識が活用されているという（P&G Connect + Develop ホームページ）。

　たとえば，日本でもお馴染みの「ファブリーズ・アロマ」という消臭芳香剤がある。この製品は，安定的な香りの強さが長期間持続するという特徴を持っている。しかし，P&G 社内の研究開発部門は，この製品を開発するまで，香

CHART 図 12.1 オープン・イノベーションの概念図

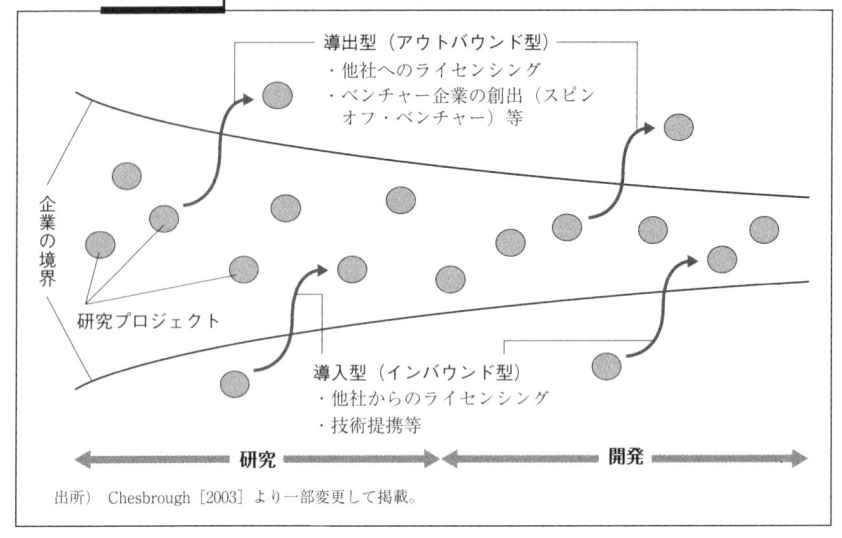

```
                導出型（アウトバウンド型）
                ・他社へのライセンシング
                ・ベンチャー企業の創出（スピン
                  オフ・ベンチャー）等

企業の境界

研究プロジェクト

                導入型（インバウンド型）
                ・他社からのライセンシング
                ・技術提携等

        ←── 研究 ──→  ←── 開発 ──→
```

出所) Chesbrough［2003］より一部変更して掲載。

　りを一定に保ち，かつ長く持続させる技術を有していなかった。そこで，社外に目を向けて技術の探索を行ったところ，イタリアの Zobele 社が特殊な浸透膜技術を持っており，その技術が香りを長期間一定に保つために有効であることに気がついた。P&G が同社との共同研究開発に取り組んだ結果，生み出されたのが，ファブリーズ・アロマなのである。

　もちろん，オープン・イノベーションに取り組んだとしても，必ずうまくいくとは限らない。オープン・イノベーションでは，パートナーと技術やアイデアをぶつけ合い，融合させていくことが求められる。しかし，可能性を秘めた異質な技術やアイデアを持つパートナーとの間には，地理的・文化的・経済的な隔たりが存在している場合が多い。そうした企業とうまく付き合っていく方法を身につけなければ，グローバルなオープン・イノベーションを成功させることはできないのである。

3 多国籍企業に求められる CSR

　日本企業の国際経営の未熟さが端的に表れている点の1つが，営利活動以外

の側面での国際社会とのかかわり方である。営利側面以外での社会とのかかわり方は，一般に CSR（corporate social responsibility，企業の社会的責任）という言葉のもとで議論されるが，世界各国で事業活動をする多国籍企業は，CSR に対しても意識の持ち方を改めなければならない。日本最大の企業であるトヨタ自動車は，世界 160 カ国で年間約 1000 万台の自動車を販売し，従業員の家族や関係会社を含む数百万人の人々の生活のための賃金を払う。そのような規模を持つトヨタ自動車が，地球環境，消費者の安全，従業員福祉，各国文化にまったく無頓着な経営を行ったとしたならば，大げさではなく地球規模の被害が生じることになる。その一方で，積極的にそれらとの調和・改善を図ろうと努力をしたならば，これも大げさではなく世界レベルで人々の生活がいっそう充実するであろう。

国際的に事業を行う場合，CSR はもはや企業経営の中心的課題の 1 つと認識しなければならないのである。そうした世界的情勢を反映して近年では，CSR という表現を改め，企業と社会とが調和して新しい価値をつくり出していくという意味で CSV（creative shared value）と表現されることもある。

積極的に多国籍企業としての CSR に取り組んでいる企業として，セブン＆アイ・ホールディングス（以下，セブン＆アイ）を紹介しよう。図 12.2 は，同社の CSR レポートから抜粋したものである。セブン＆アイは，セブン-イレブンなどを擁し，世界 16 カ国に 5 万 2000 店舗を構える多国籍企業である。国ごとに，顧客，取引先，株主，地域社会，社員，(自然) 環境は異なる。こうした多様なステークホルダーに対して同社は，①企業統治・マネジメントの強化，②安全・安心な商品・サービスの提供，③働きやすい職場づくり，④地域社会との共生，⑤環境負荷の低減の，5 つを中心にした CSR 活動を世界的に展開している。

セブン＆アイが国際社会全体に対して行っている CSR の例としては，地球温暖化対策があげられる。同社は世界各国の法令に従いながら，電気使用量の節約等を通じて CO_2 をグローバルに削減する活動を展開している。他方，セブン＆アイが各国別に行っている CSR の例としては，中国で実施されている女性の活躍を推進する取組みがある。中国で女性の社会進出がとくに重視されていることから，同社は女性を積極的に管理職に登用し，仕事と家庭の両立を

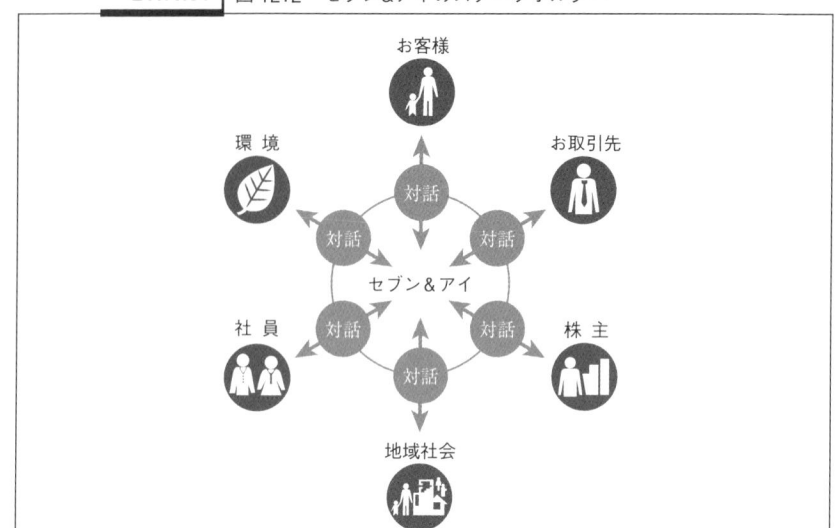

CHART 図 12.2 セブン&アイのステークホルダー

出所) セブン&アイ・ホールディングス [2013] 6頁。

セブン-イレブン北京での女性従業員向けセミナーの様子
出所) セブン&アイ・ホールディングス [2013] 54頁。

テーマにしたセミナーを開催している（上掲写真）。

4 おわりに ▶ 世界に目を向けて

21世紀は，人類史上はじめて，文字通りの「グローバル」＝全地球的な経

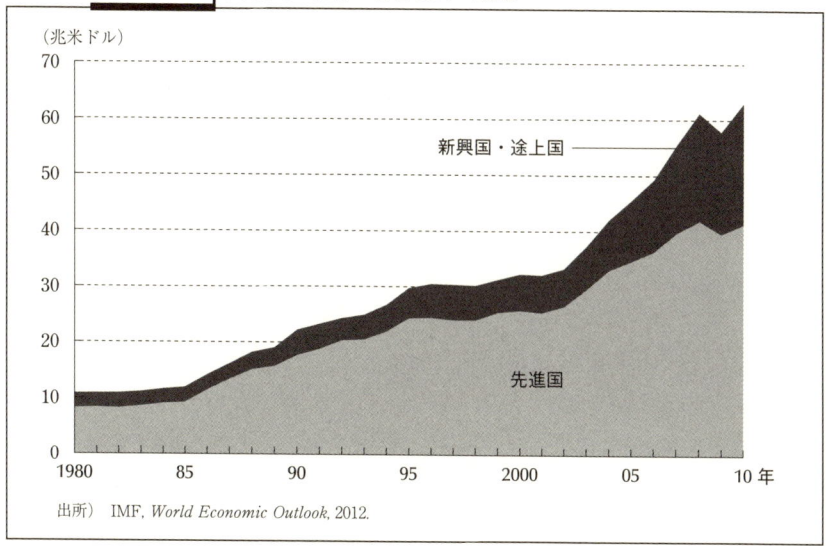

CHART 図12.3 世界の名目GDPの推移

(兆米ドル)

新興国・途上国

先進国

出所　IMF, *World Economic Outlook*, 2012.

済的結合が生まれつつある時代である。「グローバル」という言葉は1990年代に多用されるようになるのだが，20世紀までの世界経済はグローバル化ではなく「トライアド」＝日・米・西欧の三極化であった。2000年時点では，日・米・西欧の三極だけで世界の実質GDPの約80％を占めていた。しかも，その三極のすべてにおいて業績を上げている企業は，世界トップ企業のランキングとされる「フォーチュン・グローバル500」（▶第**3**章）の中でも，わずかに9社しかなかったという（Rugman and Verbeke [2004]）。20世紀には，真の意味でのグローバル経済成長も，また企業活動のグローバル化も，生じてはいなかったのである。

　これに対し，2000年以後の経済の変化は顕著である。21世紀に入ると世界経済は，日本経済の停滞を尻目に，2000年から2010年の10年間に名目GDP比で約2倍に成長した（図12.3）。その間，サブプライム・ショックなどの大きな経済危機を経験しているにもかかわらず，である。2000年時点では約32兆ドルであった世界の名目GDPは，10年後の2010年には約63兆ドルにまで拡大した。しかも，この間に，日・米・西欧諸国の世界GDP比率は約80％から約65％にまで低下し，代わりに中国が同約4％から約9％へ，その他アジア圏が約7％から約9％へ，中南米が約6％から約8％へと増加している。

4 おわりに　●　209

Column ⑲ ボーン・グローバル企業

　企業が国際化するときには，まず本国でビジネスを始め，基盤を築いてから，それをもとに海外進出することが一般的であった。しかし近年では，本国で創業後わずかな間に海外展開を行ったり，最初から海外市場を狙って起業したりする企業が現れている。これをボーン・グローバル企業と呼ぶ。ボーン・グローバル企業は，創業時点から世界に目を向けている，真のグローバル化時代の象徴的存在だといえるだろう。

　ボーン・グローバル企業の一例として，米国 Reflex Packaging 社（以下，Reflex 社）を紹介しよう。Reflex 社は，製品をダンボールに詰めるときの梱包材（写真）を作っている企業である。ハード・ディスク・ドライブ（HDD）のような精密機器をダンボールに入れるとき，運搬の際にダンボールが衝撃を受けても中の HDD が傷つかないような緩衝機能を持った梱包材が必要である。Reflex 社では，この梱包材をプラスチックの真空成形によって作っている。従来，緩衝材といえば発泡スチロールや紙を使ったものが多かったが，プラスチックを用いることで，真空成形によってさまざまな形状にできるということが，Reflex 社の製品の特徴になっている。主な顧客は，HDD メーカー，PC メーカー，自動車部品メーカーである。

　Reflex 社は 1999 年，技術の特許を持ったフォレスト・スミス氏によって米国で設立された。そのわずか 4 年後の 2003 年にシンガポールに進出，04 年からはタイや中国で生産を開始し，現在はオランダやマレーシアでも生産を行っている。顧客も北米，欧州，アジアと広がっている。

Reflex 社の製品
出所）Reflex Packaging (Thailand) 社ウェブサイトより。

まさしく，**多極化**の時代がやってきたのである。

　この真のグローバル化の時代にあって，日本にだけ目を向ける「未熟さ」は，もはや捨て去らねばならない。企業としても，個人としても，グローバル社会に生まれたとの認識を持ち，つねに世界を視野に入れた判断・行動をしていく必要があるだろう（Column ⑲）。

ボーン・グローバル企業として成功するためには，まず，核となる強みを持つことが必要である。Reflex 社の場合は，緩衝材の設計力が核となる強みになっている。この強みがあるがゆえに，緩衝材のニーズの高い国々でビジネスを拡大できたのである。

　次に，海外事業を恐れない，強い企業家精神を持った経営陣が求められる。この点に関し Reflex 社では，Reflex Packaging Singapore 社の現社長である久田信行氏が大きな貢献をしている。彼はもともと日系梱包材メーカーに勤めていたが，Reflex 社の技術に惚れ込み，会社を辞めてシンガポール社の立上げに携わった。もともと Reflex 社にシンガポールへの進出計画があって彼が引き抜かれたのではない。彼自身が会社を辞めるときに，Reflex 社はシンガポールへ進出するとよいと，その進出計画を考えていて，その請負人として同社に参加したのである。その後，東南アジアでの顧客開拓，タイやマレーシアへの進出も，彼の主導で実現した。久田氏が強い企業家精神を発揮することで，Reflex 社は海外展開を加速することができたのである。

　また，核となる強み以外の部分では，不足を補うために国際パートナーシップ等をうまく利用することも重要である。Reflex 社も，米国本社は市場開拓と設計・試作能力に特化し，中国，オランダ，東南アジアの経営は現地パートナーに任せている。また，タイでの生産は中国の合弁相手の技術供与を受けて始められた。このように，自らに足りない部分は積極的に外部組織から補うことも重要となる。

　ボーン・グローバル企業が近年増えている背景としては，グローバル市場の拡大と情報技術の発展が指摘できる。近年のグローバル経済の成長速度を考えれば，事業範囲を単独の国にとどめず，世界市場を対象にしたほうがメリットが大きい。また，情報技術の発展で，遠く離れた拠点とも連絡・情報交換がしやすくなったことも，ボーン・グローバル企業の登場を促進する要因となっている。

　本書はこれで締めくくりとなるが，最後に強調し，みなさんにお願いしたいことは，国際経営の理論を修めるしっかりした基盤として，みなさんには世界に目を向け，グローバル化時代の中で生きているのだという意識を持ってもらいたいということである。その精神的土台の上へ，国際経営の諸理論を積み上げていった先に，未熟さを克服したグローバル人材の姿がある。本書を起点に，

世界に臨む人が1人でも多く育ってくれれば幸いである。

EXERCISE

日本企業のグローバル化にまつわる何らかの統計資料を見つけ，その統計資料をもとに，日本企業のグローバル化の現状と今後について自分なりに議論してみよう。

読書案内　　　　　　　　　　　　　　　　　　　　　Bookguide

吉原英樹・白木三秀・新宅純二郎・浅川和宏編［2013］『ケースに学ぶ国際経営』有斐閣。
　本書全体の内容を踏まえて国際経営をより深く学びたい場合に，取り組むべきテキスト。事例に即しながら，各トピックについてより深く理解を得ることができるであろう。

引用・参照文献　　　　　　　　　　　　　　　　　　Reference

Chesbrough, H. W. [2003] *Open Innovation: The New Imperative for Creating and Profiting from Technology*, Harvard Business School Press.

Porter, M. E., and Kramer, M. R. [2011] "Creating shared value," *Harvard Business Review*, vol. 89, no. 1–2, pp. 62–77.

Rugman, A. M., and Verbeke, A. [2004] "A perspective on regional and global strategies of multinational enterprises," *Journal of International Business Studies*, vol. 35, no. 1, pp. 3–18.

セブン＆アイ・ホールディングス［2013］「CSR Report 2013」。

P&G Connect + Develop ホームページ（http://www.pgconnectdevelop.com/home/home3.html，2014年3月26日閲覧）。

吉原英樹［1996］『未熟な国際経営』白桃書房。

索　引

事項索引

● アルファベット

ASEAN　74
BRICs　20, 52
C　→制御
CAGE フレームワーク　9
CD ディスク産業　196
COE　106
CSR　→企業の社会的責任
CSV　207
ECSC　→欧州石炭鉄鋼共同体
EEC　→欧州経済共同体
EMS　189
EPRG プロファイル　173
ethnocentric　→本国志向型
EU　→欧州連合
expatriate　→海外駐在員
FDI　→海外直接投資
FS　→フィージビリティ・スタディ
FTA　→自由貿易協定
geocentric　→世界志向型
HBA 型　→ホームベース補強型
HBE 型　→ホームベース活用型
HCN　→現地国籍人材
I　→実行
IHRM　→国際人的資源管理
IPO　→株式公開
I-R フレームワーク　78, 81
I 優位性　→内部化インセンティブの優位性
L 優位性　→立地優位性
M&A　97
MM　→マーケティング・ミックス
MNC　→多国籍企業

NAFTA　74
OLI パラダイム　30, 32
O 優位性　→所有優位性
P　→ポジショニング
PCN　→本国人材
PC モデル　→プロダクト・サイクル・モデル
polycentric　→現地志向型
R　→市場機会の発見
R&D　→研究開発
R&D 子会社　100
regiocentric　→地域志向型
repatriate　→海外帰任者
S　→セグメンテーション
STP　→マーケティング戦略
T　→ターゲティング
TCN　→第三国国籍人材
TPP　→環太平洋戦略的経済連携協定
TPS　→トヨタ生産方式

● あ 行

暗黙知　137
育成計画　139
委託生産　136, 189
イノベーション　205
異文化経営論　9
インターナショナル経営　84, 86, 90
インテグラル型　196
失われた 10 年　52
内なる国際化　182
英国企業　41
円　高　22, 46
応　援　138, 142

欧州企業　47, 84, 180
欧州経済共同体（EEC）　47, 48
欧州原子力共同体　48
欧州石炭鉄鋼共同体（ECSC）　47, 48
欧州連合（EU）　48, 74
欧米企業　174
応用研究　152
オフショア開発　192
オープン・イノベーション　205

● か　行

海外売上高　68, 99
海外環境　→現地環境
海外間接投資（海外証券投資）　19
海外帰任者（repatriate）　178
海外拠点　94
海外研究開発拠点　151
　　——の創造性　163
　　——のマネジメント　160
　　——の立地選択　157
海外現地法人　94, 95
海外子会社　25, 64, 74, 94, 172
　　——同士の教育　185
　　——のイニシアティブ　107
　　——の売上高　22
　　——の資本所有形態　98, 105
　　——の新製品開発　125, 126
　　——の衰退　105
　　——の成長　102
　　——の設立　97
　　——のメリットと経営課題　97
　　——の役割　100
　　日本企業の——数　19
海外国籍の人材　170, 172
海外市場の獲得　10
海外進出（海外展開）　4
　　——の形態　25
　　——の初期段階　64
　　——の是非　122

　　——の理由　10
　　日本企業の——　46
　　米国企業の——　33, 43
海外生産（現地生産）　23, 25, 45, 132, 172
　　——の狙い　134
海外生産拠点　132, 151
　　——の設立　134
　　——の撤退　140
海外駐在員（expatriate）　172, 176, 182
　　——の育成　177
　　——の枯渇　180
　　——のコスト　180
　　——のサポート　177
　　——の実態　179
　　——の失敗　178
　　——の選抜基準　177
　　——のマネジメント　175
　　——への依存　180
海外中心型　143, 145
海外直接投資（FDI，直接投資）　18, 19,
　　25, 27, 31, 41, 189
　　——の目的　20, 30
　　——の理論　135, 165
　　20 世紀の——　33
海外展開　→海外進出
外国為替相場（為替レート）　22
外資系企業　24
カイゼン　132
階　層　62
開　発　152
　　——業務の海外委託　192
　　——コストの低減　192
価格政策　115, 126
学　習　85, 176, 184
　　——のための国際化　10, 11
学習効果　142
各国差別化型　123
過半所有　99
株式公開（IPO）　194

ガラパゴス（ガラパゴス化）	6, 54	マトリックス組織）　→グリッド組織	
為替レート　→外国為替相場		グローバル・リーダー	7
環　境	95, 116	経営資源（ヒト，モノ，カネ，情報）の獲得	
環境適応	78		10
韓国企業	53	経　済	9
完全所有	26, 99	経済統合	49
環太平洋戦略的経済連携協定（TPP）	55	形式知	137
かんばん	132	研　究	152
官僚的コントロール	72, 73	研究開発（R&D）	150, 152
機会主義的行動	27	――拠点の本国への集中	160
企業家精神	211	――の国際化	152, 165
企業間連携　→パートナーシップ		――の国際化の動機	153
企業の国際化	189	――の上流	192
――の発展段階	171	研究組織	
企業の社会的責任（CSR）	207	――との交流	161
技術移転	138	――の集積	158
技術指導	138	現地化政策	99
技術的な統合（技術の統一性）	68, 70	現地環境（海外環境）	95, 116
技術流出　→知識流出		現地企業	24
基礎研究	152	現地子会社のコントロール	176
規範的コントロール	72, 73	現地国籍人材（HCN，現地人材）	174
規模の経済	79, 141	――を活用する組織体制	182
キャピタル・ゲイン	19	現地志向型（polycentric）	174
吸収能力	161	現地市場創発型	107
供給業者の集積	159	現地従業員	172
供給要因	154	――のマネジメント	180
拠点間の協業	143	――の離職率	183
金のドルへの交換停止	45	現地生産　→海外生産	
国別共通型	123	現地ニーズ	66, 82
グリッド組織（グローバル・マトリックス組織，グローバル・マトリックス方式）	69, 70	貢献者	101
		交渉コスト	27
		合弁事業（合弁）	26, 99
グリーンフィールド	97	効率性	84, 132
クロスライセンシング	25	多国籍企業としての――	68
グローバル化	40, 55, 75, 118, 209	効率探求型	21
グローバル経営	83, 86, 88	語学力	170
グローバル人材	170, 211	国際業務部門　→国際事業部	
グローバル統合	70, 78, 79, 81, 118	国際経営	7, 18
グローバル・マトリックス方式（グローバル・		――の難しさ	9

事項索引　●　215

多国籍企業の──　83
　　日本企業の──の課題　204
　　未熟な──　204
国際経営のタイプ　83
　　──に対応する組織モデル　88
　　産業特性に合わせた──　85
国際経営論　7, 8
国際事業部（国際業務部門）　60, 65, 171
国際人的資源管理（IHRM）　171, 172
　　日本企業の──　183
国際生産ネットワーク　138, 140, 146
国際製品別事業部制　66
国際的な企業間分業　196
国際パートナーシップ（国際企業間連携）
　　　189, 190, 205, 211
　　──の活用の程度　198
　　──の戦略的運用　195
国際貿易　40
国際マーケティング　114, 116
　　──戦略のタイプ　123
国内企業（ドメスティック企業）　95, 171
固定費　141
コントロール　→制御

● さ 行

産業革命　40
三　極　52, 209
事業部制組織　63
事業領域の設定　198
自社のアイデンティティや強み　199
市場機会の発見（R．リサーチ）　114, 122
市場規模　159
市場探求型　20
実行（I）　115, 127
実行者　101
指　導　139, 142
自動車産業　50
社会化　73
社　長　62

社内の他拠点との距離　159
ジャパン・バッシング　46
集権型　89
終身雇用　183
集中配置　140
柔軟性　85
　　生産の──　132
自由貿易協定（FTA）　55
出張者　180
需要要因　153
消極的な理由　11
少数所有　99
情報資産の受渡し　192
情報の粘着性　164
職能別組織　63
ジョブ・ホッピング　183
所有政策　98
所有優位性（O 優位性）　30, 32
シリコンバレー　193
自律性　162
　　──と統制のバランス　163
新興国企業　38, 53, 136
　　──による先進企業の買収　54
新興国市場（新興国）　20, 33, 52, 159
人事システムの現地適応　182
進出先選定（進出国の選択）　122, 135
新製品開発（製品開発）
　　──のプロセス　125
　　海外子会社の──　125, 126
　　多国籍企業の──チーム　164
人的交流　162
垂直統合　63
制御（C．コントロール）　116, 127, 128
生産子会社　100
政　治　9
成長性　159
製品政策　115, 124
製品多角化　→多角化
世界志向型（geocentric）　174

世界市場（世界経済）　10, 209
世界市場創発型　107
セグメンテーション（S）　114, 122
セグメント　114
全世界共通型　123
全世界差別化型　123
戦略的資産探求型　21, 33
戦略的リーダー　100, 106
総合商社　194
組織デザイン　61
　　戦略に適した――　68
組織は戦略に従う　63

● た　行

第1次グローバル経済　40
対外直接投資残高　43, 47
大企業　193
第三国国籍人材（TCN）　175
ダイバーシティ　184
多角化（製品多角化）　63, 66
多極化　55, 210
ターゲティング（T）　114, 123
多元的ポジショニング　124
多国籍企業（MNC）　7, 18, 40, 42, 95
　　――としての効率性　68
　　――における集権化　96
　　――における分権化　96
　　――による国際競争の歴史　39
　　――の技術戦略　159
　　――の経営志向　173
　　――の国際経営　83
　　――の人材　170
　　――の製品開発チーム　164
　　――の組織形態　64, 70
　　――の組織デザイン　61
　　――のリスクとチャンス　78
多能工　132
単一ポジショニング　124
短期派遣者　180

探索コスト　27
単独企業　95
単独出資　98
地域（リージョン）　174
　　――特性の考慮　66
　　――への適応　70
地域経済圏　74
地域志向型（regiocentric）　174
地域専門家制度　54
地域対応力　142
地域統括組織（地域統括会社）　71, 74
地域別事業部制　66, 67
知　識　136, 146, 156
知識移転　136, 163, 176
知識クラスター　154, 155, 158
知識流出（技術流出）　27, 158
知識流入　165
　　――のチャネル　161
知的財産権保護の程度　159
中国の清涼飲料市場　81
調　整　62
調整型　90
調整コスト　70, 85, 87, 121
直接投資　→海外直接投資
地　理　9
強み（自社の強み）　199, 211
　　日本企業の――　46, 48
適応化　118, 120, 124
テクノロジープラットフォーム　97
天然資源探求型　21
ドイツ企業　41, 49
統合ネットワーク　90
統　制　162
　　自律性と――のバランス　163
投入要素の費用　159
ドメスティック企業　→国内企業
トヨタ生産方式（TPS）　132
トライアド　209
トランスナショナル経営　70, 84, 86, 90

事項索引 ● 217

取締役会　62
取引コスト　26, 27

● な 行

内部化　28
内部化インセンティブの優位性（I 優位性）
　　30, 32
内部化理論　26, 28
内部市場創発型　107
ニーズ
　　各国の――の相違　118
　　現地――　66, 82
日本型生産システム　47, 48
日本企業　38, 41, 42, 45, 51, 83, 171, 173
　　――の海外子会社数　19
　　――の海外進出　46
　　――の国際経営の課題　204
　　――の国際人的資源管理　183
　　――の強み　46, 48
日本的経営　47, 48
ニュー・エコノミー　52

● は 行

買　収　26, 193
　　新興国企業による先進国企業の――　54
ハイブリッド創発型　107
ハイラーキー　72
パックス・アメリカーナ　43
パートナー企業の選定　195
パートナーシップ（企業間連携）　189
バブル崩壊　52
範囲の経済　79
半数所有　99
販売業務の外部委託　194
販売子会社　100, 171
販売促進政策　115, 127
販売代理店契約　194
ビジネス・アーキテクチャ　196
標準化　43, 78, 81, 118, 119, 124

部　61
フィージビリティ・スタディ（FS）　135
フォーチュン・グローバル 500　38, 47, 53, 209
ブラックホール　102
フリースタンディング企業　41
ブリッジ人材　192
プロダクト・サイクル・モデル（PC モデル）　43
ブロック化　47, 74
文　化　9
　　――の違いのマネジメント　184
分　業　61
分権型　90
分散配置　140, 142
米国企業　41, 43, 84
　　――の海外進出（海外展開）　33, 43
兵站線の伸び　138
隔たり　9
ヘテラーキー　71, 72
ベンチャー企業　193
貿易障壁　47
貿易摩擦　46
北欧企業　51
ポジショニング（P）　115, 123
ホスト国　23, 24, 156
　　――の特徴　29
ホームベース活用型（HBE 型）　154, 158, 159
ホームベース補強型（HBA 型）　156-158
ボーン・グローバル企業　210
本国・海外重複高度化型　143, 145
本国・海外分業型　143, 144
本国環境　116
本国志向型（ethnocentric）　173
本国人材（PCN）　173
本国中心型　143
本　社　74

●ま 行

マーケティング　114
マーケティング戦術　116
マーケティング戦略（STP）　115, 122
マーケティング・マネジメント・プロセス　114, 116, 122
マーケティング・ミックス（MM, 4P）　115, 124
マザー工場システム　137, 138
マトリックス組織　69
マルチナショナル経営　83, 86, 90
未熟な国際経営　204
メルコスール　74
モジュラー型　196
ものづくり　133
問題解決　138

●や・ら 行

優位性　24, 33, 135, 137, 165
輸　出　23, 25, 31, 43, 171
ユーロ　49
4P　→マーケティング・ミックス
ライセンシング　25, 27, 31
履行監視コスト　27
リサーチ　→市場機会の発見
リージョナル化　75
リージョン　→地域
リスク分散　142
立地優位性（L優位性）　29, 31-33, 135
リーマン・ショック　52
流通チャネル政策　115, 127
リーン生産システム　49
ローカル適応　70, 78, 80-82, 118

企業・商品名等索引

●アルファベット

ABB　70, 71
AMA　→アメリカ・マーケティング協会
Euromonitor International　81
GE　→ゼネラル・エレクトリック
GM　→ゼネラルモーターズ
「Hao Hao」　114, 125, 127, 128
HP　189
IBM　9, 45, 55, 157
「iPad」　188
「iPhone」　6, 188, 189
J&J　→ジョンソン・エンド・ジョンソン
LG　38, 53
NEC　6, 55, 157
NUMMI　46, 47, 51
OYL　4
P&G　→プロクター・アンド・ギャンブル
Reflex Packaging（Reflex）　210, 211
SRIインターナショナル　157
「Windows」　6
Zobele　206

●あ 行

「アクエリアス」　126
味の素　194
アップル　6, 188, 189, 198, 199
アメリカ・マーケティング協会（AMA）　114
アルセロール　54
イケア　51
イトーヨーカドー　6
「維体」　81
ウェスチングハウス　41
エーザイ　157
エースコック　114, 116, 117, 121, 124, 125,

127, 128
エースコックベトナム　114, 121
エリクソン　84

● か　行

花王　83
華潤創業　88
カネボウ　41, 42, 52
「キットカット」　42
キヤノン　7
キリンビバレッジ（キリン）　81-83, 87, 88, 126
キリンビール　194
グッドマン　4
「クノール」　194
経済産業省　6
コカ・コーラ　6, 126
「午後の紅茶」　81, 82, 88
コロンビア大学　157

● さ　行

「サプリ」　81
サムスン　6, 38, 45, 53-55, 198
サントリー　81-83, 88, 126
「三得利烏龍茶」　81
「三得利鮮橙汁」　81
シアーズ・ロバック　63
シスコシステムズ　193
資生堂　158
シーメンス　41
ジャガー　54
シャープ　6, 55
「ジョージア」　126
「ジョニー・ウォーカー」　194
ジョンソン・エンド・ジョンソン（J&J）　73
シンガー　41
スターバックス　6
スタンダード・オイル　63

「スーパーカップ1.5倍」　124
住友スリーエム　94, 95, 97, 100, 101, 104-106
住友電工　95, 105
3M　94, 95, 97, 101, 104, 105
スリーエムジャパン　94, 105
ゼネラル・エレクトリック（GE）　41, 42, 84, 175
ゼネラルモーターズ（GM）　11, 38, 41, 46, 47, 50, 51, 63
セブン&アイ・ホールディングス（セブン&アイ）　207
セブン-イレブン　6, 207
ゼロックス　104, 105
ソニー　6, 38, 46, 188

● た・な　行

ダイエー　52
ダイキン工業（ダイキン）　4-6, 133
「ダヴ」　42
タタ　38
タタ・モーターズ　51, 54
「力水」　81
中国匯源果汁集団　88
「清茶」　81
ディアジオ　194
デビッドサーノフ研究所　157
デュポン　63
東芝　44
ドコモ　65
トヨタ自動車（トヨタ）　11, 38, 46, 47, 50, 51, 54, 63, 74, 83, 132, 133, 137, 174, 185, 194, 207
「ナノ」　54
「生茶」　81, 82
日産自動車　52, 71, 158
日清食品　117
日本飲料工業　126
日本コカ・コーラ　126

日本ハム　63
ネスレ　42
ノキア　51

● は　行

ハイアール　38
バイエル　41, 50
パナソニック　6, 38, 153, 181, 188
ハーバード大学　157
東インド会社　40
日立製作所　64
ヒュンダイ（現代）　38
現代自動車　38, 51, 54
「ファブリーズ・アロマ」　205, 206
フィリップス　84
フォード　11, 38, 41, 50
フォルクスワーゲン　38, 51
富士キメラ総研　6
富士ゼロックス　104–106
富士通　6
富士フイルム　104, 105
「プリウス」　132
プリンストン大学　157
プロクター・アンド・ギャンブル（P&G）
　　42, 205, 206
ヘキスト　50

ペプシコ　126
ベル研究所　157
ベンツ　50
「ポスト・イット」　94
ホットメール　193
鴻海精密工業（鴻海）　188, 189, 191, 198, 199
「紅宝」　81

● ま・や・ら 行

マイクロソフト　193
マーガリン・ユニ　42
マクドナルド　24
マサチューセッツ工科大学　157
松下電器産業　46
ミタル・スチール　54
三越伊勢丹　6
三菱商事　42, 194
村田製作所　133
モリタホールディングス　32
山一證券　52
ユニリーバ　42, 84, 162, 194
楽天　170
リーバ・ブラザーズ　42
レノボ　38, 55

人名索引

● アルファベット

Abegglen, J. C.　48
Birkinshaw, J. M.　103, 107
Buckley, P. J.　26
Buzzell, R. D.　119
Casson, M.　26
Chandler, A. D., Jr.（チャンドラー）　63, 64

Cohen, W. M.　161
Dunning, J. H.　29, 30, 33
Ensign, P. C.　107
Frost, T. S.　107
Galbraith, J. R.　69
Ghemawat, P.　9
Hedlund, G.（ヘッドランド）　72
Heenan, D. A.　173
Hofstede, G.（ホフステード）　9

Hood, N.　　103, 107
Hymer, S. H.　　24
Jones, D. T.（ジョーンズ）　　49, 132
Jones, G.　　41, 43, 47, 50
Kobayashi, K.　　157
Kogut, B.　　136
Kopp, R.　　174
Kuemmerle, W.　　153, 157
Levinthal, D. A.　　161
Lundan, S. M.　　29, 33
Nathanson, D. A.　　69
Perlmutter, H. V.（パールミュッター）　　173, 175
Roos, D.（ルース）　　49, 132
Rugman, A. M.　　209
Saxenian, A.　　155
Stopford, J. M.（ストップフォード）　　64, 68, 71, 72
Subramaniam, M.　　164
Terpstra, V.　　160
Venkatraman, N.　　164
Verbeke, A.　　209
Vernon, R.（バーノン）　　43
von Hippel, E.　　164
Wells, L. T., Jr.（ウェルズ）　　64, 68, 71, 72
Womack, J. P.（ウォマック）　　49, 132
Zander, U.　　136

●あ・か・さ 行

浅川和宏　　71, 162
安保哲夫　　11
伊丹敬之　　11
井上礼之　　5
ウェルズ　→ Wells, L. T., Jr.
ウォマック　→ Womack, J. P.
梅澤隆　　192
エジソン, トーマス　　42

大木清弘　　139
恩蔵直人　　116
神原浩年　　198
ジョーンズ　→ Jones, D. T.
椙山泰生　　165
ストップフォード　→ Stopford, J. M.
スミス, フォレスト　　210
徐寧教　　138

●た・な 行

武石彰　　198
多田和美　　126
田中隆之　　194
チャンドラー　→ Chandler, A. D., Jr.
内藤陽子　　178
中川功一　　138, 143, 194, 197
西野和美　　11

●は・ま 行

バーネビック, パーシー　　70
バーノン　→ Vernon, R.
林正　　11
パールミュッター　→ Perlmutter, H. V.
久田信行　　211
藤本隆宏　　152
古沢昌之　　7
ヘッドランド　→ Hedlund, G.
ホフステード　→ Hofstede, G.
洞口治夫　　140
馬越恵美子　　9
松井剛　　80
三浦俊彦　　116

●や・ら・わ 行

吉原英樹　　174, 182, 204
ルース　→ Roos, D.
和田充夫　　116

有斐閣ストゥディア
YUHIKAKU

はじめての国際経営
Introduction to International Management

2015 年 4 月 20 日　初版第 1 刷発行
2024 年 2 月 10 日　初版第 9 刷発行

著者　中川　功一
　　　林　　正
　　　多田　和美
　　　大木　清弘

発行者　江草　貞治
発行所　株式会社　有斐閣
　　　　郵便番号　101-0051
　　　　東京都千代田区神田神保町 2-17
　　　　https://www.yuhikaku.co.jp/

印刷・萩原印刷株式会社／製本・大口製本印刷株式会社
©2015, Koichi Nakagawa, Tadashi Hayashi, Kazumi Tada, Kiyohiro Oki.
Printed in Japan
落丁・乱丁本はお取替えいたします。
★定価はカバーに表示してあります。
ISBN 978-4-641-15017-1

|JCOPY| 本書の無断複写（コピー）は、著作権法上での例外を除き、禁じられています。複写される場合は、そのつど事前に（一社）出版者著作権管理機構（電話03-5244-5088, FAX03-5244-5089, e-mail:info@jcopy.or.jp）の許諾を得てください。